Coaching Theology
코칭신학

코칭, 신학을 품고 고전으로 걷다

박중호 지음

신앙과지성사

프롤로그

길 위의 사람, 신학을 품고 고전으로 걷다

"예수께서 이르시되 나는 길이요 진리요 생명이니 나로 말미암지 않고는 아버지께로 올 자가 없느니라."(요 14:6)

"순례자는 집이 없다." 이 말은 단지 거처가 없다는 뜻만은 아닙니다. 그것은 끊임없이 변화하는 세상 속에서 안주하지 않고, 새로운 만남과 낯선 경험을 설렘으로 맞이하는 사람만이 걸을 수 있는 길임을 뜻합니다.

그래서 순례자의 삶은 늘 그리스도를 닮아가려는 영성, 곧 따름의 존재론 위에 서 있습니다. 순례자는 '도착하는 자'가 아니라, 걸으며 변화되고, 걷는 동안 거룩해지는 자입니다. 그리고 그 길은, 바로 예수 그리스도 자신이십니다.

『천로역정』의 크리스천은 죄의 무게를 지고 좁은 문을 향해 걸었습니다. 『오디세이』의 오디세이는 유혹과 폭풍 속에서도 고향 집과 정체성을 잃지 않기 위해 싸웠습니다. 『단테의 신곡』에서 단테는 인생의 한가운데 어두운 숲에서 길을 잃었지만, 동행자의 인도를 따라 마침내 하늘의 별을 바라보는 자로 회복되었습니다.

이 위대한 고전들은 공통된 질문을 던집니다. "나는 누구이며, 어디로 가는가?"

"이 길은 어디서 시작되며, 어디로 향하고 있는가?" 오늘 우리는 삶의 방향보다 성과를 더 많이 추구하는 시대에 살고 있습니다. 그러나 방향을 잃은 성취는 우리를 더 깊은 혼란과 공허로 이끕니다.

그래서 우리는 다시 묻습니다. "나는 누구인가?" "왜 변화해야 하는가?" "그 변화는 어디서부터 오는가?" 이 책은 그 물음들로부터 시작합니다. 『코칭신학』은 코칭을 단순한 기술이나 성과 도구가 아니라, 하나님의 부르심에 응답하는 영적 여정으로 바라봅니다.

코칭은 문제 해결이 아닌 존재의 회복, 방법론이 아닌 길 위의 동행입니다. VICTOR 6단계 코칭 프로세스는 『천로역정』, 『오디세이』, 『신곡』의 여정과 함께하며, 삶의 방향을 새롭게 조명하고, 영혼의 구조를 통합적으로 재해석하는 영성의 나침반이 됩니다. 신학은 더 이상 책 속의 교리로만 머물 수 없습니다.

그것은 삶과 고난, 고전과 성경, 질문과 침묵 속에서 하나님의 뜻을 분별하고 응답하는 살아있는 사유입니다. 그리고 고전은 우리보다 앞서 그 길을 걸어온 순례자의 발자취요, 예언적 안내서입니다. 지금 이 책을 펼친 여러분, 하나님은 또 한 사람의 순례자를 부르고 계십니다. 바로 여러분입니다. 여러분은 더 이상 '자신'만을 위한 변화가 아닌, 다른 이의 여정에 동행하는 사람, 이 시대의 베르길리우스요, 베아트리체요, 그리고 그 길을 밝혀주는 영성 코치로 부름받았습니다.

이제, 신학을 품고 고전과 함께 길을 떠나십시오. 그 길의 끝에는 단지 '성취'가 아닌, 존재의 회복과 하나님 앞에 서는 진정한 내가 기다리고 있습니다.

"그들이 이같이 말하는 것은 자기들이 본향 찾는 자임을 나타냄이라."(히 11:14)

2025년 6일

명중호

감사의 글

Trinity Coaching이 제 코칭 여정의 꽃이었다면, VICTOR 프로그램과 이 책은 오랜 순례의 여정 끝에 맺어진 열매입니다. 부족한 저자에게 말씀과 통찰을 허락하신 하나님께 모든 영광과 감사를 먼저 올려드립니다.

'영성 코칭'이라는 이름 아래, 말씀과 기도의 자리에서 신학과 고전, 코칭이라는 언어를 새롭게 엮을 수 있었던 것은 전적으로 하나님의 은혜입니다. 이 길을 함께 걸어준 사단법인 국제코칭협회, 한국기독교코칭학회 동역자 여러분, 그리고 교회와 세상 속에서 코칭 리더십으로 살아내고 계신 모든 목회자, 선교사, 코치님들께 깊은 감사를 드립니다.

또한, 『천로역정』, 『오디세이』, 『신곡』이라는 고전들을 묵상하며 순례자의 눈으로 이 길을 동행하게 하신 성령의 인도하심을 기억합니다. 이 원고의 집필 과정에서 귀한 조언과 격려를 아끼지 않으신 스승 김영한 박사님, 기꺼이 추천사를 써주신 김영헌 회장님, 깊은 신뢰와 우정으로 함께해주신 황현호 코치님, 그리고 이전호 목사님께 감사드립니다.

영적 동행자로 늘 곁을 지켜주신 이명진 학회장님, 든든한 지지와 전문성을 나누어주신 WMU 강경숙 교수님, 황지영 교수님, 그리고 멀리 뉴욕에서 함께 기도하며 응원해주신 유정선 CEO, All new TSL에 혼신의 역량을 발휘해주신 정은주 교수님, TCL과 TSL의 전 세계 2,000여

귀한 제자들, 무엇보다 저의 영원한 동반자요 길벗인 아내 지청자 목사와 사랑하는 가족에게도 진심으로 감사드립니다.

철학자 헤겔은 "미네르바의 올빼미는 황혼에 날아오른다"고 말했습니다. 지혜와 역사적 의미는 종종 모든 여정이 끝난 뒤, 저녁이 되어서야 비로소 그 의미가 드러납니다. 이 책 역시 지금 이 순간보다 앞으로 시간이 흐를수록 더 깊이 있게 평가받으며, 수많은 코치들과 리더들에게 영감과 방향을 주는 책이 되리라 믿습니다.

이 책의 출간을 위해 애써주신 후원 이사장 박기철 목사님, 세계적인 해방신학자이자 오랜 친구 홍인식 박사님, 신앙과지성사의 최병천 대표님과 출판사 직원 여러분, 특별히 기도로 큰 힘이 되어주신 노언희 이사님께도 깊은 감사의 마음을 전합니다. 이 책이 신앙과 실천, 코칭과 영성 사이에서 방향을 찾고 있는 이들에게 작은 이정표가 되기를 간절히 소망합니다.

은혜의 구름 기둥과 진리의 불 기둥으로, '광야에 길을 사막에 강'을 내신 하나님의 능력과 은혜에 감사드리며, 주 예수께서 시작하신 이 코칭 순례의 길 위에서, 이 책을 손에 쥔 모든 독자들께서 자신만의 길을 성실히 걸어가며, 또한 누군가의 여정에 따뜻한 빛이 되시기를 기도합니다.

| 추천사 |

1.

김영한 박사(Dr. Phil, Dr. Theol.)
기독교학술원장, 숭실대학교 기독교학대학원 설립원장, 한국개혁신학회 초대회장

박중호 목사의 저서 『코칭신학』(2025)이 출간된 것을 환영한다. 저자는 숭실대 기독교학대학원에서 신학석사를 취득한 후 20년간 코칭이라는 실천적인 분야를 개척하면서 한국에서는 전문가, 한국기독교코칭학회를 세워 초대학회장을 역임하였고, 사)국제코칭협회 이사장이 되었고, 드디어 이번에 코칭이라는 실용적인 분야를 신학과 접목시키는 새 분야의 저서를 내었다. 저자는 본인의 제자로서, 2008년 숭실대 기독교학과 박사과정(Audit Course)을 공부하던 중 마지막 학기에 일반 코칭을 처음 접하게 되었다. 코칭의 대화 기법과 대안 탐색, 변화의 가능성에 감탄하며 코칭의 길을 걷기 시작했다. 하지만 공부할수록 코칭의 기반이 '인본주의와 진화론적 세계관', '성과 중심의 자기 계발 철학'에 뿌리를 두고 있다는 것을 깨달았다. 목회자로서, '성경을 기반으로 하면서, 예수 그리스도를 모델로 삼은 Trinity Coaching 프로그램을 개발하여 신학교를 비롯한 전 세계 크리스천들에게 보급하여 왔다.

본서는 코칭신학에 관하여 존 번연의 『천로역정』, 호메로스의 『오디세이(Odyssey)』, 『단테 신곡』을 신앙의 순례자, 인성의 순례자, 영혼의 순례자로 코칭신학적으로 해석하고 있다. 쉬운 언어로 사용하여 친밀감이 가는 책이다. 저자는 코칭을 삼위일체 하나님을 추구하며 닮아가는 영적 순례의 도구, 신학적 동행의 길로 세우고자 한다. 세 가지 고전, 천로역정, 오디세이, 단

테『신곡』을 따라, VICTOR 6단계 코칭 프로세스를 통해 삶의 여정과 영혼의 구조를 통합적으로 해석해내고자 한다. 이 책은 단지 코칭 방법론이 아니라, 성부, 성자, 성령 하나님을 향해 걷는 구원론적 성화론적 존재론적 여정에 동행하는 영성의 신학서이기도 하다. 저자는 성직(聖職)을 받은 목회자로서 단지 코칭을 가르치는 사람이 아니라, 코칭을 믿음 위에 다시 세우는 사람이 되기를 원한다. "진리 위에 선 코칭, 영혼을 깨우는 리더십"으로 세상적 성공이 아닌, 영혼의 성숙과 내적 변화를 추구하고자 한다.

저자는『천로역정』의 크리스천에게 '전도자, 신실과 소망'이라는 동행자가 있었듯이, 단테의『신곡』에 '베르길리우스와 베아트리체'라는 길동무가 있었듯이 코칭의 여정에 함께 손잡고 천국까지 이어지는 사랑의 코이노니아 공동체가 되기를 소망한다. 저자는 코칭이 예배가 되고 인간의 성품과 영성의 변화를 위한 수련, 영성과 함께 살아내는 코칭이 되고자 하는 기독교 코칭 신학의 이념을 제시하고 있다. 저자는 코칭신학에 있어서 어거스틴, 루터, 칼빈에 이르는 종교개혁신학적 은총신학적 전통을 이어받고 있다. 이러한 저자의 입장은 펠라기우스, 에라스무스, 알미니우스의 인본주의 전통을 배격하고 있다. 이러한 코칭신학 이념은 하나님 중심의 신학과 코칭을 추구하려는 목회자와 신학자들에게 공감을 일으킬 것으로 기대된다.

본서는 코칭을 영성과 동반하는 코칭신학의 길을 제시하는 점에서 하나의 독창적인 길을 제시하고 있다. 한국 최초의 기독교 사학인 숭실이 한경직, 박형룡, 박윤선, 강신명 같은 인물을 배출했는데, 개교 100주년을 기념해 1998년에 설립된 기독교학 대학원이 배출한 동문 가운데서 이제 복음주의 신앙에 입각한 '코칭신학'이라는 새로운 분야가 개척되는 것은 학교를 설립한 베어드(William M. Baird)의 건학 이념에 걸맞은 의미심장한 일이라고 생각된다. 2015년 자랑스러운 숭실기독동문상을 수상하고, 숭목회 공동회장을 역임한 저자가 제시하는 길이 한국 사회와 교계에 기독교적 코칭신학의 가이드가 되기를 희망한다.

2.

황현호 코치(MCC, KSC)
ICF Korea Chapter 전 회장, 국제 코치훈련원장

코칭이라는 개념이 한국 사회에 본격적으로 뿌리내리기 시작하던 2009년, 저는 박중호 목사님과 처음 만났습니다. 그리고 우리는 '코칭'이 단순한 기술이 아닌 영성과 신학이 어우러진 깊은 대화의 여정이 될 수 있다는 가능성을 보았습니다. 특히 몽골 선교지에서 함께했던 코칭 리더십 세미나는 지금도 선명히 기억됩니다. 현지 교회 지도자들의 눈빛이 변화되는 순간, 코칭이 복음의 언어로 번역될 때 일어나는 진정한 변화의 힘을 목격했기 때문입니다.

그 이후 박 목사님은 '코칭을 어떻게 하면 한국교회에 신학적 깊이와 함께 건강하게 보급할 수 있을까?'라는 질문을 오랜 시간 붙들고 걸어오셨습니다. 『코칭신학』은 그 여정의 응답이자 열매라 할 수 있습니다. 특별히 이 책은 단순한 프로그램 소개나 테크닉의 나열에 그치지 않고, 신학적 통찰과 영적 성찰, 그리고 실천적 코칭 방법론이 유기적으로 통합되어 있다는 점에서 그 가치가 남다릅니다. 『천로역정』, 『오디세이』, 『신곡』이라는 세 고전을 통해 인간의 내적 여정을 코칭의 관점에서 재해석한 접근은 매우 창의적입니다. 특히 VICTOR 6단계 코칭 프로세스는 신앙형성, 인성형성, 영성형성을 아우르며, 교회는 물론 선교지, 교육 현장, 군 선교, 기업 등 다양한 영역에서 실질적으로 적용할 수 있는 통합적 프레임워크를 제시합니다.

전문 코치의 시선으로 살펴볼 때, 이 책은 코칭의 근본으로 돌아가는 질문을 던집니다. "왜 변화가 지속되지 않는가?", "이 코칭은 진리 위에 세워진 것인가?" 이러한 물음은 성과 중심의 자기 계발 패러다임을 넘어, 존재론적 변화와 영적 성숙을 향한 코칭의 본질적 가치를 일깨우는 중요한 성찰입니다. 특히 크리스천 전문 코치들에게 이 책은 '코칭의 영성'과 '신학적 기반'

을 재정립하는 계기가 될 것입니다. 현대 코칭의 한계를 직시하고, 성경적 인간관과 영성형성의 관점에서 코칭을 재해석하는 박중호 목사님의 통찰은 인본주의적 코칭을 넘어서는 새로운 지평을 열어줍니다.

『코칭신학』이 한국교회는 물론 전 세계 그리스도인 코치들과 영적 순례자들에게 새로운 길을 밝히는 등불이 되기를 소망합니다. '순례자의 영성'으로 코칭의 여정을 걷는 이 책은, 코칭이 단지 성공의 도구가 아닌 하나님을 향한 순례의 길동무가 될 수 있음을 보여주는 귀한 안내서입니다. 이 소중한 작업에 깊은 존경과 감사를 담아 진심으로 추천합니다.

3.

이명진 박사(ISC, KPC)
한국기독교코칭학회장, 연세다움상담코칭센터 원장

『코칭신학』은 단순한 책이 아닙니다. 이 책은 박중호 목사님이라는 한 사람의 평생 순례, 말씀과 기도로 걸어온 신앙의 시간, 그리고 하나님의 부르심에 대한 결연한 응답이 응축된 영혼의 고백서입니다. 저자는 이론을 나열하거나 학문적 틀에만 머무르지 않습니다. 그는 삶으로 신학을 살아내고, 기도로 코칭을 빚어낸 사람입니다.

『천로역정』의 크리스천처럼 짐을 지고도 천성을 향해 걸어갔고, 『오디세이』의 오디세이처럼 끝없는 유혹과 시련 속에서도 참된 귀향의 의미를 붙들었으며, 『신곡』의 단테처럼 어두운 숲에서 하나님의 빛을 다시 발견하고, 영혼을 정화하며 '하늘의 장미'를 꿈꾸는 여정을 걸어왔습니다.

그 여정 속에서 빚어진 'VICTOR 코칭'은 단순한 기술이 아닙니다. 그것은 삶을 복음으로 재해석하고, 신학으로 성찰하며, 고전 속 지혜로 자기 존재를 다시 발견하게 하는 영적 여정입니다. "코칭은 영혼을 깨우는 질문이며, 신학은 그 길을 밝히는 등불이고, 고전은 먼저 걸어간 자들의 발자국이다." 이 한 문장은 저자의 삶과 사명을 가장 잘 요약해 줍니다.

무엇보다 『코칭신학』은 한 사람 '신학자'의 이론서가 아니라, 하나님의 비전을 품은 '사명자'의 고백입니다. 진리를 향한 단호한 신앙의 태도와 세상과 소통하고자 하는 유연한 영적 감수성이 이 책 속에 절묘하게 어우러져 있습니다.

저는 오랜 시간 박 목사님과 함께 걸어오며, 그가 어떤 상황 속에서도 기도의 자리를 지켰고, 한 영혼을 위해 기꺼이 자신을 낮추고 동행할 줄 아는 사람임을 직접 보아왔습니다. 그분의 삶 자체가 이미 '살아 있는 코칭'이자 '살아 있는 신학'이었습니다.

이 책은 그 여정의 결실이며, 동시에 앞으로 하나님이 사용하실 더 큰 길의 시작이 될 것입니다. 『코칭신학』은 독자에게 단지 읽히는 책이 아니라, 함께 걷고 싶은 길, 동행하고 싶은 순례가 됩니다. 이 책을 펼치는 모든 이들이 저자의 손을 붙잡고, 영혼의 여정이라는 깊고도 복된 길 위에 함께 서기를 존경과 감사의 마음을 담아 소망합니다.

4.

강경숙 코치(ISC, MCC, KSC)
글로벌코칭센터 대표, World Mission Univ. 겸임교수

『코칭신학』은 또 하나의 코칭 저서가 아니라, 하나님 앞에서 성찰하며 걸어온 한 사람의 '순례자적 고백'이자, 세상과 교회를 향한 '신학적 선언'이며, 영혼의 회복을 꿈꾸는 코칭 리더들에게 전하는 '소명적 나침반'이며, 동시에

하나님과 동행하는 코칭 순례자의 지도입니다.

박중호 목사님은 오랜 시간 '코칭이 예배가 되기를' 기도하며, '성경을 기반으로 예수 그리스도를 모델로 삼은 Trinity Coaching 리더십 프로그램을 개발하셨고, 신학교를 비롯한 전 세계에 보급하며 수많은 크리스천 코치들을 세우는 일에 헌신해 오셨습니다.

박 목사님은, 특히 PTSA 미주장로회 신학대학교를 비롯한, 2022년 6월 WMU 월드미션대학교에 '코칭 전공 석사(MA)과정'과 '상담과 코칭, 영성 형성' 박사과정(D.Min, Ph/D)이 개설되는 데 큰 역할을 하셨습니다. 또한 많은 학생들이 학위과정을 공부할 수 있도록, 커리큘럼을 설계해 주셨으며, 저희가 교수로 강의할 수 있는 길을 열어주신 코칭신학의 선구자이십니다.

『천로역정』, 『오디세이』, 『신곡』이라는 세 고전을 중심으로 구성된 이 책은, 인간 존재의 여정을 '신앙', '인성', '영성'이라는 세 축으로 통합해 해석합니다. 특히 VICTOR 6단계 코칭 프로세스는 단지 기술이 아닌 '동행의 방식'으로, 영혼을 일깨우는 사역의 도구로 자리매김할 수 있을 것이라는 기대를 불러일으킵니다.

『코칭신학』은 코칭을 공부하는 사람들에게는 신학적 토대를 제공하고, 목회자들에게는 코칭이라는 언어로 회중을 더 깊이 이해하도록 돕습니다. 또한 신앙 여정을 걷는 모든 순례자에게는 하나님과 동행하는 새로운 길을 보여줍니다.

진리 위에 선 코칭, 공동체를 살리는 코칭, 그리고 예배로 승화된 코칭. 저자의 이 책은 시대가 요구하는 바로 그 소명을 담고 있습니다. 다시 길을 떠나는 모든 순례자에게 이 책이 방향과 위로가 되기를, 그리고 더 많은 크리스천 코치가 이 책을 통해 새로운 부르심에 응답하기를 진심으로 기도합니다.

5.

김영헌 명예회장(KCA)
사)한국코치협회 명예회장, 경희대학교 코칭사이언스 주임교수

우리 인간은 누구이며, 어디로 가고 있는가? 변화는 어떻게 일어나며, 그것은 누구로부터 오는가에 대해 누구나 생각해 보았을 것입니다. 저자 역시 이 질문을 시작으로 이 책을 썼습니다. 이 책은 고전을 주제로 신학을 담은 내용입니다. "코칭은 영혼을 깨우는 질문이고, 신학은 길을 밝히는 등불입니다. 그리고 고전은 우리 앞을 먼저 걸어온 순례자의 발자국입니다"라고 저자는 밝히면서 천로역정에서 신앙의 순례자, 오디세이에서 인생의 순례자, 단테 『신곡』에서 영혼의 순례자 개념을 정립하고 VICTOR 6단계 코칭을 통해 우리 삶의 여정과 영혼의 구조를 통합적으로 해석해 내고 있습니다.

신앙과 실천, 코칭과 영성 사이에서 길을 잃은 많은 이들에게 작은 이정표가 되길 기도하는 저자의 마음이 독자들에게 전달되리라 생각합니다. 한국코치협회 코치들은 〈모든 사람의 무한한 잠재력을 믿고 존중한다〉는 선서를 하는데 이 책을 통해 무한한 잠재력의 원천을 생각해 보는 계기가 되리라 느껴집니다. 제가 (사)한국코치협회 제9대 회장 재임 시 저자는 법인 이사겸 제2대 기독교코칭센터장으로 국내외에 코칭문화 확산을 위해 적극적으로 노력하셨습니다. 저자의 약 20년 코칭의 열매로서 맺은 이 책이 교회, 학교, 군부대, 해외 선교지 등에서 기독교 코칭문화가 확산되는 프로그램으로 적극 활용되었으면 하는 바람입니다. 감사합니다.

6

이전호 목사

충신교회 담임

오늘날 많은 그리스도인이 코칭을 배우며 다음과 같은 질문을 합니다. "코칭은 성경과 일치하는가?" "코칭을 배우면 오히려 신앙이 흔들리는 건 아닐까?" "신앙과 심리학, 코칭 사이에서 어떻게 균형을 잡을 수 있을까?" 이 책은 그러한 의문에 대해 단순한 방어적 해명이 아닌, 긍정적이고도 신학적으로 정돈된 통찰로 명확한 방향을 제시합니다.

저자는 자신의 신학적 뿌리와 목회의 현장성, 그리고 코칭의 실제적 경험을 통합하여 코칭이야말로 성경적 삶을 살아가는 데 탁월한 도구이며, 동시에 하나님과의 인격적 동행을 돕는 신앙 여정임을 설득력 있게 풀어냅니다. 특히 이 책은 "성경을 더 잘 알기 위해 코칭을 배운다"는 명제 아래, 성경과 신학의 깊이 없이 코칭을 다룰 수 없다는 점을 분명히 하며, 모든 크리스천 코치들이 말씀에 뿌리내린 영적 코칭자로 서기를 소망하게 만듭니다.

저는 이 책을 통해, 코칭이 단지 기술이 아닌 하나님의 사람을 세우는 영적 도구임을 다시금 확신하게 되었습니다. 『코칭신학』은 모든 신앙인 코치들에게 깊은 성찰과 분별을 안겨줄 귀한 길잡이입니다.

7.

박기철 목사
사단법인 국제코칭협회 후원이사장, 분당제일교회 원로

박중호 목사는 제게 언제나 '영혼의 깊이를 깨우는 순례자'로 기억됩니다. 그는 단지 이론과 지식의 전달자가 아니라, 삶과 영성, 기도와 실천의 현장에서 하나님의 음성을 따라 걸어온 사람입니다. 30대 후반, 한 기업의 임원으로 승진했던 그는 세상적으로 성공한 길 한가운데에서 어머니 김남분 권사님의 마지막 유언을 따라 인생의 진로를 송두리째 바꾸었습니다.

그 선택은 단지 한 사람의 진로 변경이 아니라, 한 시대를 향한 하나님의 부르심에 대한 응답이었고, 그 이후 그는 오랜 광야 같은 여정을 걸으며, 코칭이라는 새로운 언어로 목회와 영성을 연결하는 이정표를 세워왔습니다. 그 결과물이 바로 이 책, 『코칭신학』입니다. 이 책은 단지 한 권의 책이 아닙니다. "하나님이 사막에 강을 내시고, 광야에 길을 여신다"(이사야 43:19)는 약속처럼, 저자의 인생과 사역의 결정체요, 신학과 고전, 코칭과 성령의 조명을 통합하여 새로운 길을 제시하는 나침판과도 같은 책입니다.

그는 『천로역정』의 크리스천처럼 좁은 길을 걸었고, 『오디세이』의 오디세이처럼 유혹과 싸우며 중심을 지켰으며, 『신곡』의 단테처럼 어둠의 숲을 지나 하나님의 영광을 바라보는 길 위에 섰습니다. 남다른 열정으로 귀한 책이 출판하게 되었는데 이 책을 통해 단지 '코칭이 무엇인가'를 배우는 데 머무는 것이 아니라, '하나님을 따라 어떻게 살아갈 것인가'라는 더 깊은 영성과 하나님의 부르심 앞에 응답하는 자로 살게 될 것입니다. 저는 이 책은 목회자와 선교사, 신학자와 코치, 그리고 세상 속에서 빛으로 살고자 하는 모든 신앙인들에게 새로운 길을 열어주게 될 것이라 확신합니다. 진심을 담아, 이 시대를 위한 귀한 책이 될 것이라 믿기에 기쁨으로 추천을 드립니다.

차례

프롤로그 … 3

감사의 글 … 6

추천사 김영한·8 / 황현호·10 / 이명진·11 / 강경숙·12 / 김영헌·14 /
이전호·15 / 박기철·16

1부 코칭과 신학의 만남

1장_ 코칭이란 무엇인가?
1. 코칭에 대한 이해   23
2. 코칭의 역사   26
3. 코칭의 주요 활용점   35
4. 일반 코칭의 8가지 유형   41
5. 크리스천 코칭의 8가지 유형   49

2장_ 지금까지 없던 신학 – 코칭신학
1. 그리스도인의 시선으로 코칭을 다시 보다   59
2. 코칭과 신학, 만날 수 있는가?   61
3. 코칭신학의 신학적 기반   63
4. 코칭과 제자도, 새로운 패러다임   69
5. 코칭신학의 3단계 해석 여정 : 해석에서 초월로   71

3장_ 펠라기우스주의와 코칭신학

1. 펠라기우스는 누구인가?	77
2. 종교개혁신학에서의 발전	80
3. 아우구스티누스의 은혜론과 코칭신학	83
4. 크리스천 코치에게 영성형성이 중요한가?	87
5. 인성형성은 무엇일까?	93

2부 코칭과 고전의 만남

1장_ 순례자의 코칭

1. 순례자의 영성이란 무엇인가?	99
2. 지금 여기서 왜 순례자의 영성일까?	104
3. 예수 그리스도 – 순례자로 오신 하나님	107
4. 갈릴리 – 예루살렘 순례길	110
5. 순례길의 길동무 – 영성 코치	118
6. 예수의 삶과 VICTOR 여정의 통합신학 해석	121

2장_ 영성 코칭 기반 VICTOR 코칭 대화모델

1. VICTOR 코칭 프로세스 명칭과 대화모델 구조	127
2. VICTOR 코칭의 영성과 실제	140
3. 코치로서의 영적 성장과 자기돌봄	143
4. 교회와 공동체에서의 코칭 사역	145

3장_ 고전 속에서 만나는 코칭의 여정

1. 신앙의 순례자 –『천로역정』과 신앙형성의 여정	149
2. 『천로역정』의 코칭신학적 통찰	155

3. 인성의 순례자 – 『오디세이』와 우리 인성형성의 여정 165
4. 『오디세이』의 코칭신학적 통찰 171
5. 영혼의 순례자 – 단테의 『신곡』과 우리 영성형성의 여정 178
6. 단테 『신곡』의 코칭신학적 통찰 185
7. 고전에서 이끌어낸 코칭의 통찰 정리 198

3부 VICTOR 코칭, 신학을 품고 고전으로 걷다

1장_ VICTOR 코칭과 글로벌 코칭역량 비교

1. VICTOR 6단계와 ICF 8가지 역량 매칭 도표 203
2. 업데이트된 ICF 핵심역량 모델 204
3. VICTOR의 8가지 핵심역량 207
4. 고전 기반 코칭과 ICF 8가지 핵심역량 맵핑 231

2장_ VICTOR 6단계 코칭 프로그램의 실제

1. 신앙형성 – 〈천로역정 6주〉 237
2. 인성형성   〈오디세이 6주〉 257
3. 영성형성 – 〈단테 신곡 6주〉 273

3장_ 〈엘 까미난떼〉 – 순례자의 여정 통합 12주차 프로그램

1. El Caminante와 The Pilgrim Journey의 비교 295
2. VICTOR 6단계 코칭 영성의 통합 흐름과 사용설명서 296
3. 〈엘 까미난떼 – 순례자의 여정 통합 12주차 프로그램〉 298

4부 한국적 상황에서 코칭의 발전과 우리의 과제

1장_ ICF를 넘어 K-Coaching 문화 개척하기
   1. 한국 코칭의 발전 배경과 문화적 특수성   325
   2. K-Coaching 문화의 산실 : 사) 한국코치협회   330
   3. 한국기독교코칭학회   334

2장_ 그 너머를 바라보며
   1. 사단법인 국제코칭협회   339
   2. 코칭 분야의 성장 잠재력   344
   3. 코칭의 이름 VICTOR 속에 복음이 있다   347

부록: VICTOR 코칭사역 정체성 선언문   350

에필로그 ⋯ 354

Spiritual Active Coaching 기반 VICTOR 프로그램 개발일지 ⋯ 357

참고문헌 ⋯ 362

1부
코칭과 신학의 만남

1장_
코칭(coaching)이란 무엇인가?

1. 코칭에 대한 이해

1) 일반적 정의

코칭(coaching)은 개인이 지닌 잠재력을 최대한 발휘할 수 있도록 돕는 파트너십 기반의 대화 과정을 말한다. 이는 단순히 지시하거나 조언하는 방식이 아니라, 수평적인 관계 속에서 개인이나 조직이 스스로 최고의 가치를 실현할 수 있도록 지원하는 과정이다. 한국코치협회(Korea Coach Association) 역시 코칭을 "개인과 조직의 잠재력을 극대화하여 최상의 가치를 실현할 수 있도록 돕는 수평적 파트너십"으로 정의하고 있다.

코칭의 핵심 목적은 성과의 향상뿐 아니라 자기 인식의 증진과 실행력의 강화에 있다. 이를 위해 코치는 질문을 던지고, 경청하며, 피드백을 제공하고, 명확한 목표 설정과 실행계획 수립을 돕는다. 이러한 과정을 통해 코칭은 문제 해결에 머무르지 않고, 개인 안에 있는 가능성과 자원을 개발하는 데 중심을 둔다. 즉, 코칭은 '무엇이 문제인가?' 보다 '무엇이 가능한가?'를 탐색하는 대화이다.

2) ICF(국제코칭연맹)의 정의와 코칭철학

"코칭은 고객이 개인적 및 직업적인 잠재력을 최대한 발휘할 수 있도록 창의적이고 사고를 자극하는 프로세스를 통해 파트너십을 형성하는 것이다." 코칭철학은, 고객을 자신의 삶과 일에 대한 전문가임을 존중하고, 모든 고객은 창의적이고 자원이 풍부하고 전인적인 존재임을 믿는다. 코칭은 기본적으로 "이 세상에는 무능력한 사람은 없다"라는 전제하에 모든 '인간은 전인적 존재'(Wholistic)로서, '스스로 자원을 갖추고'(Resourceful), '창조적인 해결을 이끌어 낼 수 있는 존재'(Creative)임을 믿는다.

3) 트리니티, 빅터 기독교 코칭 관점에서의 정의

기독교 코칭은 성령님의 인도하심 아래, 한 사람이 자신의 소명과 정체성을 발견하고, 예수 그리스도를 본받아 변화된 삶을 살아가도록 돕는 거룩한 동행의 여정이다. 이는 단순한 성과 지향적 자기 계발이나 기술 중심의 접근이 아니라, 하나님 나라의 부르심에 응답하는 믿음의 과정이며, 코치는 이 여정 가운데 성령의 도구로 쓰임 받는 동반자이다. 코칭은 성경적 가치들인 '동행(walking with)', '경청(listening)', '소명(calling)', '성화(sanctification)'의 흐름을 중심으로 구성된다. 이 네 가지 요소는 하나님과 사람 사이, 또 사람과 사람 사이의 관계 속에서 이루어지는 코칭의 본질을 잘 드러낸다.

그 대표적인 성경적 모델은 엠마오 길에서 부활하신 예수님과 제자들이 나눈 대화(눅 24장)이다. 예수께서는 낙심하고 방황하던 제자들과 함께 길을 걸으시며 경청하셨고, 그들의 마음을 여는 질문을 던지셨으며, 성경 말씀을 풀어 설명하시며 그들의 삶 속에 담긴 소명을 재조명해주셨다. 이 과정에서 제자들의 마음은 성령의 역사로 뜨거워졌고, 결국 방향을 전환하여 예루살렘으로 되돌아가는 회복과 결단의 길로 나아가게 되었다. 이 장면은 기독교 코칭이 지향하는 바를 상징적으로 보여주는 장면이다. 따라서 기독교 코칭의 목적은 단순한 문제 해결이나 실행력 강화에 그치지 않는다. 그것은 하나님께서 부르신 삶의 목적을 발견하고, 그 부르심에 순종하며, 날마다 예수 그리스도의 형상을 닮아가도록 인도하는 성화의 여정이다. 코치는 이 여정에서 해답을 제시하는 상담자가 아니라, 하나님의 선교(Missio Dei)에 동행하며 질문하고 경청하는 영적 동반자이다.

4) 코칭과 상담, 멘토링, 트레이닝과의 차이

① 상담(Counseling)과 코칭(Coaching)은 모두 사람의 변화와 회복을 돕는다는 점에서 비슷해 보이지만, 상담이 심리적, 정서적 문제의 회복이 출발점이 되는 경우가 많고, 상처 치유, 감정 조절, 정신 건강 회복, 과거 문제 해결이 주요 목표라면, 코칭은 기본적으로 건강한 상태에서의 성장을 전제로 하면서, 잠재력 개발, 목표 성취, 자기실현, 비전 등을 탐색하여 지금 여기에서의 변화를 통해서 미래를 설계할 수 있도록 도와준다는 점에서 차이가 있다. 코칭은 성장과 변화의 여정으로서, 비전을 향해 걸어가게 하는 동반자 역할이라면, 상담은 회복과 치유의 여정으로서, 아픈 내면을 돌아보고 회복하게 하는 치료자 역할이라고 할 수 있다.

② 멘토링(Mentoring)과 코칭(Coaching) 또한, 모두 사람의 성장을 돕는 과정이지만, 멘토링이 선후배 관계 속에서 선배(멘토)가 후배(멘티)를 이끄는 관계라면, 코칭은 파트너십을 갖고 수평적인 관계 속에서 동행하는 여정이라고 할 수 있다. 또한, 멘토는 자신의 경험과 지혜를 나누

며 방향을 제시하지만, 코치는 고객이 주체가 되어 답을 찾아갈 수 있도록 경청을 통한 질문과 피드백 스킬을 사용한다.

③ 트레이닝(Training)과 코칭(Coaching)은 모두 개인이나 조직의 성장을 돕기 위한 방식이지만, 목적, 접근 방식, 관계의 성격에서 뚜렷한 차이점이 있다. 트레이닝이 지식, 기술, 정보를 전달하고 습득하게 한다면, 코칭은, 개인의 잠재력 발견과 목표 달성을 지원한다. 트레이닝이 "지식의 씨앗을 심는 일"이라면, 코칭은 "그 씨앗이 스스로 자라도록 돕는 일"이라고 할 수 있다.

2. 코칭의 역사

코칭의 역사는 단순한 기술의 발달이 아니라, 인간 이해의 깊어짐과 철학, 심리학, 신학, 리더십 이론이 통합되며 발전해 온 여정이다. 헝가리의 '콕스(Kocs)'라는 마을에서 시작된 어원에서부터, 현대 코칭이 상담·심리학·리더십·영성과 어떻게 만나 발전해왔는지를 연대기 순으로, 그리고 주제별로 정리해보겠다.

1) 코칭의 어원과 발전

코칭이라는 단어는 15세기 헝가리의 '콕스(Kocs)'라는 마을에서 유래하였다. 이 마을은 빠르고 안정된 마차 제작으로 유명했으며, 이 마차를 '코치(kocsi)'라고 불렀다. '코치'는 본래 '콕스에서 온 마차'라는 뜻이었으나, 시간이 지나면서 '목적지까지 데려다주는 수단'이라는 의미를 갖게 되었다. 이 단어는 유럽 전역으로 확산되며, 독일어 'Kutsche', 프랑스어 'coche', 영어 'coach' 등으로 변형되었다.

17세기 이후 영국에서는 'coach'가 사람을 목적지까지 운송하는 마차를 뜻하게 되었고, 19세기 초 옥스퍼드대학교에서는 학생을 시험이라는 목적지까지 안내하는 개인 교사를 '코치'라고 부르기 시작했다. 이는 '코치'가 단순한 수송 수단을 넘어 '누군가를 목적지까지 도와주는 사람'이라는 은유적 의미로 확장된 것이다.

특히 옥스퍼드와 케임브리지 대학에서는 조정 경기가 중요한 스포츠였고, 이를 지도하는 전문 훈련자들을 '코치'라 불렀다. 이들은 단지 기술을 가르치는 수준을 넘어, 선수들과 함께 전략을 세우고 심리적 지지를 제공하며, 목표 달성을 위한 전인적 동행을 수행했다. 이처럼 학업과 스포츠 영역에서 발전된 코칭의 개념은 이후 자기 계발, 리더십, 영성훈련 등 다양한 분야로 확장되었다. 결국 '코칭'은 단순한 기술 전수가 아니라, 한 사람을 그의 목적지인 삶의 소명과 정체성의 완성까지 동행하는 깊이 있는 여정으로 자리 잡게 되었다.

2) 고전 철학과 성경에서의 코칭적 전통

고대 그리스 철학 – 소크라테스의 산파술(Maieutic Method)

코칭의 철학적 기원은 고대 그리스 철학, 특히 소크라테스의 대화법에서 그 뿌리를 찾을 수 있다. 소크라테스는 상대방에게 지식을 주입하기보다는, 질문을 통해 그들 스스로 내면에 있는 진리를 발견하고 말로 표현하게 했다. 그는 이를 '산파술'이라고 불렀는데, 이는 마치 산모가 아이를 낳도록 돕는 산파처럼, 질문자가 질문을 통해 상대 내면에 있는 '진리 출산'을 돕는 방식이다. 진리를 스스로 '출산'하게 한다는 이 방식은 오늘날 코칭에서 중시하는 원칙, 즉 "해답은 코치가 아니라 고객 안에 있다"는 접근과 깊이 닮아있다. 코칭은 전문가의 일방적 조언이 아니라, 고객 스스로가 내면의 자원을 인식하고, 삶의 방향성과 결단을 이끌어내도록 돕는 동행의 기술이자 예술이다.

성경 속 코칭적 대화의 본질

코칭은 단순히 질문을 잘하는 기술이 아니다. 그것은 인간 내면에 숨겨진 정체성과 소명을 깨우고, 삶의 방향을 전환시키는 대화의 방식이다. 이런 점에서 코칭은 성경 속 하나님의 방식, 곧 하나님께서 인간에게 다가오시는 대화의 패턴과 본질적으로 닮았다. 성경에 나타난 하나님의 질문, 예수님의 질문은 모두 '존재'에 대한 깊은 물음이며, 인간으로 하여금 자기 삶의 본질을 성찰하게 한다. 가장 대표적인 예는 창세기 3장에 등장한다. 하나님은 선악과를 먹고 숨은 아담에게 "아담아, 네가 어디 있느냐?"고 물으신다. 이 질문은 단순한 위치 확인이 아니다. 자신의 존재와 하나님과의 관계, 그리고 타락 이후 상실된 자아를 직면하게 하는 정체성의 질문이다. 이 한마디 질문 속에는 하나님과 다시 연결되기를 원하시는 깊은 사랑과 초대가 담겨 있다.

비슷한 방식으로, 하나님은 가인에게 "네 아우 아벨이 어디 있느냐?"고 물으셨다. 이는 형제 살인의 죄를 은폐하고 자신을 합리화하려는 가인의 내면을 흔드는 질문이다. 책임을 회피하는 자에게 하나님은 질문을 통해 책임 의식을 일깨우고, 자기 행동에 대한 인식과 회개를 유도하신다. 이처럼 하나님의 질문은 언제나 단죄가 아니라, 회복과 성찰의 기회를 제공한다.

열왕기상 19장에서 탈진과 두려움에 빠져 도망친 엘리야를 하나님께서 만나는 장면도 매우 인상적이다. 하나님은 그에게 "여기서 무엇을 하고 있느냐?"라고 물으신다. 이 질문은 소명을 잃고 현실 도피 중인 선지자를 다시 불러내는 대화이다. 하나님은 엘리야를 정죄하지 않으시고, 오히려 그의 마음을 경청하시며 다시 길을 제시하신다. 이는 코칭에서 말하는 '동행과 경청'의 본질을 보여주는 장면이다.

예수님 역시 질문을 통해 사람들의 마음을 여시고, 정체성과 사명을 회복시키셨다. 마태복음 16장에서 예수님은 제자들에게 "너희는 나를 누구라 하느냐?"고 물으신다. 베드로는 이 질문에 "주는 그리스도시요 살아계신 하나님의 아들이시니이다"라고 고백하며, 이후 교회를 세우는 사도로서의 소명을 받게 된다. 이 장면은 존재에 대한 자각에서 소명으로 이어지는 코칭의 흐름을 잘 보여준다. 또한 요한복음 21장에서 부활하신 예수님께서 베드로에게 세 번 반복하여 "네가 나를 사랑하느냐?"고 물으신 것도 깊은 회복의 코칭적 대화라 할 수 있다. 예수님은 그를 정죄하지 않으시고, 그의 사랑을 재확인하며 "내 양을 먹이라"는 사명을 재위임하신다. 실패한 제자를 다시 사명자로 세우는 이 대화는, 회복과 재헌신을 이끄는 진정한 코칭의 모델이다.

한편, 욥기 후반부에서 하나님께서 욥에게 던지시는 수많은 질문도 주목할 만하다. "내가 땅의 기초를 놓을 때 네가 어디 있었느냐?"(욥 38:4)는 질문을 시작으로, 하나님은 자연과 창조의 질서, 주권에 대해 끊임없이 물으신다. 이는 고통 속에서 하나님을 원망하던 욥으로 하여금 존재의 경계와 신비, 하나님의 위엄을 직면하게 하며, 그로 하여금 자신을 낮추고 하나님의 뜻 안에 다시 설 수 있도록 인도한다. 이러한 성경적 장면들은 단순한 문답이 아닌, 인격과 인격이 만나는 깊은 '코칭적 대화'이며, 하나님께서 인간을 성찰과 회복, 소명의 자리로 초청하시는 방식이다. 결국 성경 속 코칭은 인간의 가능성을 북돋우는 기술이 아니라, 하나님의 마음과 방식에 뿌리를 둔 신앙의 대화이며, 변화와 성숙으로 이끄는 성령의 여정이다.

3) 현대 코칭의 등장과 발전 (1940~현재)

(1) 스포츠 코칭 (1940~1970년대)

1940년대부터 1970년대에 이르기까지, 스포츠 현장에서의 코칭은 단순한 기술 지도나 체력 단련을 넘어, 선수의 정신적 집중력, 동기 부여, 팀워크와 같은 심리적·정서적 역량 개발로 확장되기 시작했다. 이러한 흐름 속에서 미국과 유럽의 주요 스포츠계에서는 멘탈 코치(Mental Coach)라는 새로운 역할이 등장하였다. 멘탈 코치는 경기력 향상을 위해 선수의 감정 조절, 스트레스 관리, 목표 설정, 자기 이미지 구축 등 내면의 자원을 다루는 데 집중하였다. 이는 코칭이 단지 육체의 훈련이 아니라, 전인격적 성장과 성과 향상을 위한 심층적 동행으로 발전했음을 보여주는 사례이다.

(2) 인지혁명과 심리학의 접목 (1970~1990년대)

1974년에 티모시 골웨이는 *The Inner Game of Tennis*에서 이렇게 말한다. "코치의 진짜 역할은 외적 기술보다 '내면의 방해 요소'를 극복하도록 돕는 것"이다. *Coaching for Performance*(『성과 향상을 위한 코칭 리더십』, 2019, 김영사)의 저자로 유명한 영국의 존 휘트모어 경(Sir John Whitmore: 1937-2017)은 GROW 모델(Goal-Reality-Options-Will)을 공동 창안하여, 경청, 질문, 목표 설정 중심의 구조화된 코칭 프로세스를 정립하였다.

(3) 조직과 리더십 영역으로 확산 (1990~2000년대)

기업 리더십 교육에서 지시형 리더십의 한계가 드러나면서, 코치형 리더십이 대두하였다. 특별히 피터 드러커, 다니엘 골먼(감성지능) 등의 이론과 연결되면서, ICF(International Coaching Federation, 국제코칭연맹)가 1995년 설립되어, 지난 30여 년간 전 세계에 62,000여 코치를 양성하고 인증하면서, 전문 직업군으로 자리 잡기 시작하였다. (2025년 기준)

(4) 코칭과 심리학의 접점

코칭은 심리치료와는 구분되는 전문 대화의 영역이지만, 심리학의 이론과 통찰은 코칭의 철학과 기술을 풍요롭게 해주는 중요한 자원이 된다. 특히 몇 가지 주요 심리학 이론들은 오늘날 코칭 대화의 구조, 태도, 질문 방식, 실행 전략에 깊은 영향을 미치고 있다. 우선, 인본주의 심리학은 칼 로저스(Carl Rogers)에 의해 발전된 이론으로, 인간을 존엄하고 성장 가능성이 있는 존재로 본다. 로저스가 강조한 무조건적 수용, 공감적 이해, 진정성은 코칭에서 코치가 갖추어야 할 핵심 태도를 형성한다. 코치는 클라이언트를 판단하지 않고, 있는 그대로 받아들이며, 진실하게 반응함으로써 신뢰 기반의 관계를 만들어간다.

긍정심리학은 마틴 셀리그만(Martin Seligman)에 의해 주도된 현대 심리학 이론으로, 인간의 결핍보다 강점, 회복탄력성, 의미 중심의 삶에 주목한다. 이 접근은 코칭에서 강점 기반 접근으로 이어져, 클라이언트가 자신의 강점을 인식하고 활용하여 긍정적인 자기 변화와 실행력을 높이도록 도와준다. 인지행동치료(CBT: Cognitive behavioral therapy)는 사고, 감정, 행동의 상호작용 구조를 이해하고 변화시키는 데 초점을 둔다. 코칭도 사고를 재구성하고 실행을 설계함으로써 목표를 향해 나아가도록 돕기 때문에, 인지행동적 접근은 실행 중심의 코칭 프로세스와 매우 유사한 구조를 지닌다.

심리역동 이론은 무의식, 과거 경험, 방어기제 등을 통해 인간의 내면을 이해하고 통합하는 접근이다. 비록 코칭은 과거보다 현재와 미래에 초점을 맞추지만, 이 이론은 클라이언트의 자기 인식과 정체성 탐색, 그리고 깊은 통찰 형성에 중요한 이론적 자원을 제공한다. 결론적으로, 코칭은 치료의 기능을 대신하지 않지만, 심리학의 다양한 이론적 틀과 실천 기법을 구조화하여 통합적으로 활용할 수 있다. 이는 코칭이 보다 심층적이고 효과적으로 클라이언트의 변화와 성장을 도울 수 있도록 해준다.

(5) 코칭과 리더십의 만남

21세기 조직과 공동체의 리더십은 더 이상 명령과 통제를 기반으로 작동하지 않는다. 오늘날의 효과적인 리더십은 서번트 리더십, 감성지능, 자기 인식, 실행 중심의 변화 관리와 같은 코칭 기반의 철학으로 전환되고 있다. 이 흐름 속에서 리더는 더 이상 '지시자'가 아니라, 성장과 변화의 촉진자이자 동반자로서의 역할을 요구받는다.

다음은 코칭형 리더십의 전환을 이끈 주요 이론가들이다.

로버트 그린리프(Robert K. Greenleaf)는 서번트 리더십(Servant Leadership)의 창시자로, 진정한 리더는 먼저 '섬기는 자(servant)'로서 공동체의 필요에 응답한다고 주장하였다. 그는 리더의 권위는 직위가 아니라 '봉사의 자세'와 '타인의 성장 촉진'에서 나온다고 보았다. 이 개념은 코치의 기본 태도인 겸손과 동행의 정신과 깊이 연결된다. 짐 콜린스(Jim Collins)가 *Good to Great*에서 제시한 'Level 5 리더십'은 개인적 겸손과 강한 의지를 동시에 갖춘 리더의 특징을 강조한다. 그는 위대한 조직은 자아를 앞세우는 리더가 아니라, 공동체의 사명을 위해 헌신하는 리더에 의해 성장한다고 보았다. 이는 코칭 리더십이 추구하는 자기 비움과 사명 중심의 리더십 모델과 맞닿아 있다.

다니엘 골먼(Daniel Goleman)은 감성지능(EQ) 이론을 통해 자기인식, 자기조절, 공감, 관계관리가 리더십의 핵심 요소임을 밝혔으며, 리더가 타인의 감정을 이해하고 조율하는 능력이 조직의 성공에 결정적인 영향을 미친다고 주장하였다. 이는 코칭 대화에서 경청과 감정 인식, 공감적 반응을 중시하는 원칙과 밀접한 관련이 있다. 마셜 골드스미스(Marshall Goldsmith)는 글로벌 리더 코칭의 선두 주자로, 행동 변화에 초점을 맞춘 실행 기반 리더십 코칭(Behavioral Coaching)을 제시하였다. 그는 "당신을 지금까지 성공하게 만든 것이, 앞으로도 성공을 보장하지 않는다"는 점을 강조하며, 실질적 행동 변화와 피드백 기반 성장을 추구하였다. 이는 코칭이 '통찰에서 실행으로' 이어지는 구체적인 리더십 변화 도구임을 보여준다. 이처럼 현대 리더십은 코칭과 긴밀하게 접목되며, 변화의 시대에 적응하고 공동체와 함께 성장하는 방식으로 진보 발전하고 있다. 코칭은 단지 리더의 기술이 아니라, 리더의 존재 방식 그 자체를 바꾸는 새로운 패러다임이다.

(6) 코칭과 영성의 통합- 크리스천 영성 코칭의 등장

기독교 코칭의 현대적 발전은 복음주의 심리학자이자 목회상담 교수였던 게리 콜린스(Gary R. Collins: 1934-2021) 박사가 저술한 *Christian*

Coaching(『크리스천 코칭』, 정동섭 역, IVP, 2004)의 출간을 기점으로 본격화되었다. 그는 코칭을 단순한 성과 향상의 도구가 아니라, "하나님의 부르심에 응답하도록 돕는 사역(ministry of calling)"으로 정의함으로써, 코칭을 신앙과 소명의 차원에서 재해석하는 획기적인 시도를 하였다. 이러한 관점은 이후 기독교 리더십, 사역 훈련, 영적 성숙의 영역에서 코칭을 새로운 실천적 패러다임으로 확장시켰다. Collins의 저작은 기독교 코칭의 정체성과 방향성을 정립하는 이정표가 되었으며, 이후 *The Christian Coach's Bible* 등 다수의 저술이 등장하며 성경적 세계관과 코칭 이론의 통합을 더욱 심화시켰다. 그 결과 기독교 코칭은 단순한 기술 전달을 넘어, 영적 분별, 정체성 회복, 공동체적 사역 동행의 실천으로 발전하였고, 오늘날 크리스천 코치들에게 사명적 기반을 제공하고 있다.

한국에서의 흐름

한국에서는 2000년대 초반, 미국 리젠트대학교(Regent University)의 Joseph Umidi 박사가 개발한 Transformational Leadership Coaching(TLC) 모델이 소개되면서, 'NCD(Natural Church Development: 자연적 교회성장)'가 생겼고, 이후 필자가 개발한 Trinity 코칭모델을 중심으로 설립된 '한국기독교코칭학회'를 비롯해서, '영성 코칭', '제자훈련코칭' 등 다양한 형태의 기독교 코칭 실천 모델들이 등장하기 시작했다. 이제 VICTOR 6단계, Spiritual Formation Coaching(영성형성 코칭), VICTORIA 8가지 코칭핵심역량 등은 신학과 코칭을 통합한 한국적 크리스천 코칭의 새로운 전형을 제시하게 되었다. 이러한 흐름 속에서 코칭은 더 이상 인간이 자기 주도적으로 목적을 이루는 도구가 아니라, 하나님의 뜻을 분별하고 그 뜻에 순종하도록 돕는 '영적 동행'의 도구로 재정의된다. 일반 코칭이 '내가 원하는 목적지'에 도달하도록 돕는 여정이라면, 크리스천 코칭은 '하나님이 원하시는 목적지'로 함께 걸어가는 순례적 여정이라 할 수 있다.

3. 코칭의 주요 활용점

코칭은 단지 상담이나 조언의 수단이 아니라, 삶 전반에 걸쳐 전인적인 성장과 변화를 촉진하는 실천적 도구이다. 오늘날 코칭은 개인, 조직, 교육, 그리고 신앙 공동체 등 다양한 영역에서 효과적으로 활용되고 있으며, 각 분야마다 고유한 방식으로 기여하고 있다.

1) 개인 영역에서의 활용

개인 차원에서 코칭은 자기 계발, 진로 탐색, 생활 관리 등에 적용된다. 먼저 자기 계발 측면에서는 삶의 방향을 설정하고, 자아를 성찰하며, 구체적인 성장 계획을 수립하도록 돕는다. 이는 자기 인식을 높이고, 성취감을 경험하게 하며, 삶에 대한 만족도를 향상시키는 데 기여한다. 경력 및 진로 개발에서도 코칭은 매우 유용하다. 직업 선택이나 전환, 은퇴 설계 같은 생애 전환기에 클라이언트가 주도적으로 자신의 진로를 설계하고 관리할 수 있도록 돕는다. 이 과정은 진로에 대한 명확성과 주체적인 경력 설계를 가능하게 한다. 또한 시간 관리, 습관 개선, 스트레스 대처와 같은 생활 관리 영역에서도 코칭은 실행력을 높이고, 삶의 균형을 되찾도록 도와준다. 일상 속 반복되는 습관의 재조정은 작은 변화에서 시작하여 큰 변화를 이루게 한다.

2) 조직과 리더십 영역에서의 활용

조직과 리더십 분야에서 코칭은 리더의 성장, 조직 성과 향상, 문화 혁신에 기여한다. 리더십 개발 코칭은 리더가 자신의 비전과 사명을 분명히 하고, 팀 코칭을 통해 구성원들과 함께 성장할 수 있도록 돕는다. 이를 통해 영향력 있는 리더로 세워지고, 조직 내 공동체적 리더십이 형성된다. 성과 향상을 위한 코칭에서는 명확한 목표 설정, 실질적인 성과 관리, 문제 해결 역량 강화를 중심으로 진행된다. 그 결과 생산성이 향상되고, 실행 중심의 조직문화가 정착된다. 또한 조직문화 혁신을 위한 코칭은 수평적인 소통, 신뢰 기반의 피드백 문화 조성을 가능하게 한다. 자율성과 책임이 조화롭게 공존하는 건강한 조직문화 형성에 기여하게 된다.

3) 교육과 학습 분야에서의 활용

코칭은 교육 현장에서도 점점 더 중요하게 활용되고 있다. 학습 코칭은 학습자의 동기를 강화하고, 자기주도 학습 전략을 개발하도록 도와준다. 이는 학습 몰입도를 높이고, 궁극적으로 학업 성과 향상에 기여한다. 청소년과 대학생을 위한 코칭은 진로 탐색과 정체성 형성에 중요한 역할을 한다. 코칭을 통해 자존감을 회복하고, 진로에 대한 명확한 비전을 세울 수 있게 된다. 교사나 멘토 대상의 코칭 훈련은 질문과 경청 기술을 길러, 코칭 기반의 멘토링이 가능하도록 돕는다. 이는 단순한 지식 전달을 넘어, 교육의 본질을 회복하는 데 기여한다.

4) 기독교, 영성적 영역에서의 활용

기독교 공동체 안에서 코칭은 목회자, 성도, 선교사, 소그룹 리더 모두에게 유익한 영적 도구로 작용한다. 목회자 리더십 코칭은 사역자의 비전과 사명을 재정립하고, 영적 리더십을 강화하도록 돕는다. 이는 소명 중심의 사역을 회복하고, 탈진과 고립을 예방하는 데 효과적이다. 신앙 성장 코칭은 말씀 적용, 기도 습관 형성, 영적 훈련 실천을 중심으로 진행되며, 보다 성숙하고 실제적인 신앙생활로 이어진다. 단순한 지식이 아닌, 삶으로 나타나는 변화가 특징이다.

소그룹 리더와 제자훈련을 위한 코칭은 자발적인 나눔과 적용을 이끌어내며, 공동체를 건강하게 성장시키는 도구가 된다. 나눔과 책임, 삶의 변화가 동반되는 진정한 제자 공동체 형성에 기여한다. 또한 선교와 상담 영역에서도 코칭은 큰 유용성을 가진다. 타문화 적응이나 회복적 경청이 필요한 상황에서, 코칭은 공감 능력을 강화하고, 영적 회복과 전도에 실제적인 도움을 제공한다. 이처럼 코칭은 인간의 전 삶의 영역에서 적용될 수 있는 유연하고 깊이 있는 도구이며, 각 영역에서 존재의 변화와 실행의 통합을 이끄는 촉진자 역할을 하고 있다.

5) 특별한 응용 분야

코칭은 단지 조직이나 기업 리더만을 위한 도구가 아니라, 삶의 다양한 국면에서 개인과 공동체의 성장을 돕는 방식으로 확장되고 있다. 다음은 최근 주목받고 있는 코칭의 주요 응용 분야들이다.

첫째, 심리적 회복 코칭은 외상후 스트레스장애(PTSD: Post traumatic stress disorder)나 상실, 실패 경험을 겪은 이들을 대상으로, 정서적 회복과 자기 인식, 자존감 회복을 돕는 코칭 방식이다. 감정 조절, 내면의 상처 이해, 삶의 의미 회복을 중심으로 진행되며, 상담과 달리 미래지향적인 동행에 중점을 둔다.

둘째, 은퇴 설계 코칭은 인생의 제2막을 준비하는 중·장년층을 대상으로, 새로운 소명과 방향성을 설계하도록 돕는 코칭이다. 재정 관리, 건강 유지, 시간 사용, 인간관계 재정립, 노후의 가치 있는 삶 등 실질적인 주제를 통합하여 다룬다. 단순한 준비가 아니라, 인생의 후반부를 소명의 관점에서 재해석하게 해준다.

셋째, 가정 코칭의 영역은 부부 갈등, 자녀 교육, 세대 간 대화 단절 등 가정 내에서 일어나는 다양한 문제에 대해 코칭적 접근을 통해 소통을 회복하고 가족 문화를 형성하는 데 도움을 주는 분야이다. 특히 경청과 존중의 대화를 중심으로 가족 구성원 간의 신뢰와 유대를 강화하는 데 효과적이다.

넷째, 디지털·AI 코칭이 모바일 앱, 챗봇, AI 기반 코칭 플랫폼 등을 통해 셀프코칭과 자동화된 코칭 도구로 개발되고 있으며, 이를 통해 접근성과 확장성이 크게 향상되고 있다. 특히 반복적 질문, 목표 추적, 감정 기록 등의 기능이 일상 속 코칭 실천을 도울 수 있으며, 미래의 코칭은 인간 코치와 디지털 도구의 융합 형태로 진보 발전할 가능성이 크다.

6) 이민교회와 선교지에서의 활용

첫째, EM과 KM 사이, 코칭은 다리가 될 수 있다.

미주 한인교회는 오랜 시간 동안 EM(English Ministry)과 KM(Korean Ministry) 사이의 분리 문제로 어려움을 겪어왔다. 외형은 같은 한민족이지만, KM은 이민 1세대 중심의 한국어 공동체이고, EM은 1.5세대와 2세대가 주축이 된 영어 중심의 문화공동체로서, 언어뿐 아니라 신학적 감수성과 목회 스타일, 예배 형태에 이르기까지 전혀 다른 생태계를 지닌다. 그 결과, 많은 교회에서 EM과 KM은 같은 교회 안에서 서로 다른 교회처럼 기능하며, 심지어 단절과 갈등이 반복된다.

이러한 상황 속에서 크리스천 영성 코칭은 중요한 통합의 도구가 될 수 있다. 코칭은 상대를 변화시키려 하기보다는, 먼저 경청하고 질문하며 상대의 내면에 있는 비전과 정체성을 발견하도록 돕는다. 코칭적 대화는 일방적 가르침이나 충고 대신, 공감과 수용을 기반으로 하여 서로 다른 세대가 '듣고 말할 수 있는 안전한 공간'을 제공한다.

EM과 KM은 서로 다른 언어와 문화를 가졌지만, 동일한 하나님을 섬기며 하나의 교회를 이루어야 할 사명이 있다. 코칭은 이 사명을 재발견하게 하고, 각 세대가 서로의 상처와 기대를 존중하며 다시 연결되도록 돕는다. 특히 VICTOR 모델과 같은 영성 중심 코칭 도구는 비전, 정체성, 소명이라는 공통된 영적 언어를 통해, 단절된 관계를 회복하고 미래를 함께 설계하게 만든다. EM과 KM의 통합은 조직적 구조나 제도만으로는 이루어질 수 없다. 그것은 '관계의 영성'에서 시작되며, 코칭은 그 여정의 다리가 될 수 있다.

둘째, 선교지의 갈등, 코칭은 문화 간 다리이다.

세계 선교 현장에서도 코칭은 점점 더 중요한 도구로 주목받고 있다. 많은 한국 선교사들이 진심으로 복음을 전하고 현지 문화를 배우기 위해 노력하지만, 무의식적으로 드러나는 문화적 우월감, 한국적 유교 문화의 권위주의, 혹은 학위나 재정 지원자의 위치에서 오는 힘의 비대칭성으로 인해 현지인들과 깊은 신뢰 형성이 어려워지는 경우가 있다. 이는 의도와는 다르게 선교사와 현지 교회 지도자 사이에 보이지 않는 벽을 만들고, 오히려 복음의 확장을 가로막는 결과로 이어지기도 한다.

이러한 상황에서 크리스천 코칭은 문화 간 경청과 존중의 방식을 훈련하는 매우 유익한 도구이다. 코칭은 문화 간 소통(Cross-cultural communication)의 핵심 기술을 담고 있으며, 단순히 정보를 전달하는 방식이 아니라, 상대의 삶의 맥락과 가치, 정체성을 깊이 이해하며 함께 여정을 걸어가는 관계적 접근을 제공한다. 선교사와 현지 지도자 사이에 코칭적 대화가 이루어질 때, 더 이상 일방적인 지시나 권위적 교훈이 아닌 상호 존중과 동반자적 협력이 가능해진다.

따라서 코칭은 선교 현장에서 매우 효과적인 적용점을 갖는다. 현지 리더의 비전과 소명을 경청하고, 그들의 변화 과정에 동행하며, 스스로 복음을 자신의 문화 속에서 재해석하고 전파할 수 있도록 격려하는 방식은, 선교의 자립성과 지속 가능성을 크게 높인다. 이는 단지 '가르치는 사역'이 아니라 '함께 길을 찾는 사역'이며, 복음 그 자체가 겸손과 사랑의 언어로 전해지는 새로운 방식이다. 코칭은 선교의 방향을 바꾼다. 더 이상 중심과 주변의 구도가 아니라, 동역자 간의 상호 배움과 존중, 그리고 복음이 문화 안에서 살아 움직이게 하는 지혜의 도구로 자리매김한다.

4. 일반 코칭의 8가지 유형

1) 비즈니스 코칭 (Business Coaching)

비즈니스 코칭은 조직 내에서 리더나 임직원의 성과 향상과 문제 해결을 지원하기 위한 전문적인 코칭 과정이다. 이는 단순히 개인의 성장만을 목적으로 하지 않고, 조직의 전략적 목표 달성과 기업 문화의 혁신을 함께 추구한다는 점에서 큰 의의가 있다. 비즈니스 코칭의 주요 대상은 기업의 최고경영자(CEO), 팀장, 중간 관리자 등 조직의 리더십을 담당하는 인물들뿐 아니라, 필요에 따라 조직 전체에까지 확대될 수 있다. 이러한 코칭은 단기적 성과 향상뿐 아니라 장기적인 조직 역량 강화와 건강한 커뮤니케이션 문화 정착에 기여한다.

비즈니스 코칭의 핵심 내용은 전략 수립과 성과 관리, 그리고 효과적인 의사결정 지원에 있다. 또한 팀워크를 강화하고 조직 문화를 긍정적으로 변화시키며, 리더십 능력을 계발하고, 커뮤니케이션 기술을 향상시키는 데에도 중점을 둔다. 특히 변화가 빠른 현대 경영 환경에서는, 코칭을 통해 리더들이 보다 유연하고 창의적으로 대응할 수 있도록 돕는 것이 무엇보다 중요하다. 따라서 비즈니스 코칭은 조직의 외형적 성장뿐 아니라 내적 건강과 지속가능성을 확보하는 데 있어 매우 실질적인 도구이며, 경영자와 리더들이 더 나은 결정을 내리고, 팀과 조직을 효과적으로 이끌 수 있도록 하는 데 중요한 역할을 한다.

2) 라이프 코칭 (Life Coaching)

라이프 코칭은 개인의 삶 전반을 깊이 있게 조명하며, 보다 풍성하고 균형 잡힌 삶을 추구하도록 돕는 코칭 과정이다. 이는 단순히 문제 해결이나 목표 달성에 머무르지 않고, 삶의 전 영역을 통합적으로 바라보며 개인이 자신다운 삶을 살아가도록 지원한다는 점에서 큰 특징을 가진다. 라이프 코칭의 대상은 매우 폭넓다. 일과 삶의 균형을 고민하는 일반 성인, 가정과 자아 사이에서 방향을 찾고자 하는 주부, 미래를 설계하려는 청년 등, 자기 삶의 질을 높이고자 하는 누구에게나 적용될 수 있다.

이 코칭의 주요 내용은 시간 관리와 스트레스 관리, 그리고 잘못된 습관의 개선과 건강한 루틴의 형성에 있다. 더불어 인간관계 회복과 갈등의 해결, 자기 정체성의 탐색과 삶의 가치 재정립을 통해, 내면의 방향성과 외적 행동이 일치된 삶을 살아갈 수 있도록 돕는다. 코치는 클라이언트가 삶의 목적과 의미를 분명히 인식하고, 그것에 기초한 실행 계획을 세워 일상에서 지속 가능한 변화를 이루도록 동행한다. 라이프 코칭은 특히 혼란과 선택의 기로에 선 사람들에게 유익하며, 자신에게 진정으로 중요한 것이 무엇인지를 발견하게 하고, 그것을 중심으로 삶을 재구성하게 한다. 결국 라이프 코칭은 개인이 외적 성공보다 더 깊은 내적 통합과 조화를 이루며 살아가도록 지원하는 여정이라 할 수 있다.

3) 강점 코칭 (Strengths Coaching)

강점 코칭은 개인이 타고난 고유한 강점들을 발견하고 이를 바탕으로 삶과 일에서 효과적인 성장 전략을 세우도록 돕는 코칭 접근이다. 이 코칭은 전통적인 '약점 보완' 중심의 사고에서 벗어나, 각 개인이 이미 지닌 강점을 인식하고 그것을 적극적으로 개발함으로써 자기 효능감과 성과를 동시에 높이는 데 초점을 둔다. 강점 코칭에서 자주 활용되는 대표적인 도구로는 갤럽에서 개발한 '클리프턴 강점 진단(Clifton Strengths: 34항목)'과 성격 유형 분석 도구인 MBTI(Myers-Briggs Type Indicator) 등이 있다. 이들 진단 도구는 개인의 행동 성향, 사고방식, 대인관계 스타일 등을 명확히 파악하도록 돕고, 코칭 과정에서 더 구체적이고 실질적인 대화를 가능하게 한다.

　코칭의 실제 과정에서는 먼저 개인의 강점을 탐색하고 그것을 구체적인 언어로 명확화하는 데 집중한다. 이어서 자신의 강점이 현재의 삶이나 일터에서 어떻게 발휘되고 있는지를 점검하고, 필요에 따라 강점에 기반한 역할 재정의와 목표 재설정을 시도한다. 이는 단순한 자기 인식의 확장을 넘어, 실제적인 실행 계획 수립과 성과 향상으로 이어지는 변화를 추구한다. 강점 코칭은 특히 자존감이 낮거나 자기효능감에 의문을 가진 사람에게 유익하며, "나는 무엇을 잘하는가?", "내 안에 이미 있는 자원은 무엇인가?"라는 질문을 통해 자기 내면의 힘을 재발견하도록 돕는다. 이를 통해 사람들은 스스로를 보다 긍정적으로 바라보게 되고, 팀 내에서는 상호 보완적 강점을 인식함으로써 협업의 시너지를 이끌어내는 데에도 효과적이다. 결국 강점 코칭은 인간을 있는 그대로 존중하며, 약점을 고치는 존재가 아니라 하나님께서 주신 강점을 통해 빛을 발하도록 부름받은 존재로 바라보는 인본주의적이면서도 성경적인 코칭의 한 방식이라 할 수 있다.

4) 커리어 코칭 (Career Coaching)

커리어 코칭은 개인의 진로 탐색에서부터 경력 개발, 이직과 전직, 은퇴 준비에 이르기까지 경력 전반을 아우르는 코칭이다. 이는 단순한 직업 상담을 넘어, 삶의 여정 속에서 직업이 차지하는 의미와 방향성을 함께 성찰하게 하며, 각 전환기마다 올바른 선택과 실행이 가능하도록 돕는다. 이 코칭의 주요 대상은 진로를 결정해야 하는 청년층, 경력 전환을 고민하는 직장인, 그리고 제2의 인생을 준비하는 은퇴 예정자들이다. 특히 현대 사회는 직업 생애 주기가 다양해지고 불확실성이 높아지는 만큼, 경력 전환의 복잡성을 잘 통합해 줄 수 있는 코칭이 더욱 중요해지고 있다.

코칭의 과정에서는 먼저 진로 성향과 강점을 분석하여 개인에게 맞는 경력 방향을 설계한다. 이를 위해 MBTI, 스트렝스파인더, 진로적성 검사 등의 다양한 도구들이 활용된다. 이후 구체적인 이력서 작성, 자기소개서 준비, 면접 코칭 등을 통해 실행 가능한 준비 과정을 지원하고, 필요에 따라 창업 또는 은퇴 후 활동에 대한 비전 수립도 함께 진행된다.

커리어 코칭은 특히 '전환기'에 있는 사람들에게 효과적이다. 퇴직, 이직, 부서 이동, 창업, 재교육 등 인생의 갈림길에서 개인이 스스로의 정체성과 삶의 방향을 재정립하도록 돕는 것이다. 단지 다음 직업을 찾는 데 그치는 것이 아니라, 자신의 소명과 가치에 부합하는 일을 발견하고, 그것을 지속 가능하게 만들어가는 과정을 함께한다. 궁극적으로 커리어 코칭은 개인이 직업이라는 수단을 통해 자아실현뿐 아니라 하나님께서 주신 소명을 발견하고, 일터 속에서도 그 부르심에 응답할 수 있도록 인도하는 여정이다. 따라서 코치는 단순한 진로 조언자가 아니라, 삶과 일, 신앙이 통합되는 커리어 여정의 동반자가 된다.

5) 임원 코칭 (Executive Coaching)

임원 코칭은 조직의 최고 리더들을 대상으로 한 맞춤형 리더십 개발 코칭으로, 조직의 방향성과 문화를 실질적으로 이끌어가는 고위 리더들의 내적 성장과 전략적 역량 강화를 목적으로 한다. 이는 단순한 경영 기술의 전달이 아니라, 리더 자신이 더욱 성숙하고 통합된 리더십을 발휘할 수 있도록 돕는 깊이 있는 동행의 과정이다. 임원 코칭의 대상은 기업의 CEO, 임원, 경영진 등 핵심 의사결정권자들이다. 이들은 조직 전체의 생태계에 지대한 영향을 미치며, 한 사람의 인식과 판단, 커뮤니케이션 스타일이 곧 조직의 문화와 성과에 직결되기 때문에, 이들을 위한 코칭은 더욱 섬세하고 전략적으로 설계된다. 코칭의 주요 내용은 조직의 장기적 비전 수립과 리더십 철학 정립, 그리고 그것을 실제로 실행해 나갈 수 있도록 의사결정 능력과 변화 관리 역량을 강화하는 데 있다.

아울러 임원 코칭은 리더가 구성원들과 효과적으로 소통하고, 복잡한 이해관계 속에서 갈등을 건강하게 조율하며, 지속 가능한 영향력을 발휘할 수 있도록 커뮤니케이션 기술과 감정 지능(EQ) 향상에도 초점을 맞춘다. 특히 오늘날처럼 변화의 속도가 빠르고 불확실성이 큰 시대에, 임원 코칭은 리더로 하여금 위기 상황에서도 핵심 가치를 붙들고 흔들림 없이 방향을 제시할 수 있도록 내면의 정렬을 돕는 '거울'과 같은 역할을 한다. 코치는 리더가 일시적인 성과에 그치지 않고, 조직의 지속 가능성과 사람 중심의 경영을 함께 고민할 수 있도록 깊은 통찰과 실천의 균형을 제공한다. 나아가, 신앙적 관점에서 임원 코칭은 단지 성공적인 리더가 되는 것을 넘어서, '하나님의 청지기'로서의 리더십을 회복하고, 경영의 영역에서도 하나님의 뜻을 분별하고 실행하는 거룩한 부르심에 응답하는 여정이 될 수 있다.

6) 팀 코칭 (Team Coaching)

팀 코칭은 하나의 조직 단위로서 존재하는 팀이 공동의 목표를 효과적으로 달성하고, 건강한 협업 문화를 형성할 수 있도록 돕는 집단 중심의 코칭 방식이다. 이는 단순한 개인 코칭의 연장이 아니라, 팀이라는 역동적 시스템 안에서 상호작용을 조율하고, 집단적 학습과 성장을 촉진하는 데 목적이 있다. 팀 코칭의 대상은 기업의 부서 단위, 프로젝트 팀, 태스크포스(TF) 팀 등 공동의 과업을 수행하는 다양한 형태의 조직 내 소집단이다. 특히 구성원이 서로 다른 배경과 전문성을 지닌 경우, 팀 코칭은 집단의 다양성을 자산으로 전환시켜 집합적 지혜와 시너지를 이끌어내는 데 중요한 역할을 한다. 주요 코칭 내용으로는 먼저 팀의 미션과 비전, 그리고 핵심가치를 함께 정립하는 작업이 포함된다. 이는 구성원 각자가 자신의 역할을 팀의 공동 목표와 연결시키고, 소속감과 책임감을 높이는 기반이 된다. 또한 팀 내에 존재하는 갈등 요소들을 표면화하고 건강하게 해소할 수 있도록 돕고, 원활한 의사소통 체계를 구축하여 불필요한 오해나 비효율을 줄이는 데 기여한다.

아울러 팀 코칭은 협업 능력과 실행력을 강화하는 데 집중한다. 개별 역량이 뛰어나더라도 팀 전체가 조화를 이루지 못하면 성과를 낼 수 없기 때문에, 코치는 각자의 강점을 조화롭게 연결하고, 목표 지향적 행동을 촉진하는 환경을 설계한다. 이를 통해 팀은 단순히 '사람들의 모임'을 넘어서, '공동의 목적을 향해 움직이는 하나의 유기체'로 재편된다. 궁극적으로 팀 코칭은 집단적 변화와 성장을 이끌어내는 리더십 도구이자, 조직의 사명을 팀 차원에서 실현하는 실천적 플랫폼이다. 특히 신앙적 조직 환경에서는 팀이 하나님의 부르심 안에서 어떻게 서로를 존중하며 동역할 수 있는지를 함께 모색하는 '영적 공동체 코칭'으로 확장될 수 있다.

7) 전인건강 코칭 (Wellness Coaching)

전인건강 코칭은 개인의 신체적, 정서적 생활 전반의 건강을 조명하며, 삶의 질을 향상시키기 위한 통합적 접근의 코칭이다. 이는 단순히 건강 정보를 제공하거나 특정 습관을 권장하는 것을 넘어, 스스로의 삶을 돌보고 균형 있게 관리할 수 있도록 돕는 '자기 돌봄(Self-care)' 중심의 여정이다. 전인건강 코칭의 주요 대상은 만성 스트레스와 피로에 노출된 현대인들, 혹은 질병 이후 회복을 원하는 이들, 정서적 안정과 삶의 리듬을 다시 정립하고자 하는 사람들이다. 특히 빠르게 변화하는 사회 환경 속에서 많은 이들이 겪는 삶의 과부하와 에너지 고갈 문제는, 전인건강 코칭을 더욱 절실하게 만든다. 코칭 과정에서는 먼저 개인의 현재 생활 습관과 건강 상태를 객관적으로 점검한 후, 신체적·정서적 회복을 위한 실행 계획을 수립하게 된다. 주요 내용으로는 스트레스 관리 전략과 감정 조절 기술, 수면의 질 향상, 건강한 식습관 형성, 일상 속 운동 루틴 정립 등이 포함된다.

이는 단기적인 목표 달성을 넘어, 지속 가능한 건강한 삶을 살아가기 위한 구조적 변화로 이어진다. 더불어 전인건강 코칭은 정서적 회복력(resilience)을 강화하고, 자기 자신과의 관계를 회복하도록 돕는다. 특히 감정의 과부하 속에서 무기력과 우울감에 빠지기 쉬운 이들에게, 코칭은 일상 속 소소한 회복의 계기를 제공하며, 다시 삶을 능동적으로 살아갈 수 있는 내면의 힘을 북돋아준다. 전인건강 코칭은 단순한 건강 관리가 아니라, 하나님께서 주신 몸과 마음을 거룩한 청지기의 태도로 돌보는 신앙적 실천으로도 해석될 수 있다. 따라서 코칭은 단지 행동 수정에 그치지 않고, 전인적 존재로서의 인간이 조화와 평안을 회복하도록 이끄는 영적 돌봄의 통로가 된다.

8) 영성 코칭 (Spiritual Coaching)

영성 코칭은 신앙인의 내면 깊은 차원에서 일어나는 영적 성장과 하나님과의 관계 회복을 중심으로 돕는 코칭이다. 이는 단순히 목표를 설정하고 성과를 이루는 일반 코칭과는 구별되며, 인간 존재의 중심에 있는 정체성과 소명을 발견하고, 하나님 앞에서 삶의 방향을 새롭게 정립해 가는 신앙 여정에 동행하는 대화이다. 영성 코칭의 주요 대상은 신앙 안에서 정체성과 부르심을 탐색하고자 하는 이들, 혹은 삶의 전환기와 위기 속에서 하나님의 뜻을 구하는 신자들이다. 청년에서부터 목회자, 선교사, 평신도 지도자에 이르기까지 다양한 이들이 이 코칭을 통해 삶의 본질적 전환점을 맞이하게 된다.

코칭의 핵심 내용은 하나님 앞에서의 정체성과 사명을 재발견하는 데 있다. 영성 코치는 질문과 경청을 통해 클라이언트가 자신의 신앙 여정을 되돌아보고, 말씀과 기도, 묵상의 삶이 일상에서 구체적으로 자리 잡을 수 있도록 돕는다. 또한 단편적인 신앙 행위에 그치지 않고, 성령의 인도에 민감하게 반응하며 삶 전체를 하나님께 순종하는 방향으로 이끌어 준다. 이 과정에서 코치는 단지 정보를 제공하는 조언자가 아니라, 클라이언트의 내면 깊은 곳에 있는 하나님의 부르심을 함께 탐색하는 '영적 동반자'로서 역할을 한다. 영성 코칭은 특히 혼란과 침묵의 시기를 지나고 있는 이들에게 깊은 회복과 정렬의 시간을 제공하며, 자신의 삶이 하나님의 선하신 뜻 안에서 어떻게 열매 맺을 수 있는지를 통찰하게 한다. 궁극적으로 영성 코칭은 인간 중심의 자기 계발이 아니라, 하나님 중심의 순종과 성화의 여정이다. 이 코칭을 통해 신앙인은 단지 '무엇을 할 것인가'가 아니라 '누구로 살아갈 것인가'를 묻고, 말씀과 기도로 살아내는 삶의 실천적 변화를 경험하게 된다.

5. 크리스천 코칭의 8가지 유형

1) 소명 코칭 (Calling Coaching)

소명 코칭은 하나님께서 각 사람에게 주신 부르심(Calling)을 발견하고, 그에 응답하며 살아갈 수 있도록 돕는 영적 코칭이다. 이는 단순한 진로 선택이나 직업 결정의 차원을 넘어, "나는 누구이며, 왜 이 땅에 존재하는가?"라는 근본적인 신앙의 질문에 대한 해답을 함께 찾아가는 여정이다. 이 코칭은 진로와 사역 사이에서 방향을 고민하는 청년들, 전환기의 성도들, 회심을 경험한 중년 신자 등 다양한 이들에게 깊은 유익을 준다. 특히 삶의 흐름 속에서 '다시 부르시는 하나님'을 인식하는 이들에게 소명 코칭은 삶 전체를 재정렬하는 중요한 기회가 된다. 코칭의 핵심은 "나는 누구인가?"라는 정체성의 질문에서 시작해, "하나님은 나를 어디로 부르시는가?"라는 소명의 질문으로 나아가는 데 있다. 이 과정은 사역(Ministry)과 직업(Profession)을 혼동하기 쉬운 현대인에게 삶의 모든 영역이 하나님께 드려질 수 있는 거룩한 자리임을 인식하게 한다.

성경 인물들의 소명 여정은 깊은 통찰을 제공한다. 요셉은 고난을 통해 민족을 살리는 자로, 바울은 복음 안에서 이방인의 사도로, 모세는 광야에서 부르심을 받아 민족의 지도자가 되었다. 이들의 여정에서 하나님의 소명은 빠를 수도, 늦게 찾아올 수도 있으며, 모든 상황이 하나님의 계획 안에 있다는 사실을 보여준다. 소명 코칭은 단지 '무엇을 할 것인가'를 정하는 과정이 아니다. '누구로 살아갈 것인가'를 묻는 정체성의 여정이며, 각자가 그리스도 안에서 고유한 존재성과 부르심을 실천하도록 돕는다. 코치는 성령의 인도하심 속에서 클라이언트가 말씀과 삶의 자리에서 소명을 식별하고, 구체적인 방향을 설정할 수 있도록 질문하고 경청하는 안내자가 된다. 궁극적으로 소명 코칭은 인생의 흐름 속에서 '하나님의 이야기'와 '자신의 이야기'를 하나로 엮는 통합의 여정이며, 그 과정 전체가 하나님께 드려지는 '삶의 예배'가 된다.

2) 영성형성 코칭 (Spiritual Formation Coaching)

영성형성 코칭은 예수 그리스도를 닮아가는 삶, 곧 성화의 여정을 지속적으로 실천할 수 있도록 돕는 코칭이다. 이는 단순한 신앙생활의 점검을 넘어서, 내면 깊은 곳에서 하나님과의 관계를 정돈하고, 일상 속에서 말씀과 기도의 습관이 자연스럽게 자리 잡도록 안내하는 과정이다. 이 코칭은 제자훈련을 받는 신자, 소그룹 리더, 목회자와 같은 영적 리더들에게 특히 유익하다. 이들은 자신의 신앙뿐 아니라 타인을 섬기는 사역의 자리에 있기 때문에, 지속적인 영적 성장과 내면 관리가 필수적이다.

코칭의 주요 내용은 말씀 묵상과 기도 습관의 정립, 성령의 열매를 맺는 삶, 그리고 내면의 정직한 점검과 회복에 있다. 영적 탈진 상태를 인식하고 다시금 하나님 앞에 머무를 수 있도록 돕는 이 여정은, 성령의 인도하심 아래 깊은 변화를 경험하게 한다. 또한 단테의 『신곡』, 존 번연의 『천로역정』과 같은 고전 영성 문헌을 활용한 순례 여정의 코칭도 가능하다. 이러한 고전은 단순한 텍스트를 넘어, 현대 신앙인이 자기 삶의 여정 속에서 어디에 있는지를 돌아보게 하고, 성숙한 믿음으로 나아가도록 이끈다. 영성형성 코칭은 결과보다 과정을 중시하며, 외적 행동 이전에 존재의 변화를 추구한다. 코치는 클라이언트가 성령과 동행하며 자신만의 속도로 신앙의 길을 걸어갈 수 있도록, 성찰과 결단을 유도하는 조력자가 된다.

3) 제자도 코칭 (Discipleship Coaching)

제자도 코칭은 신앙의 내용을 삶 속에서 실제로 살아내도록 돕는 실천 중심의 코칭이다. 이는 단순한 지식 전달이나 성경공부에 머무르지 않고, 예수 그리스도를 따르는 삶을 구체적인 행동으로 연결시키는 데 목적이 있다. 이 코칭은 신앙을 막 시작한 새신자들이나, 평신도 리더로서 사역을 감당해야 하는 이들에게 특히 효과적이다. 그들은 신앙의 기초를 다지거나, 공동체 안에서 모범이 되어야 하기에, 삶과 말씀의 연결, 신앙의 행동화가 필수적이다. 코칭 과정에서는 말씀을 삶에 어떻게 적용할 것인지 구체적으로 점검하며, 회개와 순종, 나눔이라는 제자도의 순환 구조를 내면화할 수 있도록 돕는다.

또한 공동체 안에서 실천 가능한 신앙 목표를 설정하고, 그것을 지속적으로 점검하며 성장할 수 있도록 동행한다. 특히 "나는 날마다 내 십자가를 진다"(눅 9:23)는 말씀처럼, 제자도 코칭은 자기부인의 결단을 실제 행동으로 옮기도록 돕는 데 중점을 둔다. 코치는 신앙의 결단이 일회적인 감정이 아니라 반복적이고 지속적인 실천으로 자리 잡을 수 있도록, 격려하고 구조화된 실행 계획을 함께 세워나간다. 궁극적으로 제자도 코칭은 성령의 도우심 속에서 '듣는 신앙'이 아닌 '따르는 신앙'으로 살아가도록 인도하며, 개인의 성장이 공동체 전체의 변화로 이어지는 영적 순환을 만들어가는 여정이다.

4) 관계 코칭 (Relational Coaching)

관계 코칭은 하나님과의 관계, 그리고 이웃과의 관계를 성경적 가치에 따라 회복하고 강화하도록 돕는 코칭이다. 인간은 본질적으로 관계적 존재이며, 많은 삶의 갈등과 상처는 왜곡된 관계에서 비롯된다. 따라서 관계의 회복은 곧 삶의 회복으로 이어지며, 이는 코칭을 통해 구체적이고 실천적으로 접근할 수 있다. 이 코칭은 부부나 부모·자녀처럼 밀접한 가족관계, 혹은 공동체 안에서 갈등을 겪고 있는 사람들에게 효과적이다. 특별히 관계가 단절되었거나, 오해와 감정의 골이 깊어진 상황에서는 외부 코치의 객관적인 개입이 큰 역할을 한다. 주요 코칭 내용은 용서와 화해, 그리고 진정성 있는 경청을 통해 신뢰를 회복하는 데 있다. 관계 코칭은 단순히 문제를 해결하는 것이 아니라, 상대방을 하나님의 형상으로 존중하며 대하는 태도를 회복하는 데 중점을 둔다.

나아가 1대 1 관계뿐 아니라 공동체 안에서의 건강한 리더십과 상호작용을 다루며, 공동체 전반의 문화에 긍정적 영향을 미친다. 예수님께서 요한복음 13장에서 제자들의 발을 씻기신 장면은 관계적 리더십의 본보기이다. 섬김과 낮아짐, 조건 없는 사랑을 통해 공동체를 세우신 예수님의 모습을 관계 코칭의 모델로 삼을 수 있다. 결국 관계 코칭은 갈등을 피하거나 감추는 것이 아니라, 복음의 능력으로 마주하고 변화시키는 여정이며, 이를 통해 하나님과의 수직적 관계, 이웃과의 수평적 관계 모두가 회복되는 통전적 치유의 과정이라 할 수 있다.

5) 소그룹 코칭 (Group/Community Coaching)

소그룹 코칭은 소그룹 안에서의 영적 공동체성을 강화하고, 구성원들이 함께 성장하며 사명을 실천할 수 있도록 돕는 코칭이다. 단순한 모임 운영을 넘어, 하나님 중심의 공동체로 성숙해가는 과정을 촉진하는 데 목적이 있다. 이 코칭은 셀 리더, 속회 인도자, 가정교회 리더 등 소그룹을 이끄는 리더들에게 적합하다. 특히 나눔이 피상적이거나, 구성원 간의 연결이 약할 때, 코칭은 공동체의 본질을 회복하고 방향성을 명확히 하는 도구가 된다. 코칭의 주요 내용은 소그룹 안에서 진정성 있는 나눔과 기도가 이루어지도록 돕고, 공동체가 함께 추구할 미션과 목표를 정립하며, 은사에 따라 각자의 역할을 분담할 수 있도록 이끈다.

이를 통해 소그룹은 단순한 소모임을 넘어, 살아 있는 영적 공동체로 거듭나게 된다. 또한 구성원 각자의 필요를 듣고 격려하며, 리더가 일방적으로 주도하는 방식에서 벗어나, 모두가 참여하고 책임지는 수평적 구조로의 전환을 지원한다. 이는 공동체 내 신뢰와 소속감을 높이고, 실제 삶 속에서 말씀을 살아내는 실천력을 강화하는 결과로 이어진다. 궁극적으로 소그룹 코칭은 작은 공동체 안에서 복음의 삶이 구체적으로 살아 숨 쉬도록 돕는 목회적 코칭이며, 교회의 기초 단위를 견고히 세우는 데 중요한 역할을 한다.

6) 사역·목회 코칭 (Ministry Coaching)

사역·목회 코칭은 목회자, 선교사, 중직자와 같은 교회의 핵심 리더들이 지속 가능한 사역을 감당할 수 있도록 돕는 코칭이다. 이는 단지 사역의 기술이나 전략을 다루는 것이 아니라, 영적 리듬과 내면의 정체성을 정비하고, 하나님과의 관계 안에서 사역의 의미를 재조명하는 깊은 여정이다. 이 코칭은 사역의 열매와 자신의 정체성을 동일시하기 쉬운 리더들에게 특히 유익하다. 많은 사역자가 외적 성과에 집중하다가 내면이 소진되고, 결국 소명감마저 흐려지는 상황에 이르기 쉽다. 사역·목회 코칭은 이러한 번아웃을 예방하고, 사역 이전에 '하나님의 사람'으로 존재하는 삶의 중심을 회복하게 한다.

주요 내용은 사역의 열매와 자기 정체성의 경계를 분명히 하고, 건강한 사역 리듬을 형성하는 데 있다. 이를 위해 예수님께서 새벽에 조용히 기도하셨던 마가복음 1장 35절, 광야에서 홀로 하나님과 교제하신 누가복음 5장 16절 등의 본문을 적용하며, 쉼과 사역, 기도와 섬김이 균형을 이루는 리더십을 추구한다. 또한 목회자나 리더가 자신의 한계를 인식하고, 건강한 경계선(boundary)을 설정하도록 돕는다. 이는 자신을 보호하는 이기심이 아니라, 더 오래도록 성실하게 섬기기 위한 책임 있는 자기관리이다. 궁극적으로 사역·목회 코칭은 사역의 지속 가능성과 성숙을 돕는 코칭으로, 리더가 주님을 본받는 삶의 리듬 안에서 일하고 쉬며, 사역의 열매 이전에 하나님과의 친밀함을 우선순위로 삼도록 인도한다.

7) 소명 기반 커리어 코칭 (Christian Career Coaching)

소명 기반 커리어 코칭은 신앙과 직업, 성경과 현실을 연결하며, 하나님께서 부르신 삶의 방향 속에서 경력을 설계하도록 돕는 크리스천 코칭이다. 이는 단순히 '무엇을 할까?'라는 직업 선택의 문제를 넘어서, '왜 그 일을 하는가?'라는 소명의 관점에서 직업과 일터를 재정의하게 한다. 이 코칭은 진로를 고민하는 청년, 일터에서 의미를 찾고자 하는 직장인, 혹은 인생의 후반기를 준비하는 은퇴 예정자들에게 매우 유익하다. 특히 일과 신앙이 단절되어 있다고 느끼는 이들에게, 커리어를 하나님 나라의 부르심과 연결하는 통합적 시야를 제공한다. 핵심 내용은 직업을 단순한 생계 수단이 아니라, 사명을 실현하는 통로로 바라보는 관점의 전환이다. 이 코칭은 일터를 하나님 나라의 현장으로 보고, 그 안에서 하나님이 주신 은사와 기회를 어떻게 활용할 수 있을지를 성찰하도록 돕는다.

성경 속 인물들의 삶은 구체적인 사례를 제공한다. 다니엘은 이방 제국의 고위 관료로서 신앙과 직업을 통합했고, 요셉은 고난 속에서 준비된 리더로 성장하여 민족을 살리는 일에 헌신했다. 느헤미야는 행정가로서 하나님의 비전을 실현하며 공동체를 재건했다. 이들의 커리어 여정은 오늘날의 신앙인에게 일터 안에서 어떻게 소명을 살아낼 것인지에 대한 실제적 통찰을 제공한다. 궁극적으로 소명 기반 커리어 코칭은 성공보다 소명, 성과보다 신실함을 중시하며, 경력의 전 과정이 하나님 나라의 확장을 위한 삶의 예배가 되도록 이끈다.

8) 치유와 회복 코칭 (Healing and Restoration Coaching)

치유와 회복 코칭은 영적·감정적 상처를 입은 이들이 하나님과의 관계를 다시 세우고, 자신의 정체성을 회복하도록 돕는 코칭이다. 이는 단순한 위로를 넘어, 복음의 능력을 통해 내면의 깊은 영역이 회복되고, 다시 사명으로 나아갈 수 있도록 안내하는 여정이다. 이 코칭은 상처로 인해 신앙이 흔들린 신자, 외상 후 회복을 원하는 이들, 탈진하거나 지쳐 있는 리더들에게 특히 효과적이다. 이들은 내면의 고통을 직면하면서도 안전한 환경 속에서 그 고통을 말하고, 복음 안에서 다시 살아갈 힘을 얻게 된다.

코칭 과정에서는 용서와 내면 치유, 영적 회복을 주요 주제로 다룬다. 예수님의 치유 사역은 코칭의 모범으로 활용된다. 마가복음 5장에서는 혈루병 여인이 믿음으로 회복을 경험하고, 누가복음 15장에서는 탕자가 아버지의 품으로 돌아와 정체성을 회복한다. 이러한 본문들은 고통 속에 있는 이들에게 치유의 소망과 방향을 제시한다. 코치는 클라이언트가 고통을 묵상과 기도를 통해 십자가 앞에 내려놓고, 자신의 진정한 정체성과 하나님의 사랑을 다시 붙잡을 수 있도록 동행한다. 감정을 억누르거나 회피하는 것이 아니라, 복음의 빛 아래서 그것을 정직하게 다루며 변화로 이끌도록 돕는다. 궁극적으로 치유와 회복 코칭은 회복 그 자체를 목적으로 하지 않는다. 그것은 하나님과의 관계를 다시 맺고, 자신의 삶을 다시 하나님께 드릴 수 있도록 준비하는 영적 재정비의 과정이다.

2장_
지금까지 없던 신학
– 코칭신학

1. 그리스도인의 시선으로 코칭을 다시 보다

현대인은 끊임없이 '변화'를 말한다. 더 나은 삶, 더 높은 성취, 더 만족스러운 관계를 위해 우리는 각종 자기 계발서, 심리상담, 코칭 프로그램을 찾는다. 그러나 그 변화는 때로 너무 피상적이고, 너무 자기중심적이다. 본질은 바뀌지 않고, 외양만 정리된 삶 속에서 우리는 더 깊은 갈증을 느낀다. 그리스도인은 이 갈증 앞에서 다른 질문을 던져야 한다. "나는 누구이며, 무엇을 위해 살아가는가?", "나는 누구의 형상을 따라 지음 받았으며, 그분은 나를 어디로 이끄시는가?" 코칭은 이런 질문에 다가갈 수 있는 도구가 될 수 있다. 그러나 그것이 되기 위해선 먼저, 신앙의 시선으로 코칭을 다시 정의해야 한다.

1) 변화에 대한 현대인의 갈망

현대 사회에서 변화는 곧 성공이나 성취의 언어로 해석된다. 변화는 결과로 이어지고, 그 결과는 다시 평가의 기준이 된다. 하지만 성경은 변화를 내면의 갱신(Renewal)으로 말한다. 로마서 12장 2절은 "마음을 새롭게 함으로 변화를 받으라"고 말한다. 변화는 본질로의 회복이며, 하나님의 형상으로의 회복이다. 영성 코칭은 이 '하나님 중심적 변화'를 목표로 삼는다.

2) 일반 코칭의 관점과 한계

일반 코칭은 주로 '해결 중심'과 '자기 주도성'을 강조한다. 질문을 통해 클라이언트 내면의 답을 이끌어내고, 행동을 촉진한다. 이는 유익한 방식이지만, 구속사적 세계관과 인간론 없이 실행될 때, 인간의 연약함이나 타락의 현실을 간과하게 된다. 또한 인간 내면의 궁극적 변화는 자기 의지로만 가능한 것은 아니다.

3) 크리스천 코칭의 출현 배경

크리스천 코칭은 단순히 '코치를 하는 기독교인'이 아니다. 그것은 성경적 인간 이해와 성화의 여정을 담은 코칭이다. 이는 인본주의적 자기 계발의 한계를 느낀 이들에 의해, 특히 목회자, 사역자, 상담가들에 의해 시작되었다. 영성 코칭은 이러한 흐름 속에서, 인간의 내면을 다루는 '도구'가 아니라, 동행자 하나님과 함께 걷는 신학적 여정으로 자리 잡고 있다.

4) 영성 코칭의 정의

영성 코칭이란, 삼위일체 하나님의 형상대로 지음 받은 인간이 성령의 조명 아래 자기 자신과 하나님의 뜻을 발견하며, 그리스도를 닮아가는 삶으로 변화되는 여정을 동행하는 것이다. 이는 단순한 '성취 중심'이 아니라, 정체성 회복과 소명 응답, 성화와 제자도라는 구속사적 틀 속에서 이해되어야 한다. 코치는 단순한 질문자가 아니다. 그는 신학적 분별력과 영적 민감성을 지닌 동행자여야 하며, 변화의 주체는 언제나 하나님이심을 인정해야 한다. 그렇게 될 때, 코칭은 도구를 넘어 소명을 위한 통로가 되고, 세상 속에서 하나님의 뜻을 분별하는 제자의 걸음이 된다.

2. 코칭과 신학, 만날 수 있는가?

코칭은 '어떻게 변화할 것인가'를 묻고, 신학은 '무엇이 진정한 변화인가'를 묻는다. 삶과 진리, 실천과 신학은 서로 분리될 수 없다. 코칭이 참된 변화를 지향하려면 신학의 빛 아래 서야 하며, 신학이 삶을 변화시키려면 코칭과 같은 실천적 통로가 필요하다. 본 장은 코칭과 신학이 왜 만나야 하며, 그 접점이 어디에 있는지를 서론적으로 조망하는 핵심 장이다.

코칭과 신학의 만남은 단지 기능과 교리의 결합이 아니라, 하나님의 형상대로 지음받은 인간이 말씀과 성령의 조명 아래 변화되고, 그 변화가 하나님 나라를 향해 실천되는 총체적 여정이다. 인간론은 코칭이 존재론적 기초를 제공하고, 성경 신학은 코칭을 구속사의 흐름 속에 위치시키며, 성령론은 변화의 실제 주체를 드러내고, 삼위일체론은 코칭의 관계성과 구조를 신학적으로 뒷받침한다. 이러한 각 신학적 기초는 이후 4장에서 보다 체계적으로 다루게 될 것이다. 본 장에서는 특별히 세 가지 실천 기반(계시, 윤리, 문화)을 중심으로, 신학과 코칭이 실제로 어떻게 연결될 수 있는지를 살펴본다.

계시, 윤리와 문화 (Revelation, Ethics, and Cultural) : 코칭의 실천적 기반

코칭이 신학과 통합되기 위해서는 무엇보다 먼저 하나님의 계시된 말씀 위에 서야 한다. 성경은 인간의 문제를 해석하는 틀일 뿐 아니라, 코칭이 지향해야 할 방향과 기준이 되는 진리의 나침반이다. 코칭 질문의 출발점은 단순한 내면의 감정이나 욕구가 아니라, 계시된 진리로서의 하나님의 말씀이어야 한다. "하나님의 말씀은 정체성과 비전의 기준이며, 코칭의 질문이 하나님의 계시와 어긋난다면 방향을 잃을 수 있다." 성경은 코칭 대화의 빛이며, 성령은 그 말씀을 조명하시는 분이다.

또한 크리스천 코칭은 윤리적 책임을 동반한다. 인간의 자유는 하나님의 주권 아래에서 주어진 거룩한 자유이며, 코칭은 이 자유가 자기중심적 선택이 아니라 하나님 앞에서의 성숙한 순종으로 표현되도록 돕는 도구가 되어야 한다. "코칭은 자율을 중시하지만, 성경적 코칭은 '거룩한 자유' 안에서 이루어지는 순종의 훈련이다. 윤리는 코칭 대화의 뿌리이며, 하나님의 성품을 따라가는 내면의 형상화이다." 따라서 코칭은 윤리적 책임과 도덕적 분별을 내면화하도록 돕는 영적 형성의 여정이다.

아울러 오늘날의 코칭 환경은 심리학, 자기 계발 담론, 뉴에이지 사상 등 다양한 세속적 세계관에 기반하고 있다. 이러한 문화적 영향력 아래에서 코칭이 성경적 방향성을 잃지 않으려면, 신학적 비판의식과 영적 식별력이 반드시 요청된다. 신학 없는 코칭은 세속 심리학의 도구가 되기 쉽다. 참된 코칭은 인간의 내면을 우상화하지 않고, 하나님의 형상으로 회복되도록 이끈다. 신학은 코칭의 방향이며, 문화 속에서 진리를 분별하는 빛이다. 크리스천 코치는 시대의 흐름에 반응하되, 진리의 안경을 쓰고 문화 속에서 하나님의 형상을 회복하는 여정을 인도하는 사역자여야 한다. 결론적으로, 코칭과 신학은 분리될 수 없다. 신학 없는 코칭은 방향을 잃고, 코칭 없는 신학은 삶을 바꾸지 못한다. 이 둘이 함께할 때, 변화는 일시적 개선을 넘어 영혼의 성숙으로 이어지고, 삶은 말씀 위에 재구성된다. 코칭신학은 이 만남을 통하여, 하나님 나라를 향한 거룩한 실천으로 나아가는 여정이 된다.

3. 코칭신학의 신학적 기반

1) 코칭신학이란 무엇인가?

코칭신학은 기독교 신앙과 성경의 진리를 바탕으로 한 코칭 이론으로, 인간의 창조 목적과 소명, 죄로 인한 타락과 왜곡, 그리스도의 속죄와 회복, 성령을 통한 성화의 여정을 통합하여, 코칭의 철학·목표·관계·방법론을 신학적으로 정립한 것이다.

2) 신학적 기반

코칭이 단지 인간의 잠재력을 끌어내는 심리 기술이 아니라면, 우리는 그것의 신학적 기초를 반드시 물어야 한다. 코칭신학은 기독교 신앙과 성경의 진리를 기반으로, 인간과 하나님의 관계, 변화와 구속의 서사, 그리고 제자도의 실천을 통합하는 신학적 사유의 결과물이다. 본 장에서는 코칭신학의 이론적 기초를 '루이스 뻘콥(L. Berkhof)의 조직신학 주요 분과를 참조하여 아홉 가지로 나누어 살펴본다. 각 항목은 신학적 깊이와 코칭의 실제 적용이 만나는 접점을 제시하며, 특히 Spiritual Active Coaching 기반의 VICTOR 6단계 프로세스와의 접촉점을 통해 코칭신학의 실천적 확장 가능성을 탐색한다.

(1) 계시론(Revelation) – 말씀에 근거한 코칭

코칭은 인간의 내면에서 시작되는 것이 아니라, 하나님의 계시된 말씀에서 방향과 기준을 갖는다. 성경은 하나님의 뜻이 선포된 특별계시로서, 인간 존재의 의미와 삶의 목적, 그리고 변화의 참된 기준을 제공한다. 코치는 말씀의 권위 아래 서야 하며, 코칭의 질문과 통찰 또한 하나님의 계시와 어긋나지 않아야 한다. 코칭이 단지 인간의 가능성을 실현하는 도구에 머물지 않기 위해서는, 반드시 계시된 진리를 바탕으로 삶을 해석하고 인도하는 신학적 기반이 필요하다. VICTOR 코칭에서는 제1단계 비전(Vision)과 제2단계 정체성(Identity)이 성경적 계시 위에서 정립되며, 하나님의 말씀은 삶의 방향을 비추는 등불이 된다. "주의 말씀은 내 발에 등이요 내 길에 빛이니이다"(시 119:105).

(2) 하나님 중심 신학(Theocentric Theology) – 존재와 소명의 토대

하나님은 코칭의 창시자이시며, 주체이시며, 궁극적인 목적이 되신다. 성부 하나님은 인간의 존재와 소명의 근원이 되신다. 인간은 하나님의 뜻 안에서 창조되었고, 각 사람은 고유한 소명으로 부름받는다. 코칭에서 비전 설정, 사명의 발견은 성부 하나님의 섭리와 계획 안에서 이해되어야 한다. VICTOR 코칭의 제3단계 소명(Calling)은 성부 하나님의 부르심과 응답의 패턴에 기초하며, 인간은 자신이 만든 꿈이 아니라 하나님이 부여하신 부르심을 향해 살아가야 한다.

(3) 기독론(Christology) – 예수 그리스도의 본을 따르는 코칭

예수 그리스도는 코칭신학의 인격적 모델이시다. 그분은 성육신을 통해 인간의 삶 속으로 들어오셨고, 제자들과 함께 걸으며 질문하고 깨달음을 이끄셨으며, 삶으로 가르치셨다. 예수는 누구보다도 정체성("나는 누구인가?")과 비전("나는 무엇을 위해 사는가?")에 대해 분명하셨다. 코칭은 이러한 예수의 삶의 방식, 곧 동행과 경청, 질문과 실천을 본받는다. 특히 제자들과의 관계 안에서 보여주신 예수의 코칭적 리더십은 오늘날 크리스천 코치가 가져야 할 태도와 자세를 구체적으로 보여준다. VICTOR 코칭의 모든 단계는 예수 그리스도의 생애와 사역을 따라가며, 그분이 보여주신 질문과 동행의 방식은 코칭 대화의 모델로 작용한다.

(4) 성령론(Pneumatology) – 변화의 주체이신 성령의 사역

코칭은 성령의 인도하심 없이는 생명을 주는 대화가 될 수 없다. 성령은 인간의 깊은 내면을 조명하시고, 죄를 깨닫게 하시며, 진리로 인도하신다. 성령은 단순한 감정이나 영감을 넘어, 구체적 삶의 자리에서 회심과 변화, 순종의 열매를 맺게 하시는 분이다. 크리스천 코치는 이 성령의 사역에 민감하게 반응하며, 코칭의 모든 과정 속에서 기도와 침묵, 분별의 태도를 지녀야 한다. VICTOR의 제4단계 변화(Transformation)는 바로 이 성령의 사역과 조명 아래 이루어지며, 변화는 스스로 이뤄내는 것이 아니라 하나님의 은혜와 성령의 능력으로 가능함을 인식해야 한다. "성령이 친히 우리의 연약함을 도우시나니…"(롬 8:26).

(5) 인간론(Anthropology) – 하나님의 형상과 자아 회복

인간은 하나님의 형상(Imago Dei)으로 지음받은 존재이며, 타락 이

후 그 형상이 왜곡되고 상실되었다. 코칭은 단지 자기 계발이나 효율 증진을 위한 도구가 아니라, 하나님의 형상을 회복하고, 자아를 복음 안에서 재정립하는 여정이다. 진정한 자기 인식은 자기 안에서가 아니라, 창조주 하나님의 시선 속에서 가능하다. 코치는 클라이언트가 스스로를 하나님의 시선으로 바라보게 하며, 그 존재가 얼마나 존귀하며 소중한지를 인식하도록 돕는다. 이는 곧 자기중심적 성공이 아닌, 하나님 앞에서의 정체성과 삶의 의미를 찾아가는 코칭이다. VICTOR의 정체성(Identity) 탐색은 바로 이 '형상 회복'이라는 신학적 기초 위에 서 있다.

(6) 구속사와 구원론(Redemptive History & Soteriology) – 회심과 성화의 여정에 동행하는 코칭

성경은 단순히 개인의 변화 이야기가 아니라, 창조에서 타락, 구속, 성화, 영화에 이르는 거대한 구속사의 이야기이다. 코칭은 클라이언트를 이 거룩한 드라마 안에 위치시키는 사역이다. 코칭은 인간이 자기 힘으로 자기를 고치는 과정을 돕는 것이 아니라, 하나님의 은혜로 회심하고, 그리스도의 형상을 닮아가며, 성령 안에서 성화되어 가는 여정을 동행하는 것이다. VICTOR의 변화(Transformation)와 실행(Ownership) 단계는 성화의 여정으로서의 삶을 따라가며, 변화의 주체가 인간이 아닌 하나님이심을 고백하고, 그 은혜에 반응하는 실행으로 이어진다. "그리스도 예수 안에서 새로운 피조물이 되었도다"(고후 5:17).

(7) 종말론(Eschatology) – 하나님의 나라를 향한 비전 코칭

크리스천 코칭은 단기 성과나 세속적 성공에 머무르지 않는다. 그것은 하나님의 나라와 그 의를 향한 삶으로 클라이언트를 초대하는 여

정이다. 하나님의 나라 완성이라는 종말론적 비전을 품을 때, 코칭은 현재의 삶을 영원한 가치 속에 재해석하게 한다. VICTOR 코칭의 마지막 단계인 재생산(Reproduction)은 단지 자기만족이 아닌, 하나님의 나라 확장과 다른 사람에게 복음적 영향력을 끼치는 사역으로 이어져야 한다. 코칭은 종말론적 소망과 현재의 순종을 연결하는 통로가 된다. "너희는 먼저 그의 나라와 그의 의를 구하라…"(마 6:33).

(8) 실천신학(Practical Theology) – 제자도와 목회적 돌봄으로서의 코칭

코칭은 단지 목표 설정과 문제 해결의 기법이 아니라, 제자로 살아가는 삶의 여정 속에 동반되는 실천신학적 사역이다. 클라이언트는 단지 성취를 추구하는 존재가 아니라, 자기를 부인하고 십자가를 지는 그리스도의 제자로 부름받은 존재다. 코칭은 교회 안에서 목회 돌봄과 제자훈련의 도구가 될 수 있으며, 소그룹, 멘토링, 리더십 개발 등 다양한 방식으로 제자화 사역을 돕는다. VICTOR는 제자도의 흐름에 따라, 비전·정체성·소명·변화·책임·재생산이라는 영적 순례의 단계로 구성되어 있으며, 코칭은 이 여정을 돕는 실천적 대화 방식이다. 코치는 훈련자이자 동행자, 중보자이자 분별자로서, 클라이언트가 말씀과 기도, 공동체 속에서 하나님의 뜻을 따르도록 돕는 사역자이다.

(9) 성경 신학(Biblical Theology) – 구속사 속의 순례 코칭

코칭신학은 성경의 전체 이야기를 배경으로 해야 한다. 성경은 창조에서 시작하여 타락, 구속, 회복, 새 창조로 이어지는 하나님의 구속 역사다. 이 흐름 속에서 인간의 비전, 정체성, 소명, 변화는 해석되고 재구성되어야 한다. 코칭은 클라이언트가 자기 인생의 이야기를 하나님

의 이야기 속에 위치시키도록 돕는다. VICTOR의 여정은 창세기에서 계시록까지 이어지는 성경의 서사와 맞물리며, 하나님 나라의 순례자로서 걷는 성경적 자기 이해를 제공한다.

코칭은 단순한 목표 성취나 자기 계발을 넘어서, 하나님의 구속사적 관점에서 인간의 여정을 조명한다. 이는 삶의 사건들을 하나님의 뜻 안에서 재해석하게 하며, 개인의 고난과 성장이 성경적 내러티브 안에서 의미를 갖도록 돕는다. 결과적으로 코칭은 성경의 이야기와 클라이언트의 이야기를 연결하여, 궁극적으로 하나님 나라의 가치와 목적에 따라 살아가도록 이끄는 순례 여정이 된다.

이상의 모든 내용을 종합할 때, 코칭신학이란 곧 삼위일체 하나님의 구속 역사 안에서, 하나님의 형상대로 창조된 인간이 성령의 인도하심 아래 말씀과 기도 가운데 자기 존재의 정체성과 소명을 인식하고, 그리스도의 형상을 따라 변화되어 가는 여정을 신학적으로 해석한 동행의 사역이다. 이 여정은 단지 개인의 자기실현이 아닌, 하나님의 나라를 향한 실천적 순례이며, 코치는 그 거룩한 여정의 동역자이다. VICTOR 코칭은 이 여정의 실제적 구현이며, 신학과 삶, 성경과 코칭을 하나로 연결하는 영적 도구이다.

코칭신학의 정의

코칭신학이란, 삼위일체 하나님의 구속 역사 안에서, 인간이 하나님의 말씀과 성령의 인도하심을 따라 자신의 정체성과 소명을 발견하고, 그리스도의 형상을 따라 변화되어 가는 여정을 동행하는 실천적 신학이라고 정의할 수 있다.

4. 코칭과 제자도, 새로운 패러다임

"코칭과 신학의 통합은 신학적 기반 위에서 실천으로 이어질 때 그 진정성이 드러난다. 그 대표적인 실천 영역이 바로 제자도다. 다음 장에서는 제자도와 코칭이 어떻게 새로운 방식으로 통합될 수 있는지를 살펴본다." 코칭은 삶의 가능성을 여는 대화이고, 제자도는 삶을 하나님께 내어드리는 순종이다. 이 둘은 결코 따로일 수 없다. 진정한 코칭은 클라이언트의 자율성을 존중하면서도, 하나님의 말씀과 소명을 따라 살아가도록 돕는 제자훈련의 도구가 될 수 있다. 이 장에서는 코칭과 제자도의 관계를 실천신학적 관점에서 새롭게 조명한다.

1) 제자도란 무엇인가?

예수께서 우리에게 요구하신 것은 단순한 '믿음의 고백'이 아니라, 삶 전체를 따름으로 드러나는 믿음의 여정이었다. "나를 따르라"는 부르심은 곧 삶의 전환을 요구하는 부르심이다. 제자도란 예수 그리스도의 삶의 방식을 따르고, 그분의 말씀에 순종하며, 날마다 자기를 부인하고 십자가를 지는 삶의 훈련이다. 코칭은 이러한 제자도의 여정을 돕는 실천적 대화의 도구가 될 수 있다. 단, 그것이 인간 중심이 아닌 그리스도 중심의 변화를 목표로 할 때 가능하다.

2) 코칭과 권위의 재해석

전통적인 제자훈련은 '가르침'과 '복종'에 중심을 두었고, 때로는 수직적 권위 구조 속에서 수동적 제자를 양산하기도 했다. 그러나 예수님은 제자들과 친구처럼 함께 걸으셨고, 그들의 삶 속에서 질문하고, 기다리시고, 깨달음을 이끌어내셨다. 코칭은 바로 이런 관계 중심적 제자도를 가능케 한다. 코치는 스스로의 권위를 내려놓고, 성령과 클라이언트 사이에서 중보적 대화를 이어가는 존재가 된다. 이것은 권위를 '통제'가 아니라, '동행'으로 재해석하는 새로운 리더십 모델이다.

3) 코칭과 영적 순종

코칭이 자칫 '내가 원하는 삶을 찾는 과정'으로 오해될 수 있지만, 크리스천 코칭은 내 뜻이 아니라 주의 뜻을 발견해가는 여정이다. 영적 순종은 억지로 하는 복종이 아니라, 기쁨으로 마음을 드리는 헌신이다. 코칭은 이 순종을 억지로 강요하지 않는다. 오히려 질문과 성찰을 통해 클라이언트 스스로가 하나님의 뜻 앞에 서게 만든다. 이것이 바로 성령 안에서 이루어지는 자발적 순종이며, 진정한 변화의 핵심이다.

4) 공동체 내 제자화 코칭

코칭은 결코 개인주의적 사역이 아니다. 코칭은 교회와 공동체 안에서 제자들이 서로를 격려하고 돌보며, 삶으로 말씀을 살아내는 훈련의 장이 되어야 한다. 소그룹, 멘토링, 제자훈련 속에 코칭의 정신이 스며들 때, 강요 없는 변화와 지속적인 순종이 가능해진다. 교회 안의 리더십 개발, 신앙 훈련, 사역 역량 개발 모두에 코칭이 적용될 수 있다. 그 중심에는 늘 성령의 인도와 말씀의 기준, 공동체의 나눔이 함께해야 한다. 코칭은 제자훈련을 대체하지 않는다. 그러나 코칭은 제자훈련을 더욱 살아 있게 만들고, 순종을 내면화하는 촉진제가 된다. 그리스도를 따르는 삶, 그리고 그 삶을 돕는 대화, 이것이 바로 '제자도를 돕는 코칭'이며, '코치형 제자도'이다.

5. 코칭신학의 3단계 해석 여정 : 해석에서 초월로
– Exegesis, Interpretation, Application, and Beyond

"성경은 해석되어야 하고, 해석된 말씀은 삶으로 살아내야 하며, 그 삶은 하나님 나라의 비전 안에서 열매를 맺는다." 이 한 문장은 코칭신학이 지향하는 말씀의 여정을 간결하게 요약한다. 코칭신학은 단지 성경을 가르치거나 인용하는 데 그치지 않고, 말씀을 통하여 개인의 정체성과 삶의 목적을 회복하게 하며, 궁극적으로 하나님의 비전에 응답하는 삶으로 이끄는 신학적 동반자 역할을 감당한다. 이러한 코칭신학의 방향은 세 겹의 해석적 구조로 이해될 수 있다. 그때 거기서(Then & There), 지금 여기서(Here & Now), 그 너머(Beyond). 이 구조는 단순한 시간의 흐름이 아니라, 하나님의 말씀을 해석하고 적용하며 비전으로 연결하는 영적 여정이다.

1) Then & There – 본문의 뿌리, 엑서제시스

엑서제시스(Exegesis)란 헬라어 exēgēsis에서 유래한 말로, '밖으로 이끌어내다'라는 뜻을 가진다. 이는 성경 본문 자체가 말하고자 하는 의미를 본문의 구조, 단어, 역사적 배경, 저자의 의도 등을 바탕으로 밝혀내는 작업이다. 엑서제시스는 말씀을 향한 겸손하고도 학문적인 경청이며, 진리 앞에 선 해석자의 올바른 자세를 요구한다.

이와 반대되는 것은 에이게제시스(Eisegesis)이다. 이는 eis-(안으로)라는 어근에서 보이듯, 자신의 생각, 경험, 가치관, 신념을 성경 본문 안에 집어넣는 왜곡된 해석을 말한다. 에이게제시스는 성경을 자신의 주장에 꿰맞추는 방식으로, 자칫 잘못된 신학과 실천을 낳을 수 있다. 코칭신학은 반드시 엑서제시스 위에 서야 한다. 진리를 바로 듣고, 바르게 전하며, 그 진리가 가진 본래의 권위를 존중하는 데서 모든 코칭의 시작이 이루어진다. 코치는 해석자이자 안내자로서, "하나님은 이 말씀을 통해 그때 그들에게 무엇을 말씀하셨는가?"를 먼저 밝히는 역할을 감당해야 한다.

2) Here & Now – 삶의 연결, 해석과 적용(Application)

해석(Interpretation)은 엑서제시스에서 이끌어낸 본문의 의미를 오늘의 삶에 맞춰 의미화하는 중간 작업이다. 이는 신학적으로는 '해석학적 전이(Hermeneutical Transfer)'라고 불리며, 과거의 진리를 오늘의 독자에게 연결하는 브릿지 역할을 한다. 단순한 해석이 아니라, 하나님의 말씀을 지금, 여기서 듣는 귀로 바꾸는 과정이다. 하지만 여기서 멈춰선 안 된다. 적용(Application)은 해석된 말씀을 삶의 결단과 변화로 이어지게 하는 실천의 차원이다. "이 말씀이 오늘 나의 가정, 교회, 직장에서 어떻게 살아 있어야 하는가?" "나는 이 말씀 앞에 어떤 태도를 취해야 하는가?" 이 질문들은 적용의 영역이다.

해석이 의미를 이해하는 것이라면, 적용은 의미에 응답하는 것이다. 코칭은 바로 이 지점에서 강력한 실천력을 발휘한다. 말씀을 해석했지만 행동으로 옮기지 못하는 고객에게 코치는 질문과 동반자의 자세로 삶의 적용을 유도한다. "하나님께서 이 말씀을 통해 지금 당신에게 무엇을 요구하신다고 느끼십니까?"라는 코칭 질문은, 단순한 적용(doing)을 넘어 존재(being)의 전환을 요청하는 질문이다.

3) Beyond – 비전의 완성, 하나님의 관점으로 말씀을 바라보다

Then & There와 Here & Now를 넘어서는 세 번째 차원은 Beyond, 곧 하나님의 관점에서 말씀을 조망하는 초월적 통찰의 영역이다. 이는 단순한 해석이나 실천의 차원을 넘어서, 말씀을 통해 드러나는 하나님의 나라, 구속사적 관점, 종말론적 비전을 함께 보는 것이다. 예수 그리스도의 모든 말씀은 단지 삶의 지혜가 아니라 하나님의 나라를 향한 초청이었다. 코칭신학에서 "그 너머(Beyond)"란, 하나님의 비전을 함께 꿈꾸고 실현하는 여정을 의미한다.

고객의 변화는 개인의 성공이나 만족에서 그치는 것이 아니라, 공동체적 소명과 하나님 나라 확장의 여정으로 확장되어야 한다. 코치는 고객이 단기 목표에 멈추지 않고, 삶 전체를 하나님 나라의 프레임 속에서 재조명할 수 있도록 돕는다. "당신의 오늘 이 선택이 하나님 나라를 향한 여정에서 어떤 의미를 갖고 있을까요?" 이 질문은 단순한 성취가 아니라, 소명과 비전의 삶으로 인도하는 영성 코칭의 본질을 드러낸다.

4) 결론

말씀은 해석되고, 적용되며, 결국 하나님 나라를 향해 나아간다. 코칭신학은 이 세 단계의 여정을 따라 고객이 말씀을 듣고, 깨닫고, 변화되는 길로 걸어가도록 돕는다. 단지 '무엇을 할 것인가'보다 더 깊이, '누구로 살아갈 것인가'를 묻는 존재의 코칭. 그것이 바로 말씀 위에 선 코칭신학의 사명이다.

3장_
펠라기우스주의와 코칭신학

1. 펠라기우스는 누구인가?

펠라기우스(Pelagius, 4~5세기)는 영국 출신 수도사로, 로마에서 활동하며 도덕적 삶과 인간의 책임을 강조했다. 그는 하나님께서 명령하신 것을 인간은 충분히 실천할 수 있다고 주장했다.

1) 펠라기우스의 핵심 주장

첫째, 원죄에 대한 견해에서 :

펠라기우스는 아담의 죄가 인류 전체에 유전된다고 보지 않았다. 그는 인간이 태어날 때 도덕적으로 중립적인 상태에 있으며, 각자는 자신의 선택에 따라 선하거나 악하게 될 수 있다고 주장하였다. 즉, 원죄 개념을 부정하고, 인간의 도덕적 책임을 강조하였다.

둘째, 은혜에 대한 이해에서 :

펠라기우스는 하나님의 은혜를 성령의 능력이나 내면의 도우심으로 이해하지 않았다. 그는 하나님께서 율법을 주시고, 예수 그리스도의 삶을 통해 모범을 보여주신 것 자체를 은혜라고 보았다. 다시 말해, 인간에게 무엇이 선한 것인지 알려주신 하나님의 가르침이 곧 은혜라는 것이다. 따라서 펠라기우스는 죄로 인해 인간의 의지가 무능해졌다고 보지 않았으며, 누구든지 하나님의 뜻을 알게 되면 자유의지로 그 뜻을 실천할 수 있다고 주장했다. 그에게 있어 은혜는 인간의 부족함을 메우는 초자연적인 능력이 아니라, 스스로 올바른 길을 선택할 수 있도록 안내하는 도덕적 지침에 가까웠다.

셋째, 구원에 대한 입장에서는 :

펠라기우스는 사람이 자신의 의지로 선한 삶을 선택할 수 있으며, 그 선택이 구원에 이르게 한다고 믿었다. 구원은 전적인 은혜의 선물이 아니라, 도덕적 순종과 윤리적 삶에 대한 보상으로 이해되었다.

넷째, 자유의지에 대한 강조에서 :

그는 인간이 선과 악 사이에서 자유롭게 선택할 수 있는 본래적 능력을 지니고 있다고 보았다. 인간은 죄에 종속되어 있지 않으며, 자유의지를 통해 하나님의 뜻에 순종할 수 있는 충분한 자율성을 갖고 있다고 주장하였다.

2) 아우구스티누스는 누구인가?

기독교 역사상 가장 영향력 있는 신학자이자 교부 중 한 명이다. 그의 사상은 가톨릭, 개신교, 정교회를 넘어서, 서양 철학과 문명 전반에 깊은 영향을 끼쳤다. 아우구스티누스(Aurelius Augustinus, 354~430)는 히포의 주교, 교부(Church Father), 철학자, 신학자로서 『고백록』, 『신국론(하나님의 도성)』, 『삼위일체론』 외 다수의 저서를 남겼으며, 354년 북아프리카 '타가스테'에서 출생하고 430년 히포에서 사망했다.

펠라기우스의 인간 중심적 구원 이해에 강력히 반대하면서, 하나님 은혜의 절대성과 인간 타락의 심각성을 강조하였다. 그의 주장은 서방 정통신학의 기초가 되었으며, 다음과 같은 네 가지 핵심 내용을 담고 있다

첫째, 원죄에 대한 이해에서 :

아우구스티누스는 아담의 범죄로 인해 인류 전체가 원죄에 참여하

게 되었으며, 모든 인간은 그 죄 된 본성을 타고난다고 주장하였다. 이는 단순한 본보기나 영향이 아니라, 실질적이고 전인격적인 유전을 의미한다. 따라서 인간은 태어날 때부터 하나님과의 분리 상태에 있으며, 자신의 힘으로는 의로움에 이를 수 없다.

둘째, 은혜에 대한 강조에서 :

아우구스티누스는 구원과 성화는 오직 하나님의 은혜에 의해 가능하다고 보았다. 인간은 타락한 상태에서 선을 선택하거나 실천할 능력을 상실하였기 때문에, 어떤 형태의 구원도 하나님의 일방적인 은혜 없이는 불가능하다. 은혜는 단지 가르침이나 모범이 아니라, 심령을 변화시키는 실재적이고 내적인 역사이다.

셋째, 구원에 대한 입장에서 :

그는 구원이 전적으로 하나님의 은혜에 달려 있으며, 하나님은 자신의 주권적 뜻에 따라 택하신 자에게 구원을 베푸신다고 보았다. 이로 인해 아우구스티누스는 예정론의 기초를 세웠으며, 구원은 인간의 공로나 선택이 아닌 하나님의 섭리와 주권에 의해 주어진다는 입장을 분명히 하였다.

넷째, 자유의지에 대한 이해에서 :

아우구스티누스는 타락 이후 인간의 자유의지가 심각하게 왜곡되었으며, 본질적으로 죄를 향한 경향성을 지닌다고 보았다. 인간의 의지는 자유롭지 않으며, 오직 하나님의 은혜로만 회복될 수 있다. 참된 자유는 자기결정이 아니라, 하나님을 향한 복종과 의로운 선택이 가능해지는 은혜의 결과로 나타난다.

이처럼 아우구스티누스 신학은 하나님 은혜의 절대성과 인간의 전적 타락을 강조함으로써, 펠라기우스의 자유의지 중심의 구원론에 대하여 신학적으로 깊은 반론을 제시하였다. 이는 훗날 종교개혁 신학과 칼뱅주의 예정론에까지 영향을 미쳤으며, 서방 기독교의 은혜론 형성에 결정적인 기여를 하였다.

4) 역사적 결과

418년 카르타고 회의, 431년 에베소 공의회 등에서 펠라기우스주의는 이단으로 정죄되었다. 하지만 이후에도 준펠라기우스주의(Semi-Pelagianism)는 일부 전통에서 유지되었다.

5) 현대적 의미

이 논쟁은 '인간은 스스로 변화할 수 있는가?'라는 질문으로 이어지며, 루터와 칼뱅의 종교개혁 신학, 웨슬리의 선행 은혜(Prevenient Grace), 협력적 은혜론(Synergism) 등으로 발전했다. 오늘날에도 자기 계발, 심리학, 코칭, 신학 등 다양한 영역에서 그 영향이 이어지고 있다.

2. 종교개혁 신학에서의 발전

1) 루터 vs 에라스무스 자유의지 논쟁 (16세기)

16세기 종교개혁 시기, 인간의 자유의지를 둘러싼 본질적인 신학 논쟁이 루터와 에라스무스 사이에서 전개되었다. 에라스무스는 인문주의자로서, 펠라기우스의 관점을 일정 부분 계승하였다. 그는 하나님의 은혜를 인정하면서도, 인간에게 자유의지가 주어졌기에 인간은 구원에 있어 협력할 수 있다고 주장하였다. 에라스무스는 구원의 길을 하나님의 은혜와 인간의 의지 사이의 협력(cooperation)으로 이해하였다.

2) 마르틴 루터 『노예의지론』에서 강력 비판

루터는 『노예의지론(De Servo Arbitrio)』을 통해 정면으로 반박하였다. 루터는 아우구스티누스의 사상을 계승하여, 타락 이후 인간의 자유의지는 본질적으로 죄에 사로잡혀 있으며, 인간은 하나님의 은혜 없이는 어떤 선한 일도 행할 수 없다고 주장하였다. 루터에게 있어 "구원은 전적으로 하나님의 주권적 은혜의 결과이며, 인간의 의지나 노력은 아무런 기여를 할 수 없다." 그는 인간의 의지를 "죄의 노예"라고까지 표현하며, 은혜는 인간의 협력이 아닌, 하나님의 일방적인 역사라고 선언하였다.

이 논쟁은 단순히 교리의 차이를 넘어, 인간 존재와 변화에 대한 근본적인 질문을 제기하였다. "인간은 스스로 변화할 수 있는가?"라는 물음에 대해, 펠라기우스와 에라스무스의 흐름은 "그렇다. 인간은 의지를 훈련하여 선을 행할 수 있다."고 응답하였고, 이는 오늘날 심리학, 자기계발 이론, 긍정심리학 등에 이르기까지 영향을 주었다.

반면 루터와 아우구스티누스의 흐름은 "아니다. 인간은 은혜 없이는 아무것도 할 수 없다."고 응답하였으며, 이는 종교개혁 전통과 개혁주의 신학, 칼뱅주의 예정론 등으로 계승되었다. 이 논쟁은 오늘날 기독교 코칭과 신학의 만남에서도 여전히 유효한 질문을 던진다. 인간의 변화는 자기 결단과 훈련을 통해 가능한가, 아니면 하나님의 은혜와 인도하심에 전적으로 의존해야 하는가? 이 긴장은 코칭신학이 서야 할 자리와 방향을 성경적으로 재정립하게 만드는 중요한 신학적 논제이다.

3) 펠라기우스 논쟁은 오늘날에도 여전히 유효하다

펠라기우스와 아우구스티누스 간의 자유의지와 은혜를 둘러싼 논쟁은 단지 고대 교회 역사 속의 사건이 아니라, 오늘날에도 여전히 유효한 신학적 쟁점이다. 특히 현대의 코칭 문화와 자기 계발 담론 속에는 펠라기우스적인 인간 이해와 가치관이 무비판적으로 스며들어 있는 경우가 많다. 오늘날의 일반적인 코칭은 종종 "당신 안에 이미 모든 답이 있다", "자기 가능성을 스스로 실현하라"는 식의 메시지를 중심에 두고 있다. 이는 심리학과 자기 계발에서 강조하는 내적 동기, 자기 효능감, 성장 마인드셋(Growth Mindset)과 맞닿아 있으며, 궁극적으로는 은혜 없이 자율성만을 강조하는 펠라기우스적 세계관과 유사한 기반을 가진다.

예를 들어, 자기 계발 담론의 핵심 명제들은 다음과 같다. "당신의 삶은 당신의 선택이다." "모든 것은 마음먹기에 달려 있다." "긍정적 생각이 현실을 만든다." 이러한 문장들은 인간의 의지와 결단, 사고방식의 전환이 모든 변화의 열쇠라고 가르친다. 또한 심리학에서 말하는 자기효능감(Self-efficacy)은 "나는 할 수 있다"는 자기 신념이 행동 변화를 유도한다고 설명하며, 긍정심리학(Positive Psychology)은 인간 안에 있는 잠재력과 강점에 주목하여, 스스로 삶의 의미와 성취를 찾아내도록 격려한다. 이 모든 접근은 인간의 내면에 해답이 있다는 전제를 공유하며, 은혜보다는 인간의 의지와 노력에 초점을 둔다.

이러한 점에서 펠라기우스주의와 현대 자기 계발 담론, 그리고 세속적 코칭은 "인간의 의지와 노력"을 변화의 중심축으로 본다는 공통점을 지닌다. 이는 기독교 코칭이 반드시 경계해야 할 지점이다. 인간의 변화는 단지 의지의 작동이나 긍정적 사고의 결과가 아니라, 성령의 내적 역사와 하나님의 은혜에 대한 응답 안에서만 참되게 일어난다. 기독교 코칭은 인간 안에 무엇이 있느냐보다, 하나님이 누구이시며 무엇을 하시는가에 주목해야 한다. 코치는 클라이언트의 잠재력보다 먼저, 그 사람이 하나님의 형상으로 창조되었고, 타락했으며, 구속과 성화의 여정 가운데 있다는 신학적 토대를 분명히 인식해야 한다.

3. 아우구스티누스의 은혜론과 코칭신학

1) 아우구스티누스의 은혜론(Augustinian Grace)

아우구스티누스는 인간 존재에 대한 철저한 인식 위에서, 구원과 변화의 유일한 가능성은 오직 하나님의 은혜에 있다고 주장하였다. 그는 인간이 원죄로 인해 전적으로 타락하였으며, 그로 인해 스스로 하나님께 나아갈 수 있는 능력을 상실하였다고 보았다. 인간의 의지조차 죄로 물들어 있어 진정한 선을 선택할 수 없기 때문에, 구원은 결코 인간의 결단이나 행위로부터 비롯되지 않는다고 하였다.

아우구스티누스는 "내가 하나님을 선택한 것이 아니라 하나님이 나를 선택하셨다"는 고백을 통해, 구원의 시작은 항상 하나님의 주권적 선택에 있다고 강조하였다. 이러한 신학은 "선행은총(Gratia Praeveniens)"이라는 개념으로 요약된다. 즉, 하나님께서 먼저 찾아오시고 은혜를 베푸셔야만 인간은 회심할 수 있으며, 삶의 방향도 변화될 수 있다.

이것을 현대적으로 적용할 때, 이 은혜론은 인간 내면의 진정한 변화는 외적 자극이나 자기 계발적 결심이 아닌, 하나님의 주도적인 개입과 성령의 역사, 그리고 십자가의 은혜 안에서만 가능하다는 신학적 통찰을 제공한다. 오늘날 기독교 영성 코칭과 목회 상담에서도 핵심은 "하나님의 은혜에 열려 있는 마음"이며, 변화는 언제나 인간의 시도가 아니라 하나님의 부르심에 대한 응답으로 시작된다고 본다.

2) 코칭신학에 어떻게 연결되는가?

기독교 코칭은 결국 다음의 질문 앞에 서게 된다. "나는 내 힘으로 변화할 수 있는가?" 이 질문에 대한 성경적 답변은 아우구스티누스의 은혜론과 일치한다. 인간은 스스로 자신을 변화시킬 수 없으며, 진정한 내면의 전환은 하나님의 은혜에 의해 가능하다. 따라서 코칭은 단순한 동기부여나 심리적 기법의 전달이 되어서는 안 되며, 클라이언트가 하나님의 은혜에 민감하게 반응할 수 있도록 영적 인식을 열어가는 동반자의 역할을 감당해야 한다. 이런 점에서 기독교 코칭은 도구적 기법이 아니라, 신학적 기초 위에 선 인격적 사역이다.

'VICTOR 영성 코칭'은 바로 이러한 신학적 통찰에 근거하여 개발된 프로그램으로, 자기 계발의 틀을 넘어 구속사적 관점에서 인간의 정체성과 소명을 회복하도록 돕는 여정이다. 이는 단지 삶의 문제를 해결하거나 목표를 성취하는 것을 넘어서, 하나님 나라의 백성으로서 살아가도록 이끄는 신학적 코칭의 실천이다.

3) 일반 코칭과 성경적 – 빅터 코칭 비교

일반 코칭은 인간이 스스로 변화할 수 있다는 전제 위에 서 있다. 자기 성찰과 목표 설정, 그리고 실천을 통해 변화와 성장을 추구하며, 자기 주도성을 절대적으로 강조한다. 이 접근은 개인의 성취와 자기실현을 궁극적 목적으로 삼는다. 반면 성경적·빅터 코칭은 인간이 하나님의 은혜 안에서만 진정으로 변화될 수 있다는 신학적 전제를 바탕으로 한다. 변화의 동력은 성경 말씀, 성령의 인도하심, 그리고 은혜에 대한 순종적 응답에 있다. 여기에서 자기 주도성은 성령과의 동역 속에서 이루어지는 참여적 순종이며, 변화의 최종 목적은 하나님 형상의 회복과 성화, 그리고 소명의 실현이다. 이러한 차이는 단순한 방법론의 차이가 아니라, 인간 이해와 구원론, 삶의 목적에 대한 세계관의 차이를 드러낸다.

4) 왜 이 논의가 중요한가?

오늘날 많은 그리스도인은 코칭, 상담, 자기 계발, 심리학 등의 유익한 도구들을 접하고 있다. 그러니 이러한 접근들 속에는 종종 은혜 없이도 인간이 스스로 변화할 수 있다는 전제가 암묵적으로 깔려 있으며, 의식하지 못한 채 펠라기우스주의적 사고방식에 물들 가능성이 존재한다. 예를 들어, "나는 할 수 있다"는 표현은 겉보기엔 자존감을 높이는 긍정적 메시지처럼 보이지만, 하나님의 은혜 없이도 인간의 의지만으로 변화가 가능하다는 오해를 불러일으킬 수 있다. "긍정적으로 생각하면 인생이 바뀐다"는 문장도 성령의 역사나 말씀의 조명 없이, 단지 사고방식의 전환만으로 삶의 본질이 바뀔 수 있다는 환상을 줄 수 있다. "당신 안에 모든 답이 있다"는 표현은 그리스도를 중심에 두기보다 자기를 중심에 두는 자기구원적 사고방식으로 흐를 위험이 있다.

이러한 문장들은 심리학적으로는 유익할 수 있으나, 신학적으로는 인간의 타락한 본성과 하나님의 은혜에 대한 의존을 간과한 매우 위험한 전제를 담고 있을 수 있다. 따라서 기독교 코칭은 이러한 세속적 언어를 비판 없이 수용하기보다, 성경적 인간관과 은혜론에 비추어 신중하게 분별해야 한다.

5) 균형 잡힌 기독교적 대안

기독교 코칭은 세상의 도구들을 무조건 배격하지 않는다. 오히려 코칭, 상담, 자기 계발, 심리학은 하나님의 일반 은총 속에 주어진 유익한 자원일 수 있다. 그러나 그 기초는 언제나 하나님의 은혜 위에 놓여야 하며, 인간 중심이 아닌 하나님 중심의 관점에서 해석되어야 한다. 기독교 코칭의 언어는 "나는 할 수 있다"가 아니라, "하나님이 나를 통해 일하신다"는 고백이 되어야 하며, "내게 능력 주시는 자 안에서 내가 모든 것을 할 수 있다"(빌 4:13)는 말씀 위에 서야 한다. 변화의 주도권은 나 자신이 아니라, 하나님께 있음을 인정하는 자세가 필요하다.

또한 참된 변화는 성령의 내적 역사, 말씀의 조명, 기도와 공동체의 동역 속에서 이루어진다. 이것이야말로 은혜와 진리 위에 선 자기 계발이며, 이 과정에서 코치는 클라이언트가 자신의 한계를 직면하고 하나님의 은혜를 갈망하도록 이끄는 동반자가 되어야 한다.

6) 결론

펠라기우스 논쟁은 단지 교회사 속의 한 장면이 아니라, 오늘날 우리가 인간의 변화, 구원, 성장에 대해 어떻게 이해할 것인지에 중요한 신학적 통찰을 제공한다. 이 논쟁은 코칭신학이 무엇을 강조해야 하며, 무엇을 경계해야 하는지를 분명히 드러내준다.

기독교 코칭은 인간의 자유의지와 책임을 존중하면서도, 그 본질적 변화의 동력이 오직 하나님의 은혜에 있음을 고백해야 한다. 은혜 없는 자기 계발은 자기중심적 환상으로 흐르기 쉽지만, 은혜 안에 있는 자기 이해와 변화는 하나님 나라를 향한 참된 순례가 된다. 따라서 코칭은 변화의 기술이 아니라, 구속사 안에서 이루어지는 은혜의 통로이며, 하나님과 함께 걷는 거룩한 동행의 여정이 되어야 한다.

4. 크리스천 코치에게 영성형성이 중요한가?

1) 정의

영성형성(Spiritual Formation)은 단순한 종교적 훈련이나 도덕적 습관을 넘어, 하나님과의 인격적인 관계 안에서 우리의 내면이 예수 그리스도의 형상으로 변화되어 가는 여정이다. 이는 성령의 인도하심 가운데 전인격적으로 거룩과 진리를 추구하며, 삶 전체가 하나님의 뜻에 순복하는 방향으로 재형성되는 과정이다. 크리스천 코치에게 이 과정은 단지 개인적 영성의 문제를 넘어, 코칭 사역 전체의 토대를 결정짓는 핵심적 요소가 된다.

2) 핵심 개념

영성형성이 크리스천 코치에게 중요한 이유는 다음 네 가지 핵심 개념에서 잘 드러난다.

첫째, 하나님 중심성은 코치로 하여금 자기중심적 관점을 내려놓고, 하나님의 뜻과 섭리를 중심에 두게 한다. 둘째, 그리스도 형상은 영성형성의 목표로, 코치가 예수 그리스도의 성품과 태도를 닮아가며, 이를 코칭 대화 속에서도 실천하게 만든다. "하나님이 미리 아신 자들을 또한 그 아들의 형상을 본받게 하기 위하여 미리 정하셨으니 이는 그로 많은 형제 중에서 맏아들이 되게 하려 하심이니라"(롬 8:29).

셋째, 성령의 인도하심은 영성형성이 인간의 노력만으로 완성되는 것이 아님을 상기시키며, 코치가 코칭의 주도권을 성령께 위탁하도록 이끈다. 넷째, 관계적 존재로서의 성장은 코치가 고립된 수행자가 아니라, 공동체와 동행하는 존재로서, 함께 성장하고 상호 책무 속에서 성숙해지는 길임을 말해준다.

3) 영성형성의 핵심 요소

크리스천 코치가 자기 자신과 클라이언트를 위해 영성형성을 실천하기 위해서는 다음과 같은 훈련이 중요하다.

말씀 묵상은 영성훈련의 출발점이다. 성경을 단순히 읽는 데 그치지 않고, 성령의 인도하심 아래 말씀을 깊이 듣고, 그 의미를 삶에 적용하는 훈련이 지속되어야 한다. 이를 통해 코치는 진리 위에 세워진 분별력과 영적 통찰을 얻게 된다. 기도와 침묵은 바쁜 일상 속에서 하나님의 음성을 듣고 내면을 정돈하는 영적 훈련이다. 코칭이 경청과 응답의 기술이라면, 기도는 하나님과의 경청과 응답을 연습하는 자리다. 침묵 가운데 하나님의 뜻을 듣고, 감정과 생각을 하나님 앞에 내려놓는 시간이 된다. 회개와 자기 성찰은 코치가 자신의 내면을 정직하게 돌아보고, 죄와 교만을 회개하며, 날마다 하나님의 은혜 가운데 새로워지는 삶을 살아가도록 이끈다. 이는 클라이언트와의 대화 속에서도 진정성과 겸손을 유지하는 데 필수적이다.

공동체 훈련은 코칭이 결코 혼자 감당할 수 없는 사역임을 자각하게 한다. 함께 기도하고 격려하는 영적 공동체 안에서 코치는 책임과 겸손, 균형을 배우며 성장한다. 영적 동반자 및 코칭 관계는 코치가 믿음의 여정을 함께 나눌 수 있는 동반자와 연결되어 있을 때 더욱 깊어진다. 영적 코칭을 받으며 스스로도 성찰하고, 하나님의 뜻을 분별하는 훈련을 계속해야 한다. 일상 속 영성은 코칭이 특정한 시간에 국한되지 않듯, 영성도 일상 속에서 실현되어야 한다. 가정, 일터, 식사와 대화의 순간마다 하나님의 임재를 인식하고 반응하는 태도가 중요히다. 작은 일에 충실할 때 진정한 영성이 드러난다. 이러한 훈련들이 삶 속에 뿌리내릴 때, 코칭은 기술을 넘어 하나님과 함께 걷는 거룩한 동행으로서의 의미를 회복하게 된다.

4) 성경적 기초

영성형성의 신학적 기초는 성경 곳곳에서 발견된다.

로마서 12장 2절은 "마음을 새롭게 함으로 변화를 받으라"고 명령하며, 내적 변화가 외적 삶의 방향을 바꾼다는 진리를 강조한다. 갈라디아서 4장 19절에서는 바울이 "너희 안에 그리스도의 형상이 이루기까지 해산하는 수고를 한다"고 고백하며, 영성형성의 목표가 단지 외적 행동이 아니라 그리스도의 형상이라는 점을 분명히 한다. 요한복음 15장에서는 "내 안에 거하라. 그리하면 열매를 맺으리라"고 하시며, 그리스도와의 지속적인 연합 안에서만 진정한 변화와 열매가 가능함을 가르친다. 고린도후서 3장 18절에서는 "주의 영으로 말미암아 영광에서 영광으로 변화된다"고 하여, 성령의 역사가 영성형성의 근본 동력임을 밝힌다.

결론 : 크리스천 코치에게 영성형성은 선택이 아닌 필수이다. 코칭은 단지 기술이 아니라 존재의 반영이며, 코치가 누구인가에 따라 그 대화의 깊이와 방향이 결정된다. 그러므로 코치는 먼저 하나님의 손에 빚어진 그릇이 되어야 하며, 예수 그리스도의 형상을 닮아가는 여정 가운데 있어야 한다. 영성형성은 코칭의 출발점이자 지속의 동력이며, 궁극적으로 하나님의 나라를 향한 제자도의 실천이다.

5) 인성형성과의 차이점

인성형성과 영성형성은 모두 인간의 내면적 성숙을 다루는 중요한 주제이며, 서로 깊이 연결되어 있다. 그러나 이 둘은 그 중심축과 최종 목표에서 분명한 차이를 가진다. 인성형성은 주로 인간의 도덕성, 책임감, 정서적 성숙, 대인관계 능력 등 사회적·심리적 성숙을 추구한다. 이 과정은 자기 성찰과 훈련, 경험과 교육을 통해 이루어지며, 흔히 인간의 노력과 의지를 강조한다. 인성형성은 좋은 시민, 바람직한 구성원, 신뢰받는 리더로서 자질을 키우는 데 중점을 둔다.

반면, 영성형성은 그 출발점부터 다르다. 영성형성은 하나님과의 인격적 관계 안에서 성령의 역사에 민감하게 반응하며, 삶 전체가 거룩과 순종으로 변화되어 가는 과정이다. 이 여정은 단지 외적 성숙이 아니라, 그리스도의 형상을 닮아가는 내적 변화를 목표로 한다. 영성형성은 사람을 변화시키되, 궁극적으로 '좋은 사람'을 넘어 '거룩한 사람', 다시 말해 하나님의 형상을 회복하고, 그리스도의 성품을 드러내는 존재로 빚어지는 것이다.

따라서 인성형성은 영성형성의 기초가 될 수 있으나, 그 자체로는 불완전하며, 반드시 하나님 중심의 관점으로 전환되어야 한다. 인성은 영성에 의해 깊어지고 정화되며, 영성은 인성을 통해 구체적인 삶의 열매로 나타난다. 이 둘의 통합은 특히 크리스천 코칭에서 매우 중요한 과제로, 코치는 클라이언트의 인격과 정서, 행동만이 아니라, 그 존재 전체가 하나님 앞에서 어떻게 변화되고 있는지를 함께 분별해야 한다.

6) 적용 예시

영성형성은 추상적인 개념이나 특별한 사람만의 훈련이 아니라, 일상 속에서 누구나 실천할 수 있는 구체적인 영적 습관을 통해 이루어진다. 다음은 크리스천 코치가 자신의 삶과 사역에 적용할 수 있는 실제적인 예시들이다.

하루 10분 말씀 묵상과 침묵기도는 하나님과의 연결을 유지하는 영적 호흡이 된다. 한 구절 말씀을 곱씹고, 짧은 침묵 가운데 하나님의 음성을 듣는 시간을 매일 확보한다. 감사 일기 쓰기를 통해 매일의 삶 속에서 은혜를 발견하고 기록하는 단순한 행위지만, 시선을 자신이 아닌 하나님께로 돌리게 하는 중요한 훈련이 된다. 영성 코칭 대화는 정기적으로 신뢰하는 동반자와 삶을 나누며, 하나님의 인도하심을 되짚는 시간이다. 이 대화는 신앙의 여정을 정리하고 해석하는 데 큰 도움이 된다. 또한, 갈라디아서 5장에 나타난 성령의 성품들을 의식적으로 삶 속에서 실천하는 훈련을 통해 일상적인 관계 속에서 그리스도의 성품을 드러내는 구체적인 연습을 할 수 있다. 이러한 실천들은 복잡하거나 거창하지 않지만, 매일 반복할 때 코치의 내면을 성령의 흐름에 정렬시키는 중요한 영성훈련이 된다.

7) 결론

영성형성은 단지 종교적 규율을 따르는 경건 생활이 아니라, 일상 속에서 하나님의 임재를 의식하고, 그 안에서 예수 그리스도의 성품으로 변화되어 가는 거룩한 여정이다. 영성은 멀리 있는 이상적인 상태가 아니라, 오늘 여기서 하나님을 만나는 것이며, 그 만남 속에서 내면이 새로워지는 삶의 방식이다.

사도 바울은 갈라디아서 4장 19절에서 "너희 안에 그리스도의 형상이 이루기까지 해산하는 수고를 한다"고 고백하였다. 이는 단지 교사로서의 역할을 넘어서, 영성형성을 위해 함께 아파하고 기다리는 목회적·코칭적 소명을 표현한 말이다. 크리스천 코치는 클라이언트의 잠재력 이전에 그 존재 자체를 바라보는 사람이며, 그 존재 안에 그리스도의 형상이 형성되어 가는 과정을 함께 인내하며 동행하는 사람이어야 한다. 결국 영성형성은 자기 안에서 시작되고, 관계 속에서 성장하며, 하나님 안에서 완성되어 간다. 이 여정이야말로 크리스천 코칭의 뿌리이며, 그 열매는 삶의 전 영역에서 하나님을 드러내는 성화의 발걸음이다.

5. 인성형성은 무엇일까?

1) 정의

인성형성이란 인간의 성품과 도덕성, 정서적 성숙, 사회적 관계능력 등을 개발하고 다듬어가는 과정을 말한다. 이는 단지 외적인 행동의 수정을 넘어, "어떤 사람으로 살아갈 것인가"에 대한 내면의 성찰과 방향 설정을 포함한다. 인성형성은 삶의 태도와 가치관을 형성하며, 성숙한 인격체로 성장하게 만드는 기초가 된다.

2) 인성형성의 핵심 요소

인성형성은 단순히 성격을 다듬는 차원을 넘어, 한 사람이 성숙한 존재로 살아가기 위한 깊은 내면의 기반을 세워가는 여정이다. 코칭은 이러한 성숙을 조력하는 강력한 도구가 될 수 있으며, 그 과정에는 몇 가지 중요한 요소들이 유기적으로 작용한다. 가장 먼저 중요한 것은 도덕성(morality)이다. 이는 옳고 그름을 분별할 줄 아는 능력에서 시작해, 정직함과 공정함, 책임감 같은 윤리적 가치를 삶 속에서 실제로 실천하는 태도로 이어진다. 말과 행동이 일치할 때 타인과의 신뢰가 형성되며,

그 신뢰는 곧 인격의 힘이 된다.

이어지는 요소는 정서적 성숙(emotional maturity)이다. 자신의 감정을 인식하고 조절하며, 동시에 타인의 감정을 이해하고 공감할 수 있는 능력은 인격의 깊이를 결정짓는다. 감정에 휘둘리지 않되 억누르지 않고, 건강하게 다루는 태도는 성숙한 인성을 드러낸다. 사람들과의 관계에서 중요한 사회적 관계 능력(social skills)은 건강한 대인관계를 맺고 유지하며, 협력과 소통을 통해 공동의 목표를 이루고, 갈등 상황에서도 파괴가 아닌 회복의 방향으로 나아가는 힘이다. 타인을 대하는 방식은 곧 자신을 드러내는 방식이기도 하다.

자기 인식(self-awareness)의 능력은 모든 성숙의 출발점이라 할 수 있다. 자신의 강점과 약점, 감정과 반응, 신념과 가치관을 인식하고 성찰할 수 있을 때, 진정한 변화와 성장이 가능해진다. 자신을 아는 사람은 타인 앞에서도 흔들림 없이 솔직할 수 있다. 마지막으로, "나는 누구인가?" "왜 존재하는가?"라는 질문을 통해 정체성과 목적(identity and purpose)을 세우는 일이 중요하다. 삶의 방향을 설정하고, 일상 속 선택에 일관된 기준을 세워주는 이 탐색은 흔들림 없는 자기 삶의 나침반이 되어준다. 이 다섯 가지 요소는 서로 긴밀하게 연결되어 있으며, 일상 속 경험과 관계, 반복되는 선택을 통해 점진적으로 형성된다. 코칭은 이러한 내면의 성숙 과정을 통합적으로 다루며, 삶의 변화와 인격의 성장을 위한 신뢰할 수 있는 동반자가 될 수 있다.

3) 인성형성의 중요성

지식이나 기술은 시대에 따라 변화하거나 사라질 수 있지만, 인성은 삶 전반에 걸쳐 영향을 미친다. 특히 가정과 공동체, 직장, 사회에서 신뢰를 형성하고 영향력을 발휘하기 위해서는 성숙한 인성이 반드시 뒷받침되어야 한다. 리더에게 인성은 단순한 자질이 아니라, 권위와 섬김, 리더십의 기반을 형성하는 본질이다. 높은 지성보다 바른 인격이 더 깊은 감화를 줄 수 있으며, 진정한 리더십은 성품에서 비롯된다.

4) 인성형성을 위한 실천 방법

인성은 하루아침에 만들어지지 않는다. 반복되는 일상 속에서, 그리고 관계와 성찰의 경험을 통해 서서히 다듬어지고 형성된다. 코칭은 이러한 인성의 성장을 돕는 좋은 도구가 되며, 아래와 같은 실천을 통해 그 과정을 더 구체적으로 이어갈 수 있다. 우선, 독서와 성찰은 인성형성에 매우 유익한 기반이 된다. 성경 말씀을 비롯해 고전, 인물 전기 등을 꾸준히 읽는 일은 타인의 삶과 고난을 간접적으로 배우는 통로가 되며, 동시에 자신의 삶을 되돌아보는 성찰의 계기를 제공한다. 단순한 지식 습득을 넘어, 내면의 깊이를 형성하는 중요한 자극이 된다. 멘토링과 코칭도 큰 역할을 한다. 신뢰할 수 있는 멘토나 코치와의 정기적인 대화를 통해, 자기 말과 행동을 점검하고, 삶의 방향성과 태도를 재정렬하는 시간이 마련된다. 이는 자기 인식을 높이고, 성장의 여정을 더욱 명확하게 인도받는 실제적인 방법이다.

또한 일상 속에서 이루어지는 작은 훈련들이야말로 인성을 길러내는 가장 현실적인 길이다. 인사하기, 감사 표현하기, 약속 지키기, 책임 감당하기와 같은 작고 단순한 행동들을 꾸준히 실천할 때, 인격은 자연스럽게 습관화된다. 이러한 반복은 말보다 강한 교육이 된다. 마지막으로, 신앙적 영성 훈련은 인성과 깊이 연결된다. 갈라디아서 5장에 언급된 성령의 열매들, 사랑, 희락, 화평, 오래 참음, 자비, 양선, 충성, 온유, 절제를 일상에서 의식적으로 실천하는 삶은, 결국 인성이 영성의 열매로 맺어지는 과정을 보여준다. 영성과 인성은 분리되지 않으며, 서로를 완성해가는 관계에 있다. 이러한 실천들은 특별한 도전이라기보다, 평범한 일상을 믿음의 눈으로 바라보고 반복할 때 형성되는 삶의 질서이다. 코치는 이러한 인성 훈련을 클라이언트와 함께 삶 속에서 구현해갈 수 있도록 격려하고 조율하는 동반자가 된다.

5) 결론

인성형성은 단순한 자기 계발이 아니다. 그것은 하나님의 형상대로 지음 받은 인간이 타락 이후, 은혜로 회복되어 가는 거룩한 여정이다. 참된 인격의 성숙은 개인의 내면에만 머물지 않고, 가정과 교회, 공동체와 사회 전체에 거룩한 영향력을 확산시킨다. 작은 실천이 큰 인격을 만들고, 그 실천은 결국 하나님의 뜻에 응답하는 삶으로 우리를 빚어간다. 이 길 위에 서는 것, 바로 그것이 인성형성의 본질이다. 결국 인성은 사람됨의 뿌리를 다지고, 영성은 하나님을 향한 열매로 맺어지며, 두 영역은 서로를 완성시킨다.

2부
코칭과 고전의 만남

1장_
순례자의 코칭

1. 순례자의 영성이란 무엇인가?

"순례자의 영성(Pilgrim Spirituality)"은 신앙인의 삶을 하나님 나라를 향한 여정으로 이해하는 관점에서 출발한다. 이 개념은 성경 전체에 걸쳐 반복적으로 등장하는 주제이자, 교회 전통 속에서도 깊이 있는 영성의 상징으로 자리 잡아 왔다. 순례자의 영성은 이 땅을 영원한 집이 아닌 잠시 머무는 나그네의 길로 인식하며, 영원한 본향인 하나님 나라를 바라보며 믿음으로 걸어가는 삶의 태도를 말한다. 이는 단지 신학적 개념이 아니라, 삶의 방향성과 정체성을 형성하는 영적 자세이기도 하다. 순례자는 이 세상에 발을 딛고 살아가되, 세상의 가치에 뿌리내리지 않고, 하늘의 소망에 붙들려 살아가는 자이다.

1) 성경적 근거

성경은 순례자의 삶을 살아간 이들의 이야기를 통해, 이 땅에서의 여정과 영원한 목적지를 향한 소망을 교차시킨다. 아브라함은 하나님의 부르심을 따라 나아간 순례자의 전형적 인물이다. "그는 약속의 땅에 외국인처럼 살았고, 장막에 거하였으며… 이는 그가 하나님께서 설계하시고 건설하신 영원한 도성을 바랐기 때문이다"(히 11:9-10). 그는 이 땅에서 안정을 추구하지 않았고, 하나님의 약속을 따라 '아직 도착하지 않은 곳'을 향해 나아갔다.

다윗 또한 이 고백을 이어받는다. 그는 "나는 주와 함께 있는 나그네요, 순례자이다. 나의 모든 조상들처럼"(시 39:12)이라고 고백하며, 인간 존재의 덧없음과 하나님과의 영원한 관계를 대조한다. 이 땅의 삶은 본질적으로 순례의 시간이며, 그 여정은 하나님 앞에서의 성찰과 회개로 채워져야 함을 보여준다. 사도 베드로는 초대 교회 성도들에게 다음과 같이 권면한다. "사랑하는 자들아 너희는 나그네와 행인같은 자로서"(벧전 2:11). 이는 당시 로마 제국 속에서 정체성의 혼란을 겪던 신자들에게, 이 세상에 속하지 않은 자로서의 자각과 영적 긴장을 하라고 권면하는 말씀이다.

예수 그리스도께서도 이 땅에 거하시던 모습은 순례자의 본을 따르고 있다. "여우도 굴이 있고 공중의 새도 집이 있으되 인자는 머리 둘 곳이 없다"(눅 9:58). 예수님은 편안한 정착보다, 하나님의 뜻을 따라 이동하고 고난을 감당하는 삶으로 하나님 나라를 선포하셨다. 이처럼 성경 전체는 하나님 백성의 삶을 순례자의 삶으로 묘사하고 있으며, 그들은 언제나 '이미' 도착한 자가 아니라 '아직' 도착하지 않은 길을 걷는 이들이었다.

순례자의 영성은 곧 변화의 여정이며, 이 여정은 코칭의 여정과 본질적으로 통한다. 코칭은 문제 해결의 기술이 아니라, 하나님의 나라를 향한 내면의 정렬과 순종의 여정에 동행하는 사역이다. 순례자의 관점은 코칭을 "어디로 가고 있는가?"라는 방향의 문제로 이끌며, 클라이언트의 삶을 단지 성취가 아니라 소명과 영원으로 조명하게 한다.

2) 순례자 영성의 핵심 요소

순례자의 영성은 단순한 감정이나 분위기가 아니라, 하나님 나라를 향해 살아가는 삶의 태도와 내면의 구조를 형성하는 신앙적 요소들로 구성되어 있다. 이 여섯 가지 요소는 순례자로 살아가는 이들에게 있어 필수적인 영적 자양분이며, 코칭과 제자도의 핵심 가치와도 깊이 연결되어 있다.

첫째, 낯섦(Foreignness)은 순례자의 정체성을 드러내는 본질적인 감각이다. 순례자는 이 세상을 궁극적인 목적지로 삼지 않으며, 하늘의 시민권을 가진 자로서 살아간다. 세상의 가치에 물들지 않고, 천국을 향한 방향성을 유지하는 내면의 긴장이 바로 순례자 영성의 출발점이다.

둘째, 동행(Companionship)은 혼자가 아닌 함께 걷는 여정이라는 점에서 중요하다. 순례자는 언제나 하나님과의 동행 가운데 있으며, 동시에 믿음의 공동체와 함께 걸어간다. 이 길은 외롭지만, 함께 울고 웃는 동행자들이 있기에 완주할 수 있는 길이다.

셋째, 소망(Hope)은 순례자가 낙심하지 않고 앞으로 나아가게 하는 내적 동력이다. 아직 도달하지 않은 영원한 본향을 바라보며, 그 소망 안에서 인내하고 기대하는 태도는 순례자에게 있어 매일의 걸음을 가능하게 한다. 소망은 목적지에 대한 확신에서 오는 영적 추진력이다.

넷째, 경건과 절제(Discipline)는 세속의 유혹을 분별하고 내면을 정결하게 가꾸는 훈련이다. 순례사는 자신을 훈련시키며, 경건의 습관 속에서 하나님과의 일치를 추구한다. 절제는 외적인 억제가 아니라, 내면에서부터 우러나오는 자유의 선택이며, 거룩을 향한 일상의 연습이다.

다섯째, 고난의 수용(Suffering)은 광야와 같은 여정 속에서 겪는 훈련과 연단을 받아들이는 태도이다. 순례자의 길은 평탄하지만은 않다. 그러나 고난은 피할 대상이 아니라, 하나님이 빚어가시는 성숙의 도구이다. 고난을 통해 우리는 하나님의 위로를 배우고, 더 깊은 믿음으로 나아간다.

여섯째, 믿음의 실천(Walking by Faith)은 순례자의 걸음걸이를 규정하는 영적 행위이다. 순례자는 모든 것을 다 알거나 보지 못한 채로, 날마다 하나님을 의지하며 한 걸음 한 걸음 나아간다. 이 믿음의 걸음은 순종이며, 어제보다 오늘, 오늘보다 내일 더 하나님께 가까이 가는 삶의 방식이다.

이러한 핵심 요소들은 순례자의 삶을 단단하게 붙잡아주는 내면의 기둥들이며, 영성 코치 또한 이 여정에 동행하는 조력자로서 이러한 가치들을 삶 속에서 세워가도록 도와야 한다.

3) 현대적 적용

순례자의 영성은 과거의 개념이 아니라, 오늘날을 살아가는 신앙인에게도 여전히 생생한 삶의 통찰을 제공한다. 현대인의 삶이 속도와 성취, 소유와 안정에 집중될수록, 순례자의 시선은 우리로 하여금 삶을 목적지 중심으로 바라보게 한다. 이 세상이 전부가 아니라는 믿음은, 날마다 영원을 기억하며 살아가도록 한다. 또한 순례는 개인의 고립된 여정이 아니라 공동체의 길이다. 신앙 공동체 안에서 함께 말씀을 붙들고 기도하며 걷는 길은 외로움과 좌절의 순간을 견디게 하는 힘이 된다. 함께 걷는 이들이 있다는 사실은 순례자의 영성을 더욱 풍성하게 한다.

오늘날 물질적 풍요와 안일주의가 만연한 시대 속에서, 소유보다는 방향, 쾌락보다는 목적, 안정보다는 믿음을 선택하는 순례자의 태도는 하나님 나라를 사모하는 삶의 실천이 된다. 순례자는 삶을 누리되, 그것에 집착하지 않으며, 언제나 더 깊은 본향을 향한 방향성을 잃지 않는다. 무엇보다 고난은 순례자의 길에서 피할 수 없는 현실이다. 그러나 고난은 단지 통과해야 할 시련이 아니라, 하나님께서 믿음을 연단하시고 영혼을 성숙케 하시는 훈련장이 된다. 길 위에서 흘린 눈물과 절망 속에서, 우리는 하나님의 위로를 만나고 하늘의 소망을 더 견고히 붙잡게 된다.

4) 관련 작품과 신학적 모델

『천로역정』(존 번연)은 순례자의 영성을 문학적으로 가장 잘 형상화한 고전이다. 주인공 크리스천은 멸망의 도시를 떠나 천성을 향해 나아가는 여정 속에서 수많은 유혹과 장애물, 영적 전투를 겪는다. 이 여정은 단순한 비유가 아니라, 신앙인의 내면적 현실을 깊이 있게 드러낸다. 코칭은 이 여정을 해석하고, 순례자가 길을 벗어나지 않도록 돕는 동반자적 사역이 될 수 있다.

『신곡』(단테 알리기에리)은 인간 영혼이 죄와 고통을 통과하여 정화되고, 궁극적으로 하나님의 임재와 사랑에 이르는 과정을 순례의 이미지로 표현한다. 단테의 여정은 내면의 탐색이며, 구원받은 인간이 신적 형상으로 회복되어 가는 상징적 구조를 지닌다.

현대 신학자들도 이러한 순례자의 영성을 다양한 방식으로 조명하였다. 위르겐 몰트만은 '소망의 신학'에서 종말론적 희망이 현재의 고난을 견디게 하는 영적 에너지임을 강조했고, 유진 피터슨은 "느리지만 꾸준한 순례"(A Long Obedience in the Same Direction)라는 표현을 통해 신앙의 길은 빠른 성취가 아니라 지속적인 순종의 여정임을 일깨워 주었다. 헨리 나우웬은 '상처 입은 치유자'로서의 순례자를 묘사하며, 우리의 상처가 회피해야 할 약점이 아니라, 타인의 상처에 함께할 수 있는 하나님의 도구가 될 수 있음을 강조하였다.

6) 결론

이 땅에서의 삶은 우리가 영원히 거할 집이 아니다. 우리는 나그네이며 순례자이다. 잠시 머물다 가는 인생 속에서, 진정한 삶의 의미는 본향을 향한 방향성과 순종 속에서 발견된다. 순례자의 영성은 단지 어떤 길을 가느냐의 문제가 아니라, 누구와 함께, 무엇을 바라보며 걷느냐의 문제이다. "그리스도의 형상이 이루기까지 해산하는 수고"(갈 4:19)는 사역자의 헌신일 뿐 아니라, 모든 순례자가 품어야 할 영적 자세이다. 순례자의 여정은 오늘 이 자리에서 하나님을 만나는 삶이며, 지금도 우리 안에 그 향기를 남기고 있다. 순례자의 영성은, 이 세상에서 길을 잃지 않도록 우리를 붙들어주는 동방박사의 별이다.

2. 지금 여기서 왜 순례자의 영성일까?

이 질문은 단지 신학적 사유가 아니라, 현시대를 살아가는 그리스도인의 정체성과 방향성을 묻는 물음이다. 아래에 그 의미를 시대적, 교회적, 개인적, 신앙적 차원으로 나누어 이야기해 보자.

1) 시대적 이유 - 불확실성과 혼돈의 시대

"우리는 분명히 어딘가를 향해 가고 있지만, 어디로 가는지 모른다." 기후 위기, 전쟁, 경제 불안, AI 기술의 급진적 변화 속에 사람들은 뿌리 뽑힌 존재처럼 느껴진다. 이런 시대에 순례자의 영성은 '정착이 아닌 방향'을 바라보는 삶의 지혜를 준다. 하나님 나라라는 목적지를 바라보며 오늘의 고난과 불확실성을 견디는 힘을 준다.

2) 교회적 이유 – 제도 중심에서 여정 중심으로

"교회는 건물이 아니라 순례 공동체이다." 제도화된 교회, 권위주의적 구조에서 예수님을 따르는 순례자의 공동체로의 회복이 필요하다. 성도 한 사람 한 사람이 '길 위에 있는 자'로서 예수님을 따르고, 서로 격려하는 순례자의 동행이 중요하다. "길이요 진리요 생명이신 그분을 따르는 여정"이 교회의 본질임을 회복해야 한다.

3) 개인적 이유 – 정체성과 의미의 위기

"나는 누구인가? 왜 여기 있는가? 어디로 가는가?" 현대인은 정체성 상실과 방향 감각의 혼란 속에 있다. 순례자의 영성은 '나는 하나님 나라를 향한 여정에 있는 자'라는 분명한 자기 인식을 준다. 소유가 아니라 존재, 성과가 아니라 순종, 불안이 아니라 소망으로 사는 길이다.

4) 신앙적 이유 – 십자가를 따라가는 제자의 삶

"예수님도 순례자의 길을 걸으셨다." 예수님의 공생애는 정착이 아니라 '하나님의 뜻을 따라 순례하는 삶의 여정'의 연속이었다. "머리 둘 곳도 없으셨던 예수님"(눅 9: 58)의 길을 따라 우리도 고난과 낮아짐의 순례를 살아간다. 이는 세상과 타협하지 않는 거룩함, 세속적 가치에 끌리지 않는 절제, 끝까지 믿음을 지키는 견인을 의미한다.

5) 영적 통찰 – 지금 여기에서 의미

순례자의 영성은 시간을 '지금'으로, 공간을 '여기'로 제한하지 않는다. 오히려 지금 이 순간과 내가 있는 이 자리에서조차, 하나님 나라를 향해 걸어가는 여정의 한 걸음으로 받아들이는 시선이다. 오늘 하루가 전부가 아님을 아는 사람은, 시간의 압박이 아니라 영원의 시선으로 현재를 살아간다. 지금 내가 있는 이 자리는 도착점이 아니다. 눈에 보이는 안정이나 성취가 끝이 아니며, 그 너머에 있는 하나님의 본향을 향한 걸음이 계속되고 있음을 기억하는 것이 순례자의 태도이다.

비록 현실이 막막하고 앞이 보이지 않을 때도, 순례자는 믿음으로 오늘의 걸음을 내디딘다. 환경이 불편하고 상황이 마음 같지 않더라도, 하나님이 나와 함께 이 길을 걷고 계신다는 믿음이 순례자의 중심을 지탱해준다. 때로 우리는 다 가진 것처럼 보이고, 모든 것이 안정된 것처럼 느껴질 때도 있다. 그러나 순례자의 영성은 그렇게 말한다. 영원한 본향 없이는 참된 안식은 없다. 세상의 쉼은 일시적이고 부분적일 뿐, 참된 안식은 하나님 나라에서만 완성된다. 그러므로 지금 여기서의 삶도 순례의 한 장면이며, 이 땅의 일상도 영원을 준비하는 성화의 과정이다. 우리는 여전히 걸어가는 중이며, 아직 도착하지 않았다. 그러나 하나님께서 지금 여기에서 나와 함께 걷고 계시다는 진리가, 우리의 오늘을 거룩하게 만든다.

3. 예수 그리스도 – 순례자로 오신 하나님

1) 그분은 순례자이신가?

예수 그리스도는 단지 진리를 가르치신 교사가 아니라, 직접 순례자의 길을 걸으신 하나님이셨다. 그분의 생애는 하늘 보좌에서 이 땅이라는 낯선 길로의 하향적 순례, 그리고 십자가를 통한 구속적 여정으로 이해될 수 있다. 예수님은 하늘의 영광을 내려놓고, 인간의 육신을 입고 이 땅에 오셨다. "말씀이 육신이 되어 우리 가운데 거하시매"(요 1:14), "하나님의 본체이시나 종의 형체를 가지사 사람들과 같이 되셨다"(빌 2:6-8)는 말씀은 그분의 낮아짐과 이동을 보여준다.

예수님의 삶은 길 위의 삶이었다. 그는 정착하지 않으셨고, 늘 이동하며 복음을 전하셨다. 스스로 "여우도 굴이 있고 공중의 새도 거처가 있으되 인자는 머리 둘 곳이 없다"(눅 9:58)고 하셨다. 그 여정은 단순한 방랑이 아니라, 하나님의 뜻을 따라가는 길이었다. 겟세마네 동산에서 예수님은 "내 뜻대로 마옵시고 아버지의 뜻대로 하옵소서"(마 26:39)라 기도하셨고, 십자가라는 좁은 길로 나아가셨다. 그 길은 죽음의 길이었지만, 동시에 생명과 구원의 길이었다.

2) 예수님 순례길의 특징

예수님의 순례는 단순히 개인적인 고난의 서사로 끝나지 않는다. 그분의 여정은 모든 제자가 따라야 할 구속의 모델이자, 제자의 삶을 비추는 거울이다. 예수님께서 걸으신 길은 다섯 가지 차원에서 우리에게 분명한 본을 보여주신다.

첫째, 겸손의 길이다. 예수님은 예루살렘에 입성하실 때 권세와 영광의 상징이 아닌, 나귀를 타고 오셨다(마 21:5). 이는 권세를 휘두르는 리더가 아니라, 백성을 위해 자신을 낮추는 섬김의 왕으로 오셨음을 나타낸다. 제자는 권위를 주장하기보다, 겸손히 섬기는 삶을 살아가야 한다.

둘째는 순종의 길이다. 예수님은 십자가를 지기까지 철저히 하나님의 뜻에 복종하셨다(빌 2:8). 겟세마네 동산에서의 "내 뜻이 아니라 아버지의 뜻대로 하옵소서"라는 기도는 그분의 전 생애를 관통하는 순종의 핵심이다. 제자 또한 제 뜻보다 하나님의 뜻을 따르는 삶을 선택해야 한다.

셋째는 고난의 길이다. 예수님은 조롱과 채찍, 십자가 형벌이라는 극심한 고난을 감당하셨다. 그러나 그 고난은 실패가 아니라, 하나님의 의를 이루는 통로였다. 믿는 자도 고난을 피할 수 없지만, 믿음으로 고난을 견디며 하나님의 뜻을 붙드는 순례자의 자세를 지녀야 한다.

넷째는 사랑의 길이다. 예수님은 자신을 십자가에 못 박는 원수들마저 용서하시며, "저들을 사하여 주옵소서"(눅 23:34)라 기도하셨다. 제자도는 미움과 보복이 아닌, 사랑과 화해의 길을 선택하는 것이다. 진정한 사랑은 고난 속에서도 이어지는 용서에서 드러난다.

마지막은 영광의 길이다. 예수님은 죽음을 이기시고 부활하셨으며, 하늘 보좌 우편에 앉으셨다. 이는 고난의 끝이 절망이 아니라 영원한 승리와 영광임을 선포하는 사건이다. 믿는 자는 이 땅에서의 시련을 넘어서, 장차 함께 누릴 영광의 소망을 붙들고 살아간다(롬 8:17). 이와 같은 예수님의 순례는 단지 과거의 사건이 아니라, 오늘을 사는 제자들에게 주어진 구속적 여정의 지도이다. 코치는 이 길을 설명하는 자가 아니라, 함께 걸으며 그 방향을 잊지 않도록 돕는 영적 동행자로 부름받았다.

3) 왜 그 길을 따라야 하는가?

예수님은 단지 길을 알려주신 분이 아니라, 직접 길이 되신 분이다. "내가 곧 길이요 진리요 생명이라"(요 14:6)라는 말씀은, 신자들이 그분을 따름으로써 비로소 참된 생명과 영원에 이른다는 것을 보여준다. 예수님을 믿는다는 것은 그분의 길을 지식으로 이해하는 것을 넘어서, 삶으로 따르는 것을 의미한다. 그 길은 때로 좁고 고통스러우며, 세상의 기준과는 멀다. 그러나 그 길의 끝에는 하늘의 본향이 있으며, 하나님께서 친히 마련하신 영원한 나라가 기다리고 있다 (히 11:13-16).

4) 현대의 순례자, 예수님의 길을 본받는 삶

예수님의 순례는 단지 2,000년 전 팔레스타인에서 끝난 사건이 아니다. 그분이 걸으신 길은 오늘날에도 신자들의 일상 속에서 계속되고 있는 살아있는 여정이다. 순례자의 영성은 추상적인 개념이 아니라, 현실의 삶 속에서 구체적인 선택과 태도로 실천되어야 한다. 가정에서는 예수님의 인내와 사랑을 본받는 삶이 시작되어야 한다. 완전하지 않은 가족 구성원일지라도, 서로를 이해하고 용납하며, 하나님의 은혜로 가정을 거룩한 공동체로 세워가는 삶, 그것이 바로 순례자가 일상에서 실천해야 할 믿음의 길이다. 가정은 작은 교회이며, 가장 가까운 훈련장이 된다. 직장과 사회에서는 타협과 이익이 우선되는 분위기 속에서도, 진리와 정의의 길을 선택하는 용기가 필요하다. 예수님처럼 의를 위해 손해를 감수하며, 그리스도인의 정체성을 지키는 삶은 오늘날 순례자의 길을 살아가는 구체적인 모습이다.

교회와 공동체에서는 자기주장을 앞세우기보다, 내 뜻을 내려놓고 십자가를 지는 섬김의 태도가 요구된다. 공동체 안에서의 갈등이나 오해 가운데서도, 화해와 헌신, 그리고 묵묵한 사랑으로 그리스도의 몸을 세워가는 일이 중요하다. 자기 내면에서는 편안함과 성취만을 추구하는 세속적 경향을 경계하고, 성화를 향한 고통의 여정을 기꺼이 감당하려는 태도가 필요하다. 영적 성장은 고통 없이 이룰 수 없으며, 순례자는 내면의 싸움에서도 주님을 따라 걷는 자이다. 이처럼 현대의 순례자는 예수님의 삶을 단지 기억하는 자가 아니라, 그 길을 오늘의 자리에서 실천하는 자이다. 그 길은 쉽지 않지만, 그분이 앞서 가셨고, 지금도 동행하고 계신다. 순례자의 발걸음은 여전히 오늘도 이어지고 있다. 예수님의 길은 고난과 희생의 길이지만, 그 길은 또한 회복과 구원의 길이다. 코치는 이 순례의 여정을 함께 걸어가는 동반자이며, 클라이언트가 자기 뜻이 아닌 하나님의 부르심에 따라 걸어가도록 격려하는 존재이다.

4. 갈릴리 – 예루살렘 순례길

이 여정은 단순한 지리적 이동이 아니라, 하나님의 구속사를 향한 영적인 순례의 길이며, 그 여정 속에서 하나님 나라의 본질과 제자도의 핵심이 드러난다.

1) 개요

왜 갈릴리에서 예루살렘인가? 예수님의 공생애는 갈릴리에서 시작되었다. 갈릴리는 정치적 중심도, 종교적 권위도 없는 소외된 변두리의 땅이었다. 그러나 예수님은 그 땅에서 첫 메시지를 선포하셨다. "회개하라, 천국이 가까이 왔느니라"(마 4:17). 갈릴리는 가난한 자와 병든 자, 사회적 주변부에 있는 자들이 모여 있던 곳이었다. 예수님은 그곳에서 하나님의 나라가 누구를 위해 왔는가를 분명히 보여주셨다.

반면 예루살렘은 제사장과 율법학자들이 중심이 된 종교 권력과 충돌의 공간이자, 예언자들이 박해받고, 예수 그리스도께서 십자가에 달리신 죽음과 부활의 장소였다. 누가복음 9장 51절은 "예수께서 예루살렘을 향하여 올라가기로 굳게 결심하시고"라는 표현으로, 이 여정이 의도된 순례이며 자발적 헌신의 여정임을 강조한다. 예수님의 사역은 단순히 '거리의 이동'이 아니라, "변두리에서 중심으로", "삶에서 죽음으로", "가르침에서 구속으로" 나아가는 구원의 드라마였다. 갈릴리에서 시작된 하나님의 나라는 예루살렘에서 십자가를 통해 완성되며, 그 길 위에 서 있는 우리는 제자로서 어떤 길을 따를 것인가를 묻게 된다.

2) 갈릴리 사역 (시작, 대중적 사역 중심)

예수님의 공생애는 북부 이스라엘의 갈릴리 지역에서 시작되었다. 갈릴리는 종교적 중심지인 예루살렘과는 거리가 먼, 주변부의 평범한 지역이었다. 그러나 바로 그곳에서 하나님의 아들은 말씀을 선포하시고, 첫 제자들을 부르셨으며, 하나님 나라의 복음을 구체적인 삶의 현장에서 시작하셨다. 예수님의 주요 활동지는 가버나움, 나사렛, 베다니, 가나 등으로, 대부분 갈릴리 호수 주변의 마을과 촌락들이었다. 그는 예루살렘의 성전이나 회당 중심이 아닌, 일상과 생업이 이루어지는 공간에서 사람들을 만나고 가르치셨다. 이로써 하나님 나라는 특정한 제도나 계층에 제한되지 않고, 삶의 자리 한복판에서 임하는 은혜임을 선포하셨다. 갈릴리 사역의 핵심 메시지는 "회개하라, 하나님의 나라가 가까이 왔느니라"(막 1:15)는 외침이었다. 이는 단순한 도덕적 경고가 아니라, 하나님의 통치가 이 땅에 임했음을 알리는 복음의 선언이었다. 그분은 회개를 요구하셨고, 믿음을 통해 하나님 나라에 참여할 것을 촉구하셨다.

예수님은 병든 자, 귀신들린 자, 세리와 죄인과 같은 사회적 주변인들과 깊이 관계하셨다. 그들에게 손을 내밀고, 음식을 함께 하셨으며, 삶의 회복을 선포하셨다. 하나님의 나라는 소외된 이들을 중심으로 확장되었으며, 이것이 갈릴리 사역의 영적 핵심이었다. 이 시기에 이루어진 대표적 사건들로는 산상수훈(마 5~7장), 오병이어로 5천 명을 먹이신 기적, 풍랑 속 바다 위를 걷는 장면, 제자들을 부르신 장면 등이 있다. 이 사건들은 모두 하나님 나라가 현실 속에서 살아 움직이고 있음을 보여주는 표징들이었다. 결국 갈릴리 사역은 우리에게 이렇게 말한다. 하나님 나라의 시작은 언제나 가장 낮은 곳에서부터 이루어진다. 위대한 구원의 서사는 화려한 중심부가 아니라, 연약한 인생의 자리에서 출발한다. 오늘 우리도 갈릴리의 평범한 삶 속에서 하나님의 음성을 들을 수 있다면, 그곳이 곧 하나님 나라의 문턱이 될 것이다.

3) 중간 여정 (길 위의 제자훈련과 결단)

누가복음 9장 51절은 예수님의 사역 여정에서 결정적인 전환점을 제시한다. "예수께서 예루살렘을 향하여 올라가기로 굳게 결심하시고"(눅 9:51). 이 구절은 단순한 지리적 방향의 변화가 아니라, 십자가를 향한 구속사적 순례의 시작을 상징한다. 예수님은 이제 갈릴리를 떠나, 죽음이 기다리고 있는 예루살렘을 향해 남쪽 유대로 향하는 여정을 본격적으로 시작하신다. 이 시기부터 예수님의 가르침은 점점 더 제자의 삶에 대한 요구로 무게를 더해간다. "누구든지 자기 십자가를 지고 나를 따르지 않는 자도 내 제자가 될 수 없다"(눅 14:27)는 말씀처럼, 제자들은 더 이상 단순한 추종자가 아니라, 자기 부인과 순종, 고난의 길을 함께 걷는 순례자로 부름받는다.

예수님은 길 위에서 제자들과 함께하며, 공동체 생활 속에서 가르치시고, 치유하시고, 도전하셨다. 이 여정은 단지 이동이 아니라, 삶 속에서 이루어지는 살아있는 제자훈련이었다. 길 위에서 제자들은 예수님의 표정을, 침묵을, 분노와 눈물을 보았고, 그분의 말씀을 듣고 따라가면서 점차 '자기 삶의 방향'에 대한 결단을 요구받게 되었다. 이 시점부터 예수님의 사역에는 점증되는 긴장감이 흐르기 시작한다. 바리새인과 율법학자들과의 갈등은 날카로워지고, 제자들의 오해와 갈등도 더 자주 드러난다. 이는 단순한 외적 충돌이 아니라, 하나님의 나라가 세상의 질서와 충돌할 수밖에 없는 본질적 갈등을 보여주는 장면들이다. 결국 갈릴리에서 시작된 제자훈련은 예루살렘을 향한 결단의 길 위에서 더욱 분명해진다. 예수를 따른다는 것은, 그의 길을 함께 걷는 것이며, 그 길은 십자가로 향하는 길이다. 제자는 그 길에서 자신의 야망과 안일함, 세상적 기대를 내려놓고, 예수님이 걸으신 방향으로 자신의 삶을 재정렬하는 사람이다.

4) 예루살렘 사역 (완성, 고난과 영광)

예수님의 사역은 갈릴리에서 시작되어 예루살렘에서 절정을 맞는다. 예루살렘은 단지 지리적 목적지가 아니라, 구속사의 결정적 무대이자 하나님의 뜻이 완성되는 공간이었다. 갈릴리에서 선포된 하나님 나라의 복음은, 예루살렘에서 십자가와 부활을 통해 역사 속에서 실현된다. 예수님께서 마지막으로 머무르신 주요 장소들은 베다니, 감람산, 예루살렘 성전, 골고다 언덕, 그리고 장사된 무덤이었다. 이 공간들은 단계적으로 고난과 영광을 향해 나아가는 여정의 이정표와 같다.

예루살렘 사역에서 중심을 이루는 사건들은 신약 복음서의 가장 큰 비중을 차지한다. 예루살렘 입성은 메시아로서의 공개적인 선언이었고, 성전 정화는 부패한 종교체제에 대한 심판이었다. 최후의 만찬에서는 새 언약이 선포되었고, 겟세마네 동산에서 예수님은 극한의 인간적 고뇌 속에서도 하나님의 뜻에 온전히 순종하셨다. 그곳은 인간의 연약함과 신적 순종이 교차하는 거룩한 자리였다. 그리고 마침내, 십자가에서의 죽음과 그 후의 부활은 하나님 나라가 어떻게 완성되는지를 보여주는 구속의 중심 사건이었다. 예수님은 이 여정에서 제자들, 바리새인과 율법학자, 대제사장, 그리고 수많은 군중과 마주하셨다. 어떤 이는 따랐고, 어떤 이는 반대했으며, 어떤 이는 침묵하거나 조롱했다. 이 다양한 반응 속에서도 예수님은 끝까지 하나님의 뜻에 순종하며 자신의 사명을 완수하셨다.

예루살렘 사역의 신학적 핵심은 분명하다. 십자가는 실패가 아니라 영광의 길이다. 외적으로 보면 버림받음과 죽음이지만, 하나님의 눈에는 그 길이 구속의 시작이며, 인류를 위한 사랑의 완성이었다. 이것이 바로 순례자의 여정이 도달해야 할 종점이며, 동시에 새로운 생명의 여정이 시작되는 출발점이다. 부활은 그분의 사역이 헛되지 않았음을 증명하는 하나님의 선언이었다. 십자가의 고난을 지나 부활의 영광에 이르신 예수님의 여정은, 모든 그리스도인에게 죽음을 지나 생명으로 나아가는 길이 어떤 것인지를 분명하게 보여준다. 예루살렘 사역은 그래서 한 사람의 인생 이야기로 끝나지 않는다. 그것은 지금도 우리 각자가 믿음으로 따라야 할 순례의 목적지이자 부르심의 방향이다.

5) 구속사적 흐름 (갈릴리에서 예루살렘까지의 의미)

예수님의 사역은 단지 지역 간의 이동이 아니라, 하나님의 구속사가 실현되어 가는 시간적·영적 여정이었다. 갈릴리에서 예루살렘까지의 흐름은 신자에게도 동일한 구속사적 원형으로 제시된다. 갈릴리는 하나님의 부르심과 은혜가 시작된 자리이다. 예수님은 이곳에서 낮은 자들과 함께하셨고, 삶의 현장 속에서 하나님 나라를 선포하셨다. 소외된 자들과 병든 자, 죄인들이 복음을 먼저 들었던 자리에서, 구속의 역사는 시작되었다.

유대 광야는 제자들과 동행하며 훈련하신 시기이다. 예수님은 시험을 받으셨고, 제자들에게도 자기 부인과 십자가를 지는 제자도의 길을 가르치셨다. 이 시기는 고난과 훈련의 시기이며, 하나님의 뜻에 순종하는 법을 배워가는 여정이다. 예루살렘은 구속의 완성이 이루어진 장소이다. 예수님은 십자가에서 죽으셨고, 부활과 승리를 통해 하나님의 구원을 성취하셨다. 그분은 원수들 앞에서 승리하셨고, 그 길은 이제 믿는 자들이 따라야 할 영광의 길이 되었다. 이 흐름은 단순한 사건의 나열이 아니라, 신자 한 사람 한 사람의 영적 여정에 새겨져야 할 구속사의 구조이다.

6) 오늘 우리의 순례와 연결

예수님께서 걸으신 갈릴리에서 예루살렘까지의 여정은 오늘 우리에게도 동일한 믿음의 순례 길로 다가온다. 그의 여정은 과거의 사건이 아니라, 오늘 우리의 삶 속에서 다시 살아나야 할 실천적 모범이자 영적 로드맵이다.

갈릴리, 평범한 일상 속에서의 소명 : 우리의 신앙은 특별한 순간이 아니라, 일상의 자리에서 시작된다. 직장, 가정, 학교, 이웃들과의 관계 속에서 우리는 하나님의 부르심을 받고, 그 자리에서 빛과 소금으로 살아가야 한다.

광야, 제자훈련과 고난의 여정 : 신앙은 단지 기쁨만이 아닌, 연단의 시간도 함께 따른다. 시험과 고난을 통해 하나님은 우리의 믿음을 정금같이 연단하시며, 성숙한 제자로 빚어가신다. 광야는 피해야 할 장소가 아니라, 하나님의 음성을 듣고, 내면을 재정비하는 거룩한 훈련장이다.

예루살렘, 십자가의 결단과 섬김 : 신앙은 결국 자기 부인의 삶으로 이어져야 한다. 십자가를 진다는 것은, 나의 뜻과 계획을 내려놓고 하나님의 뜻에 순종하는 것이다. 고통과 희생이 따를 수 있지만, 그 길은 부활과 영광으로 이어지는 생명의 길이다.

결국 우리의 신앙은 갈릴리에서 시작되며, 예루살렘을 향해 나아가야 한다. 그 길은 순례자의 길이며, 제자의 길이다. 그리고 그 길 끝에는 영원한 본향, 하나님 나라의 영광이 기다리고 있다.

5. 순례길의 길동무 - 영성코치

'순례길의 길동무'라는 표현은 단순한 감성이 아닌, 매우 신학적이며 공동체적 의미를 지닌 고백이다. 신앙은 결코 혼자 걷는 개인적 경험이 아니라, 하나님 나라를 향해 함께 걸어가는 관계적 여정이기 때문이다. 이 여정에서 '영성코치(Spiritual Coach)'는 단지 조언을 주거나 이끄는 지도자가 아니라, 곁에 함께 머물며 묻고, 들어주고, 함께 깨달아 가는 동행자이다.

1) 왜 '영성코치'는 순례길의 길동무인가?

신앙은 머리로 이해하는 지식이 아니라, 몸으로 살아내는 길이다. 예수님께서 "내가 곧 길이요 진리요 생명이다"(요 14:6)라고 말씀하신 것처럼, 신앙은 정적 개념이 아니라 걸어가야 할 길이다. 이 길 위에서 그리스도인은 세상에 안주하지 않고, 하나님 나라를 바라보며 살아가는 순례자이다. "그들은 나그네로서 이 땅에 머물렀고, 더 나은 본향을 사모하였다"(히 11:13)고 한 것처럼, 우리는 아직 도달하지 않은 곳을 향해 걷는 존재다.

그러나 이 길은 결코 쉽거나 단순하지 않다. 때로는 외롭고 고되며, 방향을 잃고 좌절하기도 한다. 전도서 4장 9-10절은 "두 사람이 동행하면 수고가 덜하며, 넘어질 때 서로를 일으켜 줄 수 있다"고 말한다. 바로 그때 필요한 존재가 길동무이며, 오늘날 교회와 공동체 안에서 그 역할을 감당하는 이가 바로 영성코치이다. 영성코치는 앞서가며 지시하는 리더가 아니라, 곁에서 함께 묻고, 함께 듣고, 함께 붙들어주는 존재이다. 그는 해답을 제시하기보다는 하나님의 음성을 함께 분별하고, 그 여정을 해석하도록 도와주는 동반자이다.

2) 성경에서 본 영성코치의 모델

성경 안에는 영성코치적 역할을 감당한 인물들이 등장한다. 예수님께서는 엠마오로 가던 두 제자에게 다가오셔서 그들과 함께 걸으셨다(눅 24:13-35). 그는 곧바로 자신을 드러내지 않으셨고, 오히려 질문하셨으며, 그들의 말을 경청하시고, 성경을 풀어 설명해 주셨다. 이 모습은 영성코치의 본보기가 된다. 바나바는 사울이 바울로 변화된 이후 초기 사역의 길잡이가 되어주었다. 그는 단지 지도자가 아니라, 바울 안에 있는 은혜의 잠재력을 믿고 동행하며 세워준 격려자였다(행 11:25-26).

모세는 여호수아와의 오랜 관계 속에서 단지 리더십을 위임한 것이 아니라, 함께 시간을 보내고, 기도하며, 모범을 통해 차세대 리더의 소명을 확증해주었다. 엘리야 역시 엘리사와의 관계 속에서 말이 아닌 삶 전체로 전승과 모델링을 남겼다. 영성코치는 이런 관계적 전승의 맥을 잇는 역할이다.

3) 영성코치의 역할 – 세 가지 사명

영성코치는 단지 '잘 들어주는 사람'이나 '기독교적 상담자'로만 머무르지 않는다. 그의 사역은 영적 안내자, 경청자, 거룩한 자극자라는 세 가지 사명을 동시에 품고 있다.

첫째, 영적 안내자로서 영성코치는 방향을 알려주는 사람이 아니라, 질문을 통해 스스로 방향을 깨닫도록 돕는 사람이다. 예수님께서 제자들에게 "너희는 나를 누구라 하느냐?"(마 16:15)고 물으셨던 것처럼, 그는 정답을 주기보다 내면의 신앙 고백을 이끌어내는 안내자가 되어야 한다.

둘째, 영혼의 경청자로서 영성코치는 판단하지 않고 깊이 듣는 자이며, 단지 말뿐 아니라 성령께서 일하시는 소리를 함께 듣는 이다. 사무엘이 "말씀하옵소서, 종이 듣겠나이다"(삼상 3:10)라고 응답했듯, 경청은 단지 기술이 아니라 영혼을 여는 통로이며, 거룩한 영적 만남의 자리가 된다.

셋째, 거룩한 자극자로서 영성코치는 클라이언트가 현실에 안주하거나 영적 무기력에 빠지지 않도록 도전과 성장의 자극을 제공하는 존재이다. 히브리서 10장 24절은 "서로 사랑과 선행을 격려하자"고 권면한다. 영성코치는 사랑으로 도전하며, 선한 불편함을 주는 이다.

결론적으로, 영성코치는 길 위의 스승이 아니라, 길 위의 친구이며 동행자이다. 그는 문제를 해결해주는 사람이 아니라, 그 길을 잃지 않도록 붙들어주는 존재이며, 신앙의 여정 속에서 하나님께 더 가까이 나아가도록 도와주는 거룩한 촉진자이다. 오늘의 교회와 제자 공동체는 지시자가 아니라, 이런 길동무 같은 영성코치를 더욱 필요로 하고 있다.

4) 코치는 구속사의 길 위를 걷는 순례자의 곁에서, 성령의 발걸음을 방해하지 않고 조율하는 조력자다.

영성코치는 "지도자"가 아니라 "길 위의 동행자"다. 코칭은 정답을 말해주는 훈수가 아니라, 정답을 발견할 수 있도록 묻고 기다려주는 여정이다. 특히 위기의 순간, 믿음이 흔들릴 때, 갈림길에서, 정체성이 흔들릴 때 영성코치는 하나님의 음성을 함께 듣는 선지자처럼 다가간다.

5) 영성 코칭의 실제적 적용 – VICTOR 6단계 기반

순례자의 영성은 내면에서만 머무르지 않고, 일상 속에서 구체적으로 걸어가는 여정이다. 이 여정은 자칫 길을 잃기 쉬운 현대인들에게 영적 나침반이 필요하다. 바로 이때, VICTOR 6단계 영성 코칭은 순례자의 길을 조망하고, 하나님과의 동행 속에서 자신의 소명과 정체성을 구체화하도록 돕는 실제적 안내서가 된다.

단계	핵심질문 예시	영성 코칭 적용
1. Vision (비전)	"당신의 영혼이 진정 바라보는 방향은 어디인가요?" "하나님이 당신의 삶을 통해 이루고자 하시는 큰 그림은 무엇이라고 생각하나요?"	영적 갈망, 소망, 믿음의 방향 재설정
2. Identity (정체성)	"하나님 안에서 당신은 누구입니까?" "당신의 존재 가치는 어디서 오는가요?"	하나님의 형상회복, 자아의 정체성 회복

3. Calling (소명)	"하나님이 지금 당신을 부르고 계시는 자리나 역할은 무엇인가요?" "무엇을 할 때 영혼이 가장 살아있음을 느끼나요?"	영적 사명의 발견과 삶의 우선순위 재조정
4. Transformation (변화)	"당신의 삶에서 변화가 필요한 부분은 어디인가요?" "성령께서 다루고 계신 영역은 어디인가요?"	죄의 회개, 내면의 성화, 가치관의 전환
5. Ownership (책임)	"하나님 앞에서 당신이 책임져야 할 부분은 무엇인가요?" "당신의 순종은 어디에서 구체화되고 있나요?"	영적 책임, 자기 주도적 헌신, 실행력
6. Reproduction (재생산)	"당신의 영적 여정이 다른 사람에게 어떤 영향을 미치고 있나요?" "누군가의 순례길에 동행할 수 있는 사람은 어떤 사람일까요?"	제자화, 리더십, 영적 동반자 되기

VICTOR 6단계는 하나님의 시선으로 나 자신을 재해석하고, 세상 속에서 살아낼 사명과 책임을 깨닫게 하는 여정이다. 각 단계마다 코칭질문, 묵상, 실행계획, 공동체 나눔으로 확장할 수 있다. 이는 단순한 성찰이 아니라, 하나님의 나라를 이 땅에 구현하는 순례자의 발걸음이다.

6. 예수의 삶과 VICTOR 여정의 통합신학 해석

전 세계적으로 대표적인 코치 인증기관으로는 미국의 ICF(International Coaching Federation: 국제코칭연맹)와 한국의 사단법인 한국코치협회(Korea Coach Association)가 있으며, 유럽에는 EMCC(European Mentoring & Coaching Council)와 같은 기관도 활동하고 있다. 그러나 국내에서는 아무래도 미국 ICF의 영향력이 가장 크다. 이들 기관을 중심으로 수많은 코칭 교육기관들이 각종 프로그램을 인증받고, 다양한 코치들을 배출해왔다.

하지만 실상을 들여다보면, 이러한 프로그램들 대부분은 기초 이론과 훈련 방식에서 큰 차이를 보이지 않는다. 서로 다른 점은 일부 특화된 구성이나 적용 방식에 한정되는 경우가 많다. 그럼에도 불구하고 많은 코치들은 이것도 배우고 저것도 들어야 할 것 같은 불안감에 시달리며, 마치 '코칭 프로그램 쇼핑'이라도 하듯 여러 과정을 등록하고 적지 않은 비용을 지출한다. 이는 마치 옷장 속에 옷은 많은데, 막상 중요한 자리에 나설 때 '이거다' 싶은 옷은 없어 애매해지는 상황과 닮아있다. 코칭 역량은 풍부해진 듯하지만, 정작 자기 색깔을 드러낼 수 있는 한 벌의 명품 같은 프로그램을 찾기란 쉽지 않다.

바로 이 지점에서 VICTOR 프로그램의 차별성이 드러난다. VICTOR는 크리스천 영성에 뿌리를 둔 코칭 프로그램이지만, 그 적용 범위는 교회를 넘어 일반 코칭의 장에도 적합하다. 단순한 기법의 나열이 아니라, 존재와 변화, 소명과 책임, 열매 맺음까지 이어지는 통합적 여정으로 구성되어 있어, 마치 옷장 속에 단 하나뿐인 '외출용 명품 수트'처럼, 누구 앞에서도 자신 있게 꺼내 입을 수 있는 '한 벌의 명품' 같은 프로그램이다.

"예수께서 이르시되 내가 곧 길이요 진리요 생명이니 나로 말미암지 않고는 아버지께로 올 자가 없느니라."(요 14:6)

인간은 태어나면서부터 순례자이다. 이 땅에서의 삶은 단지 체류가 아닌 여정이며, 우리는 날마다 길 위에 서서 존재와 방향, 목적을 묻는다. 그러나 그 길은 자주 흐려지고, 때로는 완전히 보이지 않는다. 그러한 인간의 조건 가운데 예수 그리스도는 담대하게 선언하신다. "내가 곧 길이요 진리요 생명이니." 이 말씀은 단지 신학적 교리가 아니라, 하나님의 아들이 친히 순례자의 모습으로 이 땅에 오셨다는 실존적 고백이다. 예수는 단지 길을 가르쳐주신 분이 아니라, 길 자체가 되신 분이다. 그분은 하늘 보좌를 떠나 인간의 삶 속으로 들어오셨고(요 1:14), 우리와 같은 피조물의 유한성, 고통, 유혹, 외로움을 겪으셨다. 그분의 삶은 하나님 나라를 향한 순례의 전형이었고, 우리에게 그 길로 걸어오라고 초청하신 것이다.

VICTOR 코칭신학은 이 예수의 순례 여정과 깊이 맞닿아 있다. VICTOR는 여섯 가지 영성의 여정을 통해 존재의 본질, 변화, 사명을 코칭의 언어로 해석하고 적용할 수 있도록 구성되어 있다.

1) Vision – 비전, 하나님의 목적을 향한 길

예수의 비전은 분명했다. "인자가 온 것은 잃어버린 자를 찾아 구원하려 함이라"(눅 19:10). 예수의 여정은 단순한 자기실현이 아니라, 하나님의 구속사를 성취하기 위한 목적의 순례였다. 코칭에서 비전은 단지 목표가 아니라, 하나님의 뜻에 응답하는 영적 방향성을 의미한다. VICTOR는 비전을 내면에서 발견하고 외적 실천으로 이끄는 첫걸음을 제공한다.

2) Identity – 정체성, 흔들림 없는 존재

예수는 자신의 존재에 대해 흔들림이 없으셨다. "나는 아버지 안에 있고 아버지는 내 안에 계시느니라"(요 14:10). 광야의 시험과 십자가의 위기 속에서도 그분은 하나님의 아들이라는 정체성을 굳게 붙드셨다. 코칭의 핵심은 존재의 회복이며, 신앙적 코칭은 바로 하나님의 형상대로 지음받은 자아의 회복으로 이어진다. 정체성을 회복한 이가 진정한 순례를 시작할 수 있다.

3) Calling – 소명, 고난을 수용한 자발성

예수는 자신의 사명을 알고 계셨으며, 그 사명에 고통과 죽음이 포함되어 있음을 알고도 기꺼이 순복하셨다. "아버지여, 내 원대로 마시옵고 아버지의 원대로 되기를 원하나이다"(눅 22:42). 소명은 편한 길이 아니라, 하나님이 함께하시는 길이다. 코칭에서의 소명은 내적 소리를 따라 자기만의 길을 찾는 것이 아니라, 하나님의 부르심에 응답하는 영적 청각의 여정이다.

4) Transformation – 변화, 존재를 뒤바꾸는 부르심

예수를 만난 자들은 존재가 변화되었다. 베드로는 갈릴리 어부에서 사도로, 사울은 박해자에서 복음 전파자로 변화되었다. "그런즉 누구든지 그리스도 안에 있으면 새로운 피조물이라"(고후 5:17). 변화는 코칭의 핵심이며, 예수의 변화는 단지 행동이 아니라 존재의 본질적 전환이었다. 코칭신학은 이러한 변화를 성령의 동역과 말씀의 조명 속에서 이끄는 거룩한 동행으로 이해한다.

5) Ownership – 책임, 사명을 완수한 헌신

예수는 십자가에서 말씀하셨다. "다 이루었다"(요 19:30). 그분은 단지 사명을 시작하신 분이 아니라, 끝까지 책임지고 완수하신 분이셨다.

코칭에서도 진정한 변화는 책임 의식을 동반해야 한다. 소명을 감당한 다는 것은 그 사명에 주인의식을 가지는 영적 책임을 뜻한다.

6) Reproduction – 재생산, 다시 순례자를 세우는 삶

부활 후 예수는 제자들에게 이렇게 말씀하셨다. "아버지께서 나를 보내신 것 같이 나도 너희를 보내노라"(요 20:21). 예수의 순례는 그분 한 분의 완성이 아닌, 새로운 순례자를 낳는 거룩한 재생산의 사역이었다. VICTOR의 여정은 자기완성에서 멈추지 않고, 다른 이를 세우고 파송하는 제자훈련적 확장을 지향한다. 코칭은 결국 또 다른 삶을 살리는 여정으로 귀결되어야 한다.

이처럼 예수의 생애 전체는 VICTOR의 각 단계와 일치하며, 순례자의 모범이자 완성이 된다. VICTOR는 코칭의 기법이 아닌, 예수의 생애를 따르는 존재론적 여정의 지침서이며, 신앙과 실천, 영성과 일상이 만나는 신학적 플랫폼이다. 우리의 삶이라는 옷장 속에서, 때로는 많은 신앙의 언어와 프로그램이 가득하더라도 정작 '딱 맞는 옷 하나'를 찾지 못하는 경우가 많다. 그러나 VICTOR는 예수를 닮은, 순례자의 길에 꼭 맞는 옷 한 벌이 된다. 이 옷은 유행을 따르지 않지만, 영혼에 꼭 맞고 삶에 실천되며, 길 위에서 더욱 빛나는 옷이다. 코치는 그 옷을 입은 자로서 또 다른 순례자의 여정을 함께 걸으며, 하늘의 부르심을 함께 해석해 주는 영적 벗이다. 예수께서 길이요 진리요 생명이신 것처럼, 코치 역시 그분을 따라 걷는 순례자이며, 그 길 위에서 또 다른 순례자를 일으키는 삶을 살아가야 한다.

2장_

영성 코칭 기반 VICTOR 코칭 대화모델

1. VICTOR 코칭 프로세스 명칭과 대화모델 구조

순번	원래 명칭	영성 코칭적 명칭 (영문)	영성 코칭적 명칭 (한글 번역)
01	**Vision**	Divine Encounter	하나님의 임재와 만남 (비전의 시작)
02	**Identity**	Sacred Awareness	거룩한 자기인식 (존재와 소명의 자각)
03	**Calling**	Holy Calling	거룩한 부르심 (소명과 사명의 식별)
04	**Transformation**	Inner Renewal	내적 성찰과 변화 (영적 성장과 성숙)
05	**Ownership**	Faithful Stewardship	신실한 청지기됨 (실천과 순종의 책임)
06	**Reproduction**	Spiritual Multiplication	영적 재생산 (영향력과 제자양육)

Divine Encounter (Vision):
 코칭의 시작은 하나님의 임재 속에서의 비전 회복이다.
 라포 형성, 감사, 기도 모두 하나님의 얼굴을 바라보는 시간이다.

Sacred Awareness (Identity):
 자신의 존재와 현실, 그리고 내면의 갈망을 거룩한 시선으로 자각한다.

Holy Calling (Calling):
 인생의 방향과 부르심을 하나님의 소명 안에서 식별한다.

Inner Renewal (Transformation):

내면의 장벽과 감정을 성령 안에서 직면하고, 회복과 변화를 경험한다.

Faithful Stewardship (Ownership):

실행계획은 단순한 실천이 아닌 청지기의 삶으로 응답하는 것이다.

Spiritual Multiplication (Reproduction):

코칭 이후 삶의 열매가 타인에게 영향력과 제자됨으로 전파되는 단계이다.

| Spiritual Active Coaching 기반 VICTOR 6단계 코칭대화 Model |

1) V – Vision 비전을 회복한다

비전은 단순한 목표 설정이 아니라, 하나님의 관점으로 삶을 다시 바라보는 영적 시선의 회복이다. 많은 이들이 혼란과 무기력 속에서 '왜 살아야 하는지'를 잃은 채 살아간다. 코칭에서의 비전 회복은 단지 앞으로 나아가기 위한 동력이 아니라, 삶의 방향과 존재의 의미를 하나님 안에서 다시 붙잡는 신앙의 회복이다.

(1) 영적 혼란 속 시선의 회복

우리 삶은 때때로 어둠 속을 걷는 듯 혼란스럽다. 세상의 소리, 타인의 기대, 과거의 상처가 우리의 시선을 흐리게 한다. 영성 코칭은 클라이언트가 이러한 혼란 속에서 잠잠히 하나님의 임재 앞에 멈추도록 돕는다. 비전 회복의 시작은 '다시 보는 것'이다. 나의 삶, 나의 길, 나의 존재를 하나님의 관점에서 다시 바라볼 때, 진짜 여정은 시작된다.

(2) 하나님의 관점에서 나를 다시 보기

하나님의 관점은 늘 소망과 가능성, 은혜와 사명으로 가득하다. 창세기 15장에서 하나님은 아브라함에게 하늘의 별을 보게 하신다. 그는 현실의 불가능 속에 있었지만, 하나님은 비전의 눈으로 미래를 보게 하셨다. 영성 코칭은 클라이언트가 자신의 실패, 상처, 제한된 현실을 넘어서, 하나님께서 보시는 자신을 상상하고 말하도록 돕는다. 이때 비전은 단지 '꿈'이 아니라, 하나님의 마음에 동참하는 응답이 된다.

(3) 비전과 목표의 차이

비전은 존재의 방향이고, 목표는 그 여정을 구성하는 단계다. 비전은 '왜'에 대한 대답이고, 목표는 '무엇'과 '어떻게'에 대한 전략이다. 많은 이들이 목표는 세우지만 비전은 잃어버린 채 살아간다. 영성 코칭은 클라이언트가 목표에 쫓기기보다, 비전을 붙들고 목표를 분별하게 돕는다.

(4) 비전을 찾는 질문들

다음은 비전 회복 단계에서 유용한 코칭 질문들이다.

- 당신의 삶은 지금 어디를 향하고 있습니까?
- 하나님이 보시기에, 당신의 인생은 어떤 방향을 따라가고 있다고 생각하십니까?
- 지금 당신에게 가장 소중한 가치는 무엇입니까?
- 당신이 삶의 마지막에 이르렀을 때, '잘 살았다'고 말하기 위해 필요한 것은 무엇입니까?
- 하나님의 관점으로 당신의 삶을 그려본다면, 어떤 그림이 나옵니까?

비전은 단지 장기 계획이 아니다. 그것은 하나님의 꿈에 동참하는 삶의 자세이며, 순례자로서의 영적 좌표다. 영성 코칭은 클라이언트가 이 비전을 회복하도록 돕고, 그 비전 안에서 오늘의 걸음을 내딛게 하는 거룩한 재정렬의 동반자다.

2) I – Identity 정체성을 기억한다

자기 인식은 변화의 출발점이며, 신앙의 회복은 언제나 '내가 누구인가'라는 질문으로 시작된다. 그러나 이 질문은 심리학적 자기 탐색에 그쳐서는 안 된다. 영성 코칭에서의 정체성 회복은, 하나님 안에서 나의 존재를 다시 발견하는 것이며, 하나님의 형상대로 지음받은 자로서의 '기억의 회복'이다.

(1) 나는 누구인가?

이 질문은 단순한 철학적 명제가 아니라, 영적 실존의 물음이다. 많은 이들은 성취, 타인의 시선, 과거의 상처에 의해 자신을 정의하며 살아간다. 그러나 성경은 분명히 말한다. "너는 내 것이라"(사 43:1). 우리는 하나님의 형상대로 지음받았고, 그분의 자녀다. 영성 코칭은 클라이언트가 스스로에 대해 가지는 거짓된 자기 이미지를 성찰하게 돕는다. 그 과정 속에서 코치는 하나님이 말씀하시는 정체성을 발견하도록 질문한다. "하나님은 당신을 누구라 부르십니까?"

(2) 정체성 상실의 원인들

죄와 상처는 정체성에 균열을 일으킨다. 실패의 경험, 학대와 비교, 관계의 상처는 자기 이해를 왜곡시키고, '나는 무가치하다'는 거짓 내면의 서사를 만든다. 많은 클라이언트가 이 내면의 거짓 서사를 따르며, 자신의 삶을 정죄와 불안 속에서 유지한다. 정체성 회복은 그 거짓 서사를 폐기하고, 복음의 진리로 다시 써 내려가는 여정이다. 이 과정에서 코치는 클라이언트가 부정적 자아상에서 벗어나, 하나님 나라의 백성으로서 자기 위치를 회복하도록 격려한다.

(3) 성경적 자기 인식

하나님은 성경 안에서 다양한 방식으로 사람들의 정체성을 새롭게 하신다. 아브람은 아브라함이 되었고, 야곱은 이스라엘로 바뀌었으며, 시몬은 베드로가 되었다. 이름이 바뀌는 것은 존재와 사명이 새롭게 정의되었다는 상징이다. 코칭에서의 자기 인식은 곧, 하나님이 부르시는 새로운 이름을 듣는 과정이다. 이는 단지 자기 이해가 아닌, 자기 존재에 대한 신적 해석을 받는 은혜의 사건이다.

(4) 내면 여정을 위한 코칭 대화

정체성을 회복하는 데 있어 핵심은 '듣는 질문'이다.

다음은 Identity 코칭 단계에서 활용할 수 있는 질문 예시들이다.

- 당신은 지금 누구로 살아가고 있습니까?
- 하나님이 당신을 어떻게 부르신다고 느끼십니까?
- 당신의 정체성에 상처를 준 사건은 무엇입니까?
- 회복된 자아는 어떤 모습일까요?
- 그리스도 안에서의 나, 그 이름을 붙잡고 살아간다면 무엇이 달라질까요?

정체성을 회복한다는 것은 하나님 앞에서 '다시 나로 살아가는 용기'를 얻는 것이다. 이것은 코칭의 목표가 아니라, 하나님의 은혜가 임하는 자리에서 일어나는 영적 회복의 열매다. 코치는 그 자리를 마련하고, 기도하며 동행할 뿐이다.

3) C – Calling 소명을 분별한다

우리는 모두 '부르심'을 받았다. 이 부르심은 특정 직업이나 사역 이전에, 존재 자체에 대한 하나님의 초대이다. Calling은 단지 '무엇을 할 것인가'의 문제가 아니라, '누구로 살아갈 것인가'에 대한 하나님의 부르심이다. 영성 코칭은 이 부르심을 분별하고 응답할 수 있도록 돕는 여정이다.

(1) 소명과 직업의 구분

많은 이들이 '소명'을 직업이나 사역의 형태로만 이해한다. 그러나 성경은 소명을 먼저 하나님과의 관계 안에서의 존재론적 부르심으로 설명한다. 우리가 하나님의 자녀로, 제자로, 예배자로 살아가도록 부름받았다는 사실이 소명의 출발점이다. 영성 코칭은 클라이언트가 단지 직업적 방향성을 찾는 것이 아니라, 삶 전체를 하나님께 응답하는 구조로 전환하도록 돕는다.

(2) 사명 중심 삶의 힘

소명을 분별한 사람은 흔들리지 않는다. 상황이 바뀌어도, 환경이 변해도 그는 '왜 살아야 하는지'를 알기에 중심이 흔들리지 않는다. 나아가서 사명은 삶의 의미를 부여하고, 고난을 견디는 이유가 된다. 코칭은 클라이언트가 삶의 단편들을 엮어 하나의 사명 서사로 통합하도록 돕는다. 자신의 이야기 속에서 하나님의 부르심을 읽어내는 이 작업은 영적 분별과 해석이 필요하다.

(3) Calling 질문 만들기

코치는 클라이언트가 하나님의 부르심에 민감하게 반응할 수 있도록 돕는 질문을 던진다. 다음은 대표적인 코칭 질문이다.

- 하나님이 지금 당신을 어디로 부르고 계신다고 느끼십니까?
- 당신의 삶 속에 반복되어 나타나는 열정이나 책임감은 무엇입니까?
- 지금의 직업이나 역할이 당신의 소명을 어떻게 담아내고 있습니까?
- 무엇을 할 때 하나님과 깊이 연결되어 있다고 느끼십니까?

이러한 질문은 단지 선택을 유도하기 위한 것이 아니라, 분별의 자리에 서도록 돕는 영적 통찰의 도구다.

(4) 나의 길을 그려보는 도식

Calling은 추상적 개념이 아니라, 삶 속에서 구체화되어야 한다. 클라이언트는 자신의 가치, 재능, 경험, 열정, 영적 부담 등을 통합적으로 정리함으로써 '하나님이 주신 삶의 설계도'를 발견하게 된다. 코칭에서는 이러한 도식을 시각화하는 작업도 중요하다. 이는 단지 정리가 아닌, 소명에 대한 응답을 행동으로 연결하는 도약대가 된다. 소명은 인생의 방향이자, 존재의 의미이다. 영성 코칭은 사람으로 하여금 하나님의 음성을 듣고, 그 부르심 앞에 삶 전체로 응답하도록 돕는 순례자의 도우미가 된다. 그리고 그 부르심에 응답하는 삶은, 하나님 나라를 이 땅에서 살아내는 성도의 여정이 된다.

4) T – Transformation 변화의 과정에 서다

변화는 언제나 고통을 동반한다. 성경적 변화는 단순히 나아지는 것이 아니라, 죽고 다시 사는 것, 즉 '자기 부인과 부활'의 과정을 거치는 깊은 영적인 순례. 영성 코칭에서의 변화는 단지 성격의 개선이나 습관의 교정이 아닌, 성령의 역사로 일어나는 내면의 거듭남을 말한다.

(1) 변화란 무엇인가?

많은 이들이 코칭을 통해 '변화되기를' 원한다. 하지만 진짜 변화는 겉모습을 바꾸는 것이 아니라, 내면의 태도와 존재의 중심이 바뀌는 사건이다. 로마서 12장 2절은 "이 세대를 본받지 말고 마음을 새롭게 함으로 변화를 받아"라고 말한다. 여기서 '변화'는 헬라어로 '메타모르포시스(μεταμόρφωσις)', 곧 '형질의 변화, 본질의 전환'을 의미한다. 이는 곧 회개, 성찰, 순종, 은혜라는 요소가 포함된 전인격적 전환이다.

(2) 고통, 상실, 정화의 의미

성경에서 변화는 종종 고통과 상실의 통로를 통해 온다. 욥은 모든 것을 잃은 뒤 하나님을 '귀로만 듣던 데서 눈으로 보는' 자로 변화되었다. 요셉은 배신과 감옥을 통과한 후, 용서와 사명의 사람으로 변화되었다. 클라이언트의 삶에서 일어나는 상실과 시련은 성령의 정화와 전환을 위한 도구일 수 있다. 코치는 그 고통을 '치유'하거나 '해결'하는 역할이 아니라, 그 안에 담긴 하나님의 메시지를 함께 듣는 조력자가 되어야 한다.

(3) 영적 장애물 다루기

변화를 가로막는 장애물은 외부보다도 내면에 있다. 수치심, 죄책감, 중독, 불신, 자기혐오 등은 하나님의 은혜를 가로막는 내면의 벽이 된다. 이 벽은 단순한 격려로 무너지지 않는다. 영성 코칭은 이 내면의 장벽 앞에서 멈추고 기다릴 줄 아는 용기가 필요하다. 성령께서 조명하실 때까지, 코치는 침묵과 경청, 기도로 그 공간을 지켜주는 존재가 된다.

(4) 회복을 돕는 코칭 질문

변화의 순간에는 회피가 아닌 직면이 필요하다.
다음은 Transformation 단계에서 활용할 수 있는 질문들이다.

- 당신의 삶에 지금 변화가 필요한 영역은 어디입니까?
- 무엇이 그 변화를 방해하고 있습니까?
- 그 방해 요소는 어떤 두려움과 연결되어 있습니까?
- 이 고통을 통해 하나님은 당신에게 무엇을 말씀하고 계십니까?
- 성령의 인도하심을 어떻게 느끼고 계실까요?

변화는 코치가 만들어내는 일이 아니다. 변화는 오직 성령께서 하시는 사역이며, 코치는 그 거룩한 변화의 공간을 여는 동역자이다. Transformation은 모든 순례 여정에서 가장 치열하면서도 가장 거룩한 순간이며, 영성 코칭의 진면목을 체험하는 과정이다.

5) O – Ownership 책임 있게 응답한다

변화와 성찰, 회복을 경험한 사람은 이제 응답의 자리로 나아가야 한다. 회복된 비전과 소명은 머무름이 아니라, 행동을 요구하는 하나님의 부르심이다. 이 장에서는 회복된 존재가 어떻게 삶으로 응답할 수 있는지를 구체적인 실행과 책임의 관점에서 다룬다.

(1) 청지기의 영성
하나님께서 우리에게 맡기신 삶과 은사, 시간과 자원은 청지기의 책임 아래 있다. 영성 코칭은 클라이언트가 하나님의 관점에서 자신의 삶을 맡은 자로 인식하도록 돕는다. 이 인식은 자연스럽게 책임 있는 삶의 방향으로 전환된다.

(2) 결단과 순종
결단은 감정의 고조가 아니라 깊은 내면의 헌신이다. 순종은 말이 아니라 행동으로 증명되는 사랑의 표현이다. 코칭은 클라이언트가 성령의 인도하심 앞에서 내리는 결단을 구체적인 삶의 언어로 바꾸도록 격려한다. "이 결단을 실현하기 위해 오늘 할 수 있는 작은 한 걸음은 무엇입니까?" "이 순종이 열매 맺기 위해 필요한 구조적 변화는 무엇입니까?"라는 질문을 해볼 수 있다.

(3) 실행력 있는 삶 설계
단순한 행동 계획은 오래가지 않는다. 영성 코칭은 동기와 신앙의 토대 위에 실행을 설계한다. 목표는 현실적이되 도전적이고, 실행은 구체적이되 유연해야 한다. SMART 방식을 활용하여 행동 계획을 구체화할 수 있다. SMART 방식(구체적 Specific, 측정 가능 Measurable, 달성 가능 Achievable, 관련성 Relevant, 시간 기한 Time-bound)은 효과적인 목표 설정을 위한 다섯 가지 핵심 요소를 의미한다.

예) "3개월 안에 매주 1회 공동체 섬김 실천", "매일 15분 기도 루틴 회복" 등

행동계획을 위한 코칭 도구 : Ownership 단계에서는 실행을 구체화하고 지속 가능하게 하기 위한 도구들이 필요하다. 우선 Action Plan Worksheet(실행계획서)를 활용하여 목표, 실천 이유, 구체적인 일정, 점검 방식을 기록하게 한다. 또한 Accountability Partner(책임 동반자)를 설정하여 신뢰하는 사람과 정기적으로 진행 상황을 점검하도록 한다. 마지막으로, 예상되는 방해 요인(유혹, 두려움, 게으름 등)을 사전에 시뮬레이션하고 대응 전략을 세우는 작업도 함께 진행된다. 이러한 도구들은 실행력뿐 아니라 내면의 책임감을 형성하는 데 도움을 준다.

소명은 단지 깨달음이 아니다. 그것은 책임 있게 응답하는 실천적 헌신이다. 영성 코칭은 클라이언트가 하나님의 부르심에 대해 말로만이 아니라, 삶으로 응답하는 제자로 서도록 이끈다. 그리고 그 응답의 걸음 속에서 하나님의 나라가 구체화된다.

6) R – Reproduction 다시 나누다

코칭의 여정은 나 자신만의 변화에서 끝나지 않는다. 진정한 변화

는 다른 이의 변화로 이어질 때 완성된다. 이것이 곧 재생산(Reproduction)의 영성이다. 성경은 제자들에게 단지 따라오는 삶이 아니라, 다른 이들을 제자로 삼는 삶을 명령하신다(마 28:19). 영성 코칭의 마지막 단계는, 그 은혜의 여정을 다시 누군가와 나누는 사역적 확장의 여정이다.

(1) 제자화란 무엇인가?
예수님의 제자화 명령은 단순히 가르치는 사역이 아니다. 그것은 삶으로 본을 보이고, 함께 걸으며, 사랑으로 양육하는 '삶의 나눔'이다. 코칭은 바로 이러한 제자화의 도구가 될 수 있다. 클라이언트는 자신이 경험한 변화, 치유, 소명 발견의 여정을 다른 이에게 나눌 책임이 있다. 이것은 강요가 아닌, 자연스러운 영적 흐름이며, 은혜에 대한 응답이다. 필자는 코치 제자들에게 늘 강조하기를, "기여하되 기대하지 말고, 권유하되 강요하지 말라"고 제안한다.

(2) 영향력의 복음화
복음은 말로 전해지기도 하지만, 삶의 향기로 퍼져 나가기도 한다. 변화된 삶은 주변에 질문을 던지게 만들고, 사명의 태도는 공동체에 선한 자극을 준다. 클라이언트는 자신의 영역(가정, 일터, 교회 등)에서 하나님 나라의 영향력을 드러내는 삶으로 부름받았다. 코치는 클라이언트가 삶의 현장에서 복음적 영향력을 어떻게 드러낼 수 있을지를 함께 구체화해주어야 한다.

(3) 삶으로 전하는 복음
"말이 아니라 삶으로 전도하라." 성 프란치스코의 이 말처럼, 재생산의 핵심은 살아낸 복음이다. 코칭을 통해 내면의 변화가 실제 삶에 적용되지 않는다면, 그 변화는 멈춰진 것이다. 영성 코칭은 클라이언트가 말씀과 삶이 일치하는 그리스도인으로 살아가도록 돕는다. 그리고 그 삶은, 또 다른 이를 위한 복음의 씨앗이 된다.

(4) 동행하는 코칭 모델

재생산은 '내가 누군가를 코칭해준다'는 방식이 아니라, 함께 걷고, 함께 울으며, 함께 성장하는 동행의 방식이다. 코치는 클라이언트가 이 동행의 모델을 배우고, 또다시 다른 이에게 전수할 수 있도록 돕는다. 재생산은 교회 공동체 안에서 '소그룹 코치', '사역 동반자', '코칭 리더십' 등의 형태로 구체화될 수 있다.

VICTOR의 마지막 단계는 이처럼, 영향력 있는 신앙인의 삶을 위한 확산의 모델로 연결되어야 한다. 재생산은 열매의 완성이며, 사명의 확장이다. 변화된 사람은 혼자 있지 않는다. 그는 또 다른 순례자의 길을 비추는 등불이 되고, 복음을 삶으로 살아내는 '살아 있는 메시지'가 된다. 영성 코칭은 이 귀한 영적 재생산을 위한 성령의 촉매제로 존재한다.

2. VICTOR 코칭의 영성과 실제

1) 성령과 함께하는 코칭

성령께서 인도하지 않으시면, 아무리 뛰어난 코칭 기술도 영혼의 깊은 변화를 이끌 수 없다. 영성 코칭은 단순히 질문의 기술이 아니라,

성령의 조명 아래 분별과 응답을 돕는 신앙적 동행의 기술이다. 이 장에서는 성령 인식과 분별, 직관의 회복과 실제적 코칭 적용에 대해 다룬다.

2) 성령 인식 훈련

성령을 인식한다는 것은 단지 신비로운 체험을 추구하는 것이 아니라, 매일의 일상 속에서 하나님의 임재에 깨어 있는 영적 민감성을 회복하는 것이다. 영성 코칭은 클라이언트가 하나님의 인도하심을 느끼는 순간들을 인식하고, 그것이 삶의 방향성과 결정에 어떻게 영향을 주는지 돌아보도록 돕는다.

3) 침묵, 기도, 직관의 회복

오늘날 우리는 너무 많은 소리와 정보 속에 산다. 그러나 하나님은 때때로 '세미한 소리'(still small voice) 가운데 말씀하신다(왕상 19:12). 침묵은 성령의 음성을 듣기 위한 신앙적 귀 기울임이며, 기도는 그 음성에 응답하는 태도이다. 직관은 성령의 조명으로 주어지는 내면의 통찰이다. 코치는 이 직관을 코칭 과정에 활용하며, 동시에 클라이언트도 자기 내면의 진실과 하나님의 음성에 귀 기울이도록 도울 수 있다.

4) 코칭 중 하나님의 음성 듣기

코칭 중 성령의 인도하심을 따르기 위해서는 성경적 분별력과 영적 경청의 자세가 필수적이다. 때로는 코칭 대화 안에서 하나님의 메시지가 불현듯 떠오르기도 한다. 이때 코치는 조심스럽게 이를 공유하거나, 더 깊은 탐색의 질문으로 연결함으로써 하나님과의 대화가 계속 이어지도록 중재하는 역할을 할 수 있다.

예시: 지금 이 말 속에 담긴 하나님의 초대가 있다면, 무엇일까요? 이 감정 안에서 성령께서 말씀하시는 것이 있다면 무엇이라 느끼십니까?

성령 중심 코칭 실습

성령 중심 코칭은 다음과 같은 구성 요소로 이뤄질 수 있다.

시작 전 기도 - 코치와 클라이언트 모두 하나님의 인도하심을 구한다.

말씀 묵상 - 대화 전 혹은 중간에 성경 구절을 중심으로 질문을 이끌어낸다.

침묵의 시간 - 깊은 성찰이 필요한 순간, 짧은 침묵을 통해 마음을 정돈한다.

영적 질문 제시 - 단순한 문제 해결이 아닌, 신앙적 성찰을 유도한다.

마무리 기도 또는 묵상 제안 - 대화의 끝을 하나님의 은혜로 닫는다.

영성 코칭의 본질은 코치의 유창함이 아니라, 성령의 인도하심에 민감하게 반응하는 경청과 순종의 태도다. 코치는 하나님의 음성 앞에서 스스로가 순례자임을 기억하며, 두 사람 사이에 임재하시는 성령을 신뢰하고 걸어가는 영적 동행자이다.

3. 코치로서의 영적 성장과 자기돌봄

영성코치로서의 여정은 단지 타인을 돕는 사역이 아니다. 그것은 자기 내면을 정직하게 들여다보고, 하나님 앞에 깨어 있는 삶을 지속적으로 훈련하는 길이다. 이 장에서는 코치가 영적으로 건강하게 지속가능한 사역을 감당하기 위해 필요한 자기돌봄과 회복의 실천을 다룬다.

1) 코치의 정체성과 소명

코치는 질문하는 자이기 이전에, 하나님의 부르심에 응답하는 자다. 사역의 열매나 성과 이전에, 자신의 존재가 하나님 안에서 어떻게 서 있는지를 점검해야 한다. "나는 왜 코칭을 하는가?", "나는 누구의 도구로 살아가고 있는가?"라는 질문은 끊임없이 던져져야 할 정체성의 고백이다. 코칭이 지치고 어려울 때, 우리는 다시 처음 부르셨던 주님의 음성을 기억해야 한다. 코칭 사역은 소명이며, 이는 하나님께서 친히 시작하신 여정임을 회복하는 것이 영적 성상의 첫걸음이다.

2) 탈진과 회복의 신학

코치도 인간이다. 탈진하고, 지치며, 때로는 방향을 잃는다. 그러나 성경은 연약함 속에서 역사하시는 하나님의 은혜를 강조한다. "내 은혜가 네게 족하도다"(고후 12:9)는 말씀처럼, 회복은 자신의 능력이 아니라 하나님의 은혜에 의탁하는 신뢰에서 비롯된다. "영성 코칭은 탈진의 현실을 회피하지 않는다. 오히려 그 깊은 고갈의 자리에서 하나님을 다시 만나고, 자신의 존재와 소명을 재발견하도록 돕는다." 코치 자신이 먼저 그 회복의 여정을 살아야, 진정한 영적 동행자가 될 수 있다.

3) 일상 속 영적 습관

영적 성장과 자기돌봄은 거창한 수련이 아니라 일상의 루틴 속에서 가능하다. 아침마다 짧은 말씀 묵상과 감사기도, 하루를 정리하는 저녁의 회고 기도, 매주 한 시간의 성경 통독과 침묵, 월 1회의 영적 리트릿(Retreat) 혹은 코치 간 영성나눔 모임, 이러한 습관은 코치의 내면을 정화하고, 성령의 흐름에 민감해지도록 돕는 영적 호흡이다.

4) 자기돌봄 계획 수립(Time Tuning: 시간 조율)

자기돌봄은 '자기중심적 휴식'이 아니라, 하나님의 임재 앞에 머무는 시간의 재배열이다. 코치는 자신의 감정, 에너지, 사역 리듬을 점검하고, 다음과 같은 질문들을 통해 자기돌봄 계획을 수립할 수 있다. "나는 지금 무엇이 고갈되어 있습니까?" "나의 감정과 몸이 보내는 신호는 무엇일까요?" "내가 가장 하나님을 깊이 느끼는 시간은 언제입니까?" "지금 내게 필요한 쉼과 회복의 방식은 무엇입니까?"

실제적으로는 월별 자기돌봄 일지, 사역 일지 작성, 영성 체크리스트 등의 도구를 활용할 수 있다. 코치는 먼저 자신을 돌아보는 훈련을 통해, 지속가능한 영성 코칭의 길을 걸을 수 있다. 코치의 사역은 타인을 세우는 일이지만, 그 근간은 언제나 자기 내면의 성결과 회복이다.

자신을 돌볼 줄 아는 코치만이, 타인의 여정에 진실하게 함께할 수 있다. 코칭은 거룩한 순례이며, 그 길에서 먼저 회복된 자가 다른 이를 도울 수 있다.

4. 교회와 공동체에서의 코칭 사역

영성 코칭은 단지 개인 변화에 그치지 않는다. 그것은 교회와 공동체 안에서 제자훈련, 리더십 개발, 목회 사역의 문화적 전환을 이끄는 실제적 도구가 될 수 있다. 이 장에서는 교회 현장에 코칭을 통합하는 방법과 그 신학적·실천적 가능성을 살펴본다.

1) 교회 내 코칭 문화 만들기

오늘날 많은 교회가 프로그램 중심에서 관계 중심으로의 전환을 갈망하고 있다. 코칭은 권위적 리더십을 '경청과 질문'의 리더십으로 바꾸는 문화적 족매가 된다. 설교 후 나눔 그룹에서 코칭형 질문 사용, 교역자 간 회의에서 피드백과 성찰을 도입, 사역 기획 회의에서 공감적 질문과 공동 결정, 이러한 시도는 점차적으로 교회 안에 신뢰와 존중, 자발성과 성장 중심의 문화를 형성하게 된다.

2) 소그룹과 제자훈련 코칭 적용

소그룹은 코칭이 가장 자연스럽게 적용되는 공간이다. 각자의 삶을 나누고, 하나님의 말씀을 함께 해석하며, 실천적 순종을 격려하는 영적 동행의 장이 된다. 제자훈련도 마찬가지다. 단방향적 가르침에서 벗어나, 참여자 중심의 코칭 대화를 접목할 때 변화의 내면화와 지속성이 커진다. 질문 중심의 훈련 교재, 자기성찰 일지, 피어 코칭(Peer Coaching: 상호코칭) 등을 통해 깊이 있는 훈련이 가능하다.

3) 목회자와 리더를 위한 코칭 모델

목회자와 리더들은 끊임없이 주고 섬기는 역할 속에서 영적 소진과 방향 상실을 경험하기 쉽다. 따라서 정기적인 리더십 코칭과 비전 점검, 영성 리트릿을 통해 내면을 돌아보고, 사역의 방향을 재정렬하는 시간이 반드시 필요하다. 담임목사 코칭은 비전의 점검, 설교 사역에 대한 성찰, 감정의 흐름을 관리하는 데 집중된다.

사역자 코칭은 역할 조율, 갈등 상황의 해석과 해결, 자기 돌봄과 회복을 다룬다. 평신도 리더를 위한 코칭은 소그룹을 효과적으로 인도하는 기술, 자신의 사명을 발견하고 적용하는 여정에 초점을 맞춘다. 이러한 리더십 코칭은 단순히 기능을 향상시키는 것이 아니라, 리더의 영성과 인격을 함께 성숙시키는 영적 여정이다. 리더가 먼저 돌봄을 받고 회복되어야, 공동체도 건강하게 세워질 수 있다.

4) 코칭이 부흥의 통로가 되려면

진정한 부흥은 한 사람의 변화에서 시작된다. 교회가 코칭을 수용할 때, 그것은 단지 새로운 프로그램의 도입이 아니라, 공동체의 문화 자체를 변화시키는 영적 여정이 된다. 즉, 코칭 훈련을 받은 리더의 배치, 코칭 소그룹 파일럿 운영, 교회 전반의 코칭 철학 확산 등, 이와 같은 전략적 접근을 통해, 교회는 예수님의 제자훈련 방식(질문, 비유, 동행)을 회복하는 현대적 도구로 코칭을 활용할 수 있다. 교회는 '순례자의 공동체'다. 영성 코칭은 그 여정 가운데 서로의 짐을 나누고, 걸음을 함께 맞추며, 하나님의 부르심을 함께 분별하는 거룩한 동역자이다. 코칭이 한국 교회에 깊이 뿌리내릴 때, 진정한 갱신과 영적 부흥의 불꽃이 일어날 것이다.

3장_
고전 속에서 만나는 코칭의 여정

1. 신앙의 순례자 – 『천로역정』과 우리 신앙형성의 여정

존 번연(John Bunyan)의 『천로역정』은 기독교 신앙의 여정을 "순례(pilgrimage)"라는 상징적 서사로 그려낸 가장 강력하고 감동적인 영성 고전이다. 여기서 말하는 신앙의 순례자는 단순한 여정자가 아니라, 하늘 본향을 향해 고난을 감내하며 믿음을 따라 걸어가는 제자이다. 이 작품은, 단순한 우화나 판타지가 아니라 신앙의 여정을 은유로 풀어낸 영적 순례의 지도요, 나침판이다. 이 장에서는 『천로역정』의 주요 장면과 인물들을 통해, 영성 코칭이 어떻게 이 여정과 연결되는지 살펴본다.

1) 『천로역정』이란 무엇인가?

『천로역정(The Pilgrim's Progress)』은 17세기 영국 청교도 설교자 존 번연(John Bunyan, 1628~1688)이 감옥에서 집필한 기독교 우화 소설이다. 이 작품은 '크리스천'이라는 이름의 주인공이 '멸망의 도시'에서 출발해 '천성의 문', 곧 하늘나라에 이르기까지 순례자의 길을 걷는 여정을 그리고 있다.

전체 이야기는 단순한 소설이 아니라, 신앙의 길을 걷는 모든 이가 겪게 되는 시련과 유혹, 시험과 위로, 동행과 분별의 과정을 상징적으로 담아낸 알레고리(비유와 상징이 결합된 서사 구조)이다. 이 작품의 핵심 메시지는 분명하다. 신앙은 단번의 결정이 아니라, 고난과 유혹을 통과해 가는 여정이며, 그 길은 믿음으로 완주해야 할 순례자의 싸움이다.

2) 죄의 짐과 회심의 순간 이야기는 크리스천이라는 인물이 무거운 짐을 지고 등장하며 시작된다.

그는 성경을 읽으며 자신이 심판받을 존재임을 깨닫고, '천성을 향한 여정'에 나선다. 이 출발은 곧 정체성과 비전의 회복, 그리고 소명의 자각 속에 이루어진다. 이 장면은 VICTOR 코칭의 V(Vision)와 I(Identity), C(Calling)와 연결된다. 코치는 클라이언트가 느끼는 내면의 무게, 삶의 갈급함을 함께 탐색하면서, 그 갈망의 뿌리를 영적으로 해석할 수 있도록 돕는다.

3) 의심, 유혹, 낙심과의 싸움, 여정 중 크리스천은 유혹의 도시, 절망의 늪, 의심의 성 같은 다양한 장애물과 마주한다.

이는 삶의 시련, 정체성의 흔들림, 공동체와의 갈등을 상징한다. 이 부분은 VICTOR의 T(Transformation)와 깊이 연결된다. 코치는 고난을 제거하려 하지 않는다. 오히려 그 고난 속에서 하나님이 무엇을, 어떻게 일하고 계시는지를 함께 해석하며, 내면의 변화가 일어나도록 돕는다.

4) 믿음과 공동체의 역할

크리스천은 여정 중 신실한 벗인 '소망', '신실', '믿음'과 같은 인물들과 동행한다. 반면 '형식', '위선'과 같은 인물들과의 갈등도 겪는다. 이는 영적 동행자와 제자 공동체의 왜곡된 신앙의 현실을 보여준다. 코칭은 혼자의 작업이 아니다. 코치는 클라이언트가 건강한 영적 공동체 안에서 걸어갈 수 있도록, 또한 자신이 타인의 순례 여정에 동행할 수 있도록 정서적·영적 지원을 한다.

5) 천성에 이르는 길

여정의 끝, 크리스천은 요단강을 건너 천성에 입성한다. 이는 단순한 죽음의 상징이 아니라, 믿음을 지킨 자가 누릴 최종 승리의 비전이다. 코칭은 이 궁극적 소망을 늘 마음에 품고 오늘의 여정을 해석하는 종말론적 시선을 제시해야 한다. 『천로역정』은 단지 옛날 신앙인의 이야기가 아니다. 이 책은 오늘날 우리 각자의 이야기를 고스란히 담고 있다. 코칭은 크리스천이 걸었던 여정처럼, 삶의 고비마다 멈추어 '의미'를 묻고, 하나님의 관점으로 삶을 재해석하며, 다시 발걸음을 내딛는 여정이다. 영성 코칭은 이 순례길에서 만나는 '소망'이자 '이정표'다. 그리고 코치는 오늘도 누군가의 '절망의 늪' 곁에서, 손을 내밀고 함께 걷는 신앙의 동행자로 부름 받고 있다.

6) 크리스천의 순례 여정 개요

여정 단계	상징 의미	현대 신앙 적용
멸망의 도시 출발	죄 가운데 있는 세상	회심, 죄의 자각, 구원의 필요성
율법의 산	인간의 노력, 행위 구원 시도	율법주의, 자기의 의로 실패
좁은 문 통과	예수 그리스도에 대한 믿음	중생과 거듭남
해석자의 집	말씀의 조명과 영적 훈련	성경 공부, 교회 공동체
십자가 언덕	짐(죄)의 해방	구속, 죄사함의 은혜
사자의 길	두려움을 넘는 용기 시험	믿음의 결단, 영적 위기 통과
미궁 (Palace Beautiful)	교회의 환대, 제자훈련, 영적 회복의 쉼터	공동체 안에서의 양육과 신앙적 재무장
전신갑주착용 출발	영적 무장, 말씀의 무기	하나님의 전신갑주(엡 6장)
낙담의 골짜기	교만이 깨지고 겸손을 배우는 시련의 장소	자아의 꺾임, 낮아짐, 성숙
아볼루온과의 전투	사탄과의 영적 싸움	정체성의 도전, 진리로의 싸움
사망의 음침한 골짜기	깊은 두려움, 고독, 영적 어둠	신앙의 침체기, 하나님을 향한 신뢰 훈련
허영의 시장	세속적 유혹, 물질주의	현대문화와의 싸움
신실의 순교와 소망	믿음의 대가와 새로운 동행	고난의 유익, 공동체의 힘
의심의 성, 절망의 감옥	믿음의 위기	영적 침체, 우울, 낙심
유혹의 평야	무기력, 졸음, 타협의 유혹	깨어 있음의 훈련, 영적 집중
베올리아산	하늘의 평안, 천국의 임박	죽음을 앞둔 신자의 확신과 평안
죽음의 강	죽음, 믿음의 마지막 시험	임종, 천국의 소망
천성의 문	영원한 본향, 하나님 나라	믿음의 완성, 부활의 영광

7) 『천로역정』의 신앙적 교훈

『천로역정』은 단순한 종교 소설이 아니라, 신앙이란 무엇인지에 대한 깊은 통찰을 담고 있는 영적 여정의 지도이다. 이 작품은 오늘을 살아가는 신자에게도 다음과 같은 중요한 교훈을 전해준다.

첫째, 신앙은 길이다. 믿음은 단 한 번의 결단으로 끝나는 것이 아니라, 날마다 걸어야 하는 좁은 길이다. 예수께서 말씀하신 "좁은 문으로 들어가라"(마 7:13-14)는 경고처럼, 신앙은 선택이 아니라 삶의 방식이다.

둘째, 시련은 성장의 기회다. 주인공 크리스천은 수많은 유혹과 고난을 통과하면서 점차 믿음의 사람으로 성숙해진다. 사도 바울이 "환난은 인내를, 인내는 연단을, 연단은 소망을 이룬다"(롬 5:3-5)고 고백한 것처럼, 고난은 믿음을 단련하는 도구이다.

셋째, 동행은 필수다. '신실'이나 '소망'과 같은 동행자들은 공동체 신앙의 중요성을 보여준다. 순례자는 혼자서 완주할 수 없다. 히브리서 10장 24~25절처럼, 서로 격려하고 함께 걷는 공동체가 신앙을 지키는 힘이 된다.

넷째, 말씀은 무기다. 크리스천이 하나님의 전신 갑주를 입고 싸우는 장면은 에베소서 6장의 진리를 구체화한 장면이다. 말씀은 유혹과 의심을 이기는 영적 무기이며, 하나님의 약속은 순례자의 방패이다.

다섯째, 하늘의 시민권을 기억하라. 순례의 목적지는 이 땅의 안락함이 아니라, 하나님 나라이다. "우리는 하늘에 속한 시민권을 가진 자"(빌 3:20)라는 정체성은 이 여정의 방향과 태도를 결정짓는다.

8) 신앙의 순례자로서 오늘 우리에게 주는 도전

『천로역정』의 여정은 과거의 상징이 아니라, 오늘 우리가 마주하는 삶의 문제들과 직결된다. 이 고전은 순례자의 눈으로 오늘을 해석하도록 우리에게 도전한다. 고난과 질병 앞에서는 이렇게 말한다. "이 또한 지나가는 길이며, 하나님이 함께 걷고 계신다." 이 여정은 잠시지만, 동행은 영원하다. 성공과 유혹의 자리에서는 이렇게 말한다. "허영의 시장을 조심하라." 세상의 영광은 순식간에 지나가며, 그 속에 길을 잃기 쉽다.

신앙의 회의와 침체 가운데서는 이렇게 말한다. "절망의 감옥에서 나올 길은 말씀뿐이다." 하나님의 약속은 우리를 다시 일으켜 세우는 빛이다. 죽음을 마주할 때는 이렇게 말한다. "죽음의 강을 건너면 천국이 기다린다." 믿음으로 마지막 발걸음을 내딛는 자에게는 영원한 본향이 열려 있다. "나는 지금 어디쯤 있는가?" "나의 삶 속 '허영의 시장'은 무엇인가?" "내 곁에 있는 '신실'과 '소망'은 누구인가?" "하늘 본향을 향해 가는 이 길, 나는 잘 걷고 있는가?" 묵상하고 적용해 볼 수 있다.

9) 『천로역정』 기반 코칭 질문

① 지금 당신의 여정에서 짐이 되는 것은 무엇입니까?
② 당신은 어떤 유혹이나 두려움 앞에 서 있습니까?
③ 절망의 늪에서 빠져나오기 위해 필요한 믿음은 무엇입니까?
④ 함께 걷고 있는 '신실한 벗'은 누구입니까?
⑤ 당신이 지금 걷고 있는 길은 천성을 향하고 있습니까?

2. 『천로역정』의 코칭신학적 통찰

1) 멸망의 도시에 사는 한 사람의 눈물, 비전의 각성

어느 날, 한 남자가 책을 읽고 있었다. 그는 이름 없이 '그 사람'으로 등장하지만, 책의 내용을 읽는 순간, 그의 삶은 더 이상 예전과 같지 않았다. 마음이 무너졌고, 두려움이 몰려왔으며, 눈물은 끊임없이 흘렀다. 그리고 그의 등에는 점점 무거워지는 짐이 하나 얹혀 있었다. 죄의 짐이었다. 그는 소리 높여 외친다. "나는 멸망하려 하고 있다! 이 짐을 어떻게 벗을 수 있단 말인가?"

가족은 그를 비웃고, 이웃은 조롱한다. 그러나 그의 내면은 이미 흔들리는 불안을 경험하고 있었다. 그때 그에게 다가온 이가 있으니, 바로 '전도자(Evangelist)'였다. 그는 손가락으로 멀리 가리키며 말했다. "저기 좁은 문이 보이는가? 당신은 그 길을 가야 합니다. 생명을 원한다면." 그는 무거운 짐을 지고 눈물을 흘리며 달리기 시작했다. 가족이 뒤쫓아오며 소리쳐도, 그는 돌아보지 않는다. 그의 여정은 시작되었다.

코칭신학적 통찰 : 내면의 소명을 따라 떠나는 사람

이 장면은 코칭신학에서 '비전의 각성'이 시작되는 순간이다. 많은 사람은 고통 가운데서 자신을 잃는다. 그러나 어떤 사람은 그 고통 속에서 '소명'의 목소리를 듣는다. 그것은 외부가 준 것도 아니고, 상황이 만들어준 것도 아니며, 내면 깊은 곳에서 하나님의 영이 각성시킨 자각이다. "나는 이대로 살 수 없다. 나는 부르심을 향해 가야 한다." 이

외침이 바로 크리스천의 첫 발걸음이었다. 코칭에서 이런 내면의 각성을 Visioning이라고 한다. 이것은 목표를 설정하는 것이 아니라, "하나님이 내 안에 이미 넣어두신 불꽃을 다시 기억하는 것"이다. Visioning은 단지 목표를 정하는 것이 아니라, 하나님이 주신 소명에 따라 나의 삶과 공동체의 미래를 성찰하고, 그것을 신앙과 일치시키는 여정이다.

전도자는 코치 역할이다. 그는 해결책을 주지 않는다. 그저 한 방향을 가리킨다. "저기 좁은 문을 보라. 생명의 길은 그곳이다." 코칭은 길을 대신 걷지 않는다. 그러나 내면의 갈망이 실천으로 이어지게 만드는 촉매가 된다. 크리스천은 아직 이름도 정체성도 분명하지 않다. 그러나 분명한 것은 한가지, 그는 더 이상 예전처럼 살 수 없다는 자각을 했고, 하나님의 나라를 향해 떠나기로 결단했다는 것. 이것이 영적 여정의 시작이며, 코칭 리더십의 가장 근본적인 출발점이다.

2) 절망의 늪, 첫 실패와 공동체의 역할

크리스천은 좁은 문을 향해 달리고 있었다. 눈앞에는 아직 희미하게 보이는 문이 있었지만, 길은 생각보다 험하고, 발은 무겁기만 했다. 죄의 짐은 그의 어깨를 짓눌렀고, 발걸음마다 땅이 꺼지는 듯했다. 어느 순간, 그는 질퍽한 진창에 빠져버렸다. 이름하여 "절망의 늪(Slough of Despond)". 길을 나선 자들의 눈에 보이지 않던 진창, 그것은 바로 죄책감, 후회, 두려움, 무가치함이 뒤엉킨 늪이었다.

크리스천은 몸부림쳤다. 하지만 빠져나오려 하면 할수록 더 깊이 빠져들었다. 그때, 한 사람이 나타났다. 그의 이름은 '도움(Help)'. 도움은 손을 내밀어 크리스천을 진창 밖으로 끌어내며 말했다. "왜 이렇게 늪에 빠졌느냐?" 크리스천이 대답했다. "좁은 문을 향해 가던 중이었습니다. 그런데 제 죄의 짐이 무거워 길을 걷지 못해 빠지고 말았습니다." 도움은 고개를 끄덕였다. 그리고 말했다. "이 늪은 죄를 깨닫고 하나님을 향해 나아가려는 이들이 반드시 지나야 하는 곳이다. 그러나 낙심하지 말아라. 너는 부르심을 받은 자다." 그리고 그는 크리스천을 진흙탕 밖으로 이끌어, 다시 좁은 문을 향해 길을 가도록 했다.

코칭신학적 통찰 : 실패를 통한 내면적 정화, 공동체적 동행

절망의 늪은 코칭신학에서 매우 중요한 개념을 상징한다. 바로 "소명을 향해 걸을 때 반드시 경험하는 내면의 무력감과 실패"다. 진정한 비전을 품고 길을 나선 자도, 첫걸음부터 순조롭지 않다. 오히려 더 깊은 자기 회의, 두려움, 죄책감을 만나게 된다. 이것은 실패가 아니라, "정화(Purification)", 곧 정체성을 거짓으로 붙들지 않게 만드는 하나님의 훈련이다. 코칭에서 이 시기는 현실(Reality)을 직면하는 시기이다. 스스로를 구할 수 없음을 깨닫는 것은 자기 의존(self-reliance)의 거짓을 내려놓게 한다. 도움(Help)은 바로 코치, 공동체, 동역자의 손이다.

코치는 빠진 자를 정죄하지 않는다. "왜 빠셨느냐?"가 아니라, "다시 일어설 수 있다"고 선언한다. 코칭의 사명은 '심판'이 아니라 '구조'이고, '책망'이 아니라 '회복'이다. 공동체가 필요한 이유가 바로 여기 있다. 크리스천이 늪에서 혼자 빠져나올 수 없었듯, 신앙의 여정은 반드시 다른 이들의 도움, 격려, 때로는 강한 손길이 필요하다. 크리스천은 아직 죄의 짐을 벗지 못했지만, 다시 일어설 수 있었다. 길을 계속 가는 자만이 좁은 문에 도달할 수 있기에, 절망은 끝이 아니었다.

3) 세속 지혜자와 만남

　세상의 지혜가 진리인 양 유혹하던 그 길목에서, 구원의 손에 의해 늪에서 건짐을 받은 크리스천은 다시 생명의 문을 향해 순례의 길을 걷기 시작했다. 비록 짐은 여전했고, 발걸음은 무거웠지만, 그는 다시 희망을 품고 있었다. 하지만 그런 그에게 한 인물이 다가왔다. 겉모습은 점잖고 품위 있었으며, 말투는 부드럽고 친절했다. 그의 이름은 '세속 지혜자(Worldly Wiseman)'였다. 세속 지혜자는 크리스천에게 다정하게 물었다. "자네, 도대체 왜 그렇게 무거운 짐을 지고 낯선 길을 가고 있는가?" 크리스천은 고개를 끄덕이며 대답했다. "죄의 짐을 벗고자 좁은 문을 향해 가는 중입니다." 그러자 세속 지혜자는 어이없다는 듯 고개를 저으며 말했다. "그러지 말게. 저 앞에 있는 '율법의 마을(Legalism)'로 가보게. 거기에는 '도덕씨(Mr. Legality)'가 살고 있지. 그는 자네 같은 이들을 도와 짐을 벗겨주지."

　크리스천은 혼란에 빠졌다. 세속 지혜자의 말은 설득력 있었고, 편리해 보였다. 그 길은 평탄했고, 목적지까지도 그리 멀지 않은 듯했다. 결국 크리스천은 그의 말에 따라 '율법의 언덕'을 향해 발길을 돌리고 말았다. 하지만 그가 그 언덕을 오르기 시작하자, 높은 절벽이 그의 앞을 막고, 갑작스러운 번개와 천둥이 몰려왔다. 짐은 더 무거워졌고, 그의 영혼은 두려움으로 마비되었다. 그때, 다시 '전도자'가 나타났다. 그는 크리스천을 꾸짖지 않고 다만 엄숙히 말했다. "너는 하나님의 길을 벗어났도다. 율법은 너를 구원하지 못한다. 다시 좁은 문을 향해 돌아가라."

코칭신학적 통찰 : 외적 성공 vs. 내적 소명 선택의 코칭 분기점

이 장면은 코칭 여정에서 가장 중요한 갈림길 중 하나를 보여준다. 바로, "편리한 길을 따를 것인가, 고난이 따르더라도 하나님이 부르신 길을 따를 것인가?"라는 선택의 순간이다. 세속 지혜자는 세상의 논리로 조언한다. 효율, 안정, 단축, 성취. '도덕씨'가 있는 마을은 율법과 자기 의로 짐을 벗겠다는 유혹이다. 하지만 코칭신학은 분명히 말한다. "자기 계발로는 진정한 변화에 이르지 못한다. 자기 의로는 짐을 벗지 못한다." 크리스천이 잠시 길을 벗어난 이유는 단순히 미혹 때문이 아니었다. 그는 자신의 고통을 빨리 끝내고 싶었고, 쉬운 길이 있다면 그리 가고 싶었던 인간적인 갈망이 있었다.

코칭의 목적은 클라이언트를 판단하는 것이 아니라, 그의 선택이 '진정한 자기를 향하고 있는가'를 분별하도록 돕는 것이다. 전도자는 다시 나타나 길을 가르쳐주되, 정죄하지 않았다. 그는 오직 부르심의 방향으로 다시 걸음을 옮기도록 초대했다. 우리가 영적 순례자로서 코치가 되려면, 성령의 인도 없이 스스로 길을 만드는 유혹에서 벗어나야 하며, 진정한 자유는 율법이 아니라 은혜 안에서만 주어진다는 진리를 기억해야 한다.

4) 좁은 문을 통과하다

죄의 짐을 벗는 십자가 앞의 해방 전도자의 인도로 다시 좁은 문을 향한 크리스천은 마침내 문을 통과하게 된다. 문지기는 그를 맞아들이며 따뜻하게 말한다. "좁은 문으로 들어온 자는 누구든지 환영이오." 문을 지나 얼마 가지 않아, 한 언덕 위에 십자가가 보인다. 그 언덕에 가까이 다가간 순간, 기적이 일어난다. 등에 있던 죄의 짐이 스르르 떨어져 언덕 아래 무덤으로 굴러 들어가더니, 다시는 보이지 않았다. 크리스천은 무릎을 꿇고 눈물을 흘렸다. 그것은 해방의 눈물이었다. 그에게 흰옷이 주어졌고, 이정표가 새겨진 두루마리가 손에 쥐어졌다. "이제 너는 구원의 여정에 합당한 자다."

코칭신학적 통찰 : 이 장면은 인생 여정에서 가장 중요한 '거듭남의 전환점', 곧 은혜의 개입으로 삶의 궤도가 바뀌는 순간이다. 코칭에서는 이때 클라이언트가 자신의 힘으로는 해결할 수 없는 죄책감, 수치, 실패의 무게를 내려놓고 전적인 은혜에 항복하는 순간을 경험한다. 십자가는 코칭의 기술로는 도달할 수 없는 자리이다. 그곳은 오직 하나님의 개입과 용서, 그리고 복음 안에서의 정체성 회복만이 가능한 변화의 지점이다. 이제 크리스천은 '짐을 진 자'가 아니라 "짐을 내려놓은 자유인"이 되었다.

5) 미궁 – 아름다운 궁전에서의 환대와 영적 무장

좁은 문을 지나 십자가 앞에서 짐을 벗고, 허영의 시장을 지나 고통 중에도 여정을 이어가던 크리스천은 깊은 산길에서 낯선 안내인을 따라 한 웅장한 집에 이르게 된다. 그곳은 '미궁(The Palace Beautiful)'이라 불리는 아름다운 궁전이었다. 궁전 앞에는 따스한 불빛이 흘러나오고 있었고, 크리스천은 조심스레 문을 두드렸다. 문은 열렸고, 네 명의 여인이 그를 맞이했다. 이름은 각각 '신중(Discretion)', '경건(Piety)', '지식(Knowledge)', '사랑(Charity)'이었다. 이들은 진심으로 크리스천을 환대했다. 여정의 피곤함을 풀 수 있도록 따뜻한 식사, 포근한 침대, 깨끗한 의복이 제공되었다.

그날 밤, 크리스천은 깊은 안식 가운데 잠이 들었다. 이튿날, 여인들은 그를 데리고 궁전의 벽에 걸린 위대한 믿음의 사람들, 믿음의 전사들, 순교자, 선지자들의 초상화를 보여주며 설명해 주었다. 마지막 날, 크리스천은 떠날 채비를 했다. 그러자 여인들은 그에게 영적 갑옷, 진리의 허리띠, 의의 흉배, 구원의 투구, 믿음의 방패, 성령의 검을 입혀 주며 말한다. "이제 너는 진리의 전사로 싸움을 준비하라." 크리스천은 그 말을 가슴에 품고, 다시 길 위에 섰다. 그의 눈에는 새로움이, 마음에는 확신이, 걸음에는 담대함이 서려 있었다.

코칭신학적 통찰 : 미궁은 회복과 재정비, 소명자의 정체성을 새롭게 각인 받는 공간이다. 이 여정의 쉼터는 단순한 휴식이 아니라, 영적 기억을 회복하고 다시 싸움을 준비하는 '전략적 중간지점'이다. 코칭에서는 이와 같은 시기를 재정렬(Realignment)의 시기로 본다. 혼돈과 고난 속에서 길을 잃은 이가, 다시 자기 정체성을 확인하고, 내면의 소명과 동기를 재구성할 수 있도록 도와야 한다. 이 궁전에서 만난 네 여인은 각각 코칭의 중요한 요소를 상징한다.

신중(Discretion)은 분별력 있는 코치의 질문, 경건(Piety)은 하나님과의 관계 회복, 지식(Knowledge)은 내적 통찰의 강화, 그리고 사랑(Charity)은 수용과 공감의 에너지를 상징한다. 이 공간은 코치와 클라이언트가 깊은 신뢰 안에서 대화하는 성찰의 장과도 같다. 궁극적으로 이곳은 성령의 검을 들고 세상으로 나아가기 위한 영적 무장을 돕는 훈련소다. 코칭은 그 훈련을 돕는 도우미요, 안내자다. 미궁은 말한다. "전쟁은 아직 끝나지 않았다. 그러나 너는 싸울 준비가 되어 있다."

6) 허영의 시장 – 세속과의 충돌, 정체성의 시험

여정을 계속하던 크리스천은 이제 '신실(Faithful)'이라는 동행자를 만나게 된다. 함께 길을 걷던 그들은 곧 '허영의 시장(Vanity Fair)'에 이르게 된다. 그곳은 세상의 모든 화려함과 유혹이 거래되는 장소다. 사람들은 사치, 권력, 쾌락, 명예를 사고판다. 그들은 이 도시의 법을 거스르며 "우리는 하늘나라의 시민"이라 고백했다. 결국 '신실'은 이 시장에서 순교하고, 크리스천은 고통 속에 다시 떠난다.

코칭신학적 통찰 : 이 시장은 '세속적 가치와 영적 정체성의 충돌 지점'이다. 리더는 자신의 소명이 명확할수록 세상의 기대와 더 큰 갈등을 겪는다. 허영의 시장은 단지 물질의 문제가 아니라, 내가 진정 누구인가를 묻는 시험대이다. 코칭에서는 이 시점에서 "내가 지금까지 달려온 이유는 무엇인가?", "내 사명의 본질은 세상이 줄 수 없는 것인가?"라는 깊은 자기 성찰을 요구한다. 신실의 순교는 비전의 대가가 피할 수 없음을 상기시킨다. 소명을 붙드는 이의 길은 편안하지 않다. 그러나 그것은 영원한 상급을 향한 여정이다.

7) 의심의 성과 낙심의 거인 – 내면의 밤, 신뢰의 회복

크리스천과 새 동행자 '소망(Hopeful)'은 길을 걷다 지쳐 우회로를 택한다. 그 길은 점점 어두워졌고, 그들은 결국 '의심의 성(Castle of

Doubt)'에 갇히게 된다. 그곳의 주인은 '낙심의 거인(Giant Despair)'이었다. 거인은 그들을 때리고, 굶기고, 죽으라며 유서를 쓰라고 강요한다. 며칠 밤이 지나도록 크리스천은 모든 것을 포기하고 싶었다. 그러나 소망이 조용히 속삭인다. "우리에겐 여전히 하나님의 약속이 있소." 그 말에 크리스천은 갑자기 품속에 있는 열쇠를 떠올린다. 이름하여 '약속(Promise)'의 열쇠. 그 열쇠로 문을 열자, 감옥이 열리고 그들은 다시 빛 속으로 걸어 나왔다.

코칭신학적 통찰 : 이 장면은 영적 여정 중 반드시 거치는 '내면의 밤', 곧 우울, 회의, 낙담의 시기를 보여준다. 모든 리더, 모든 사명자는 이 순간을 피할 수 없다. 코칭에서는 이 시기를 자기 내면의 그늘을 인정하고, 믿음의 핵심으로 되돌아가는 훈련의 시간으로 본다. '약속'의 열쇠는 하나님의 말씀이다. 절망은 사라지지 않지만, 그 어둠 속에서도 약속을 붙드는 자는 결국 다시 일어선다. 코칭은 말한다. "너는 넘어졌지만 끝나지 않았다."

8) 베올리아 산 – 공동체의 쉼과 영적 지도력의 확인

한참을 걷다 크리스천과 '소망'은 높은 산 위의 '베올리아 하우스'에 이른다. 그곳에는 세 명의 자매 '믿음·소망·사랑'이 그들을 맞이하고, 그들의 상처를 씻기고 회복시킨다. 그들은 무기를 받았고 여정의 전략을 나누었으며 영적 자산을 되새겼다.

코칭신학적 통찰 : 이 베올리아 산은 영적 쉼과 코칭 커뮤니티의 기

능을 상징한다. 사명자에겐 멈춤 없이 달리는 것보다, 중간의 회복과 재정비가 더 중요하다. 코칭 리더는 자신을 점검하고, 함께 나눌 동역자들을 통해 영혼을 재충전 받아야 한다. 이 시기는 단지 휴식이 아니라, 소명에 맞는 무기를 다시 손에 쥐는 '준비의 시간'이다.

9) 요단강과 천성문 – 여정의 마지막, 부르심의 완성

드디어 그들은 천성의 문 앞에 도달했다. 그러나 그 문을 향하려면 반드시 '요단강'을 건너야 했다. 강은 깊고 무서웠고, 두려움이 그들의 마음을 휘감았다. 크리스천은 물속에서 절규했다. "나는 하나님께 버림받은 것인가?" 그러나 '소망'이 그의 손을 붙잡고 말했다. "아니오! 당신은 믿음의 길을 걸었고, 주께서 당신을 안고 계십니다!" 이윽고 물이 갈라졌고, 그들은 건너편으로 나아갔다. 성문 앞에서 두 사람이 나타나 그들을 맞이하며 말했다. "이들은 주의 이름을 부르며, 고난 속에서도 믿음을 지킨 자들이니, 들어오라!" 성문이 열리고, 크리스천은 빛나는 성안으로 들어가 영원한 안식을 누리게 된다.

코칭신학적 통찰 : 요단강은 죽음, 또는 최종 순종의 순간이다. 하나님의 비전을 따라 살아온 사람도 이 마지막을 넘을 때는 흔들린다. 그러나 코칭은 죽음을 피하게 하지는 않지만, 그것을 건너게 할 동행을 붙여준다. 성문은 하나님의 부르심의 완성, 그리고 그 여정에서 함께 걸었던 모든 날이 헛되지 않았음을 선포하는 하나님의 영광이다.

10) 맺음말

천로(天路)는 곧 하나님의 코칭 여정이다.『천로역정』은 단순한 상징 소설이 아니다. 그것은 모든 하나님의 사람이 걸어야 할 여정의 지도로서, 비전에서 출발해, 정체성과 소명을 확인하고, 유혹과 실패, 회복과 관계, 영광의 도착까지 모든 코칭 프로세스를 그대로 담고 있다. 이 여정에서 우리는 코치이자 순례자이다. 그리고 우리가 도착하는 그날까지, 우리 안에서 착한 일을 시작하신 그분이, 반드시 완성하실 것이다.

"Pilgrim, well done. Come and rest."
(순례자여, 잘하였도다. 이제 와서 쉬어라.)

3. 인성의 순례자 -『오디세이』* 와 우리 인성형성의 여정

"인성의 순례자 오디세이(Odyssey)"는 단순한 모험 서사가 아니라, 사람됨의 회복과 내면 성장의 여정을 상징하는 인성형성의 고전적 모델이라고 할 수 있다. 이 고대 서사시는 현대 코칭에서도 통찰을 줄 수 있는 '인성형성'(Human Formation)의 보석 같은 이야기이다.

---

* 고대 그리스 서사시의 원래 제목은 '오디세이아(δύσσεια, Odýsseia)'이지만, 영어 표기인 '오디세이(Odyssey)'로 통일하여 표기하기로 한다.

1) 『오디세이』란 무엇인가?

『오디세이』는 고대 그리스의 시인 호메로스(Homeros, Ὅμηρος, 기원전 8세기경 출생)가 지은 고대 그리스 서사시로, 트로이(Τροία, Troy)* 전쟁 후, 오디세우스가 고향 이타카로 돌아가기까지 10년간 겪는 14단계의 시련과 여정을 담고 있다. 이 서사는 단지 바다 위의 모험 이야기나 신화적 사건들의 나열이 아니라, 잃어버린 자아에서 회복된 정체성으로 나아가는 인성적 순례를 상징한다.

2) 왜 "인성의 순례자"인가?

오디세우스의 여정은 단지 육체적 귀환이 아니라, 전사에서 지혜자로 변화하는 내면의 성숙 과정이다. 교만에서 겸손으로, 속임수에서 진실로, 분노에서 용서로 변화되어 가는 내면의 여정이다. '이타카'는 단지 공간이 아니라, 진정한 자아와 가정, 책임, 인간됨을 회복하는 상징적 장소이다. 그는 고향으로 돌아오면서 잃었던 자기 자신과 관계, 공동체의 자리를 되찾는다. 따라서 『오디세이』는 '나는 누구인가', '어떻게 살아야 하는가'를 탐색하는 인성 형성의 순례 여정이며, 고대의 영웅 서사를 넘어 오늘을 사는 우리 모두의 내면 회복과 관계 회복, 인격 통합을 비추는 고전적 거울이라 할 수 있다.

---

* 호메로스의 대서사시 『일리아드』는 일리온(Ἴλιον, Ilium)의 이야기라는 뜻의 그리스 표현이고, 트로이(Τροία, Troy)는 라틴어식 표현이다. 1편인 트로이는 트로이 전쟁 10년의 이야기이고, 2편인 오디세이는 트로이 전쟁 이후 이타카로 귀환하는 오디세우스의 10년 이야기이다.

3) 인간 본능과 자기 정체성

호메로스의 오디세이우스는 인간의 본능과 욕망, 정체성과 회복의 이야기를 담은 고대 그리스의 대서사시다. 전쟁의 영웅 오디세우스는 트로이 전쟁이 끝난 후, 10년간의 방황을 거쳐 고향 이타카로 돌아간다. 이 여정은 단순한 귀향이 아니라, 잃어버린 자아를 되찾고 본래의 자리로 돌아가는 내면의 순례이다. 이 장에서는 오디세우스를 따라 인간의 본성과 영적 여정을 코칭 관점에서 탐색한다.

4) 길 잃음과 방황

오디세우스는 길을 잃고 수많은 섬과 바다를 떠돈다. 이 떠돎은 우리 내면의 흔들림과 같다. 삶의 목표를 잃고, 정체성에 혼란을 겪으며, 어디로 가야 할지 모르는 영혼의 상태다. 영성 코칭은 이러한 방황의 시기에도 의미를 묻도록 돕는다. "당신은 지금 어디에 있으며, 어디로 가고 있습니까?"라는 질문은 고전 속 오디세우스를, 그리고 오늘의 클라이언트를 깨우는 실문이다.

5) 유혹과 본능의 전쟁

오디세우스는 사이렌의 노래, 키르케의 마법, 칼립소의 유혹 등 다양한 시험을 만난다. 이 장면들은 인간이 마주하는 쾌락, 안일함, 자기 중심성과의 싸움을 상징한다. 고전은 말한다. 인간은 자기를 통제하지 못하면 결코 목적지에 이를 수 없다고. 코칭은 클라이언트가 이러한 유혹을

'이겨내게' 하기보다는, 유혹의 본질을 성찰하게 만든다. 무엇이 나를 묶고 있으며, 나는 왜 그것에 끌리는가? 이런 질문은 내면의 진실에 도달하게 한다. 이것은 VICTOR의 T(Transformation)와도 밀접하게 연결된다.

6) 자아 인식과 전환의 순간

여정 후반, 오디세우스는 스스로를 숨기고, 자신을 재발견한다. 왕으로서가 아닌, 하나님 앞의 피조물로서 자신의 자리를 재인식하는 과정이다. 진정한 정체성 회복은 가면을 벗고, 자신의 부족함을 인정할 때 시작된다. 코칭은 이러한 자아 인식을 위한 거울이다. 단순한 자기 이해가 아니라, 하나님 안에서 정체성(Identity)을 새롭게 정의하는 작업이다. "나는 누구인가?"라는 질문은 이제 "하나님께서 나를 누구라 하시는가?"라는 신학적 질문으로 확장되어야 한다.

7) 귀향 – 다시 돌아가는 여정

결국 오디세우스는 집으로 돌아가 가족과 나라를 회복한다. 그러나 그는 더 이상 전쟁의 영웅이 아니다. 그는 용서받고, 품고, 섬기는 자로 변화되었다. 귀향은 단지 도착이 아니라, 영적 성숙의 상징이다. VICTOR의 R(Reproduction)은 바로 이 귀향과 닮았다. 자신의 여정을 마친 자는 이제 다른 이들의 여정에 동행할 준비가 된 사람이다. 영성 코칭은 귀향의 이야기를 통해, 클라이언트가 다시 삶의 자리에서 빛과 소금의 역할을 감당하도록 돕는다.

『오디세이』는 인간의 본능과 욕망, 고통과 유혹, 회복과 귀향의 서사다. 이 고대 서사는 오늘날 우리의 이야기를 비추는 거울이 된다. 영성 코칭은 이 거울을 붙잡고, 삶의 방향을 하나님 안에서 재정의하려는 영혼의 여정에 동행하는 일이다. 고전은 우리에게 그 여정이 고귀할뿐더러, 가능하다고 말해준다. 그리고 코칭은 그 여정을 실제로 걷게 해준다.

8) 『오디세이』의 인성 여정 - 14단계 핵심 정리

단계	사건	인성 형성 요소
0	전쟁 영웅으로서의 오만	자기 과신과 교만 → 깨짐과 낮아짐의 시작
1	트로이 전쟁 이후 출발	사명 후의 공허함 - 삶의 의미 탐색
2	키클롭스 (거인족)	충동과 자기 절제
3	아이올로스 (바람의 신)	통제할 수 없는 인생 - 겸손
4	라이스트리고네스 (식인족)	타인의 악과 한계 경험 - 용기
5	키르케 (유혹의 여신)	쾌락과 정체성 혼란 - 절제와 정직
6	하데스 방문 (죽은 자들의 땅)	죽음과 존재에 대한 성찰 - 자기 인식
7	세이렌 (요염한 노래)	달콤한 유혹 - 가치 판단력
8	스킬라와 카리브디스 괴물들	양극단 사이의 선택 - 지혜
9	헬리오스의 소떼	금지된 것에 대한 탐욕 - 자기 통제력
10	칼립소 (불사의 삶의 유혹)	책임 회피와 영원한 안락의 유혹 - 소명의식 회복
11	뗏목 파괴, 표류	무력함과 포기 - 신뢰와 인내
12	파이아케이아 도움 (나우시카 공주)	공동체의 중요성 - 감사와 겸손
13	이타카 도착	가정으로의 귀환 - 책임과 충실
14	아내 페넬로페 재회	사랑, 용서, 정체성 회복 - 통합된 자아

9) 『오디세이』와 인성 코칭 적용

『오디세이』의 여정은 인성 형성의 다양한 주제들을 상징적으로 보여준다. 고전의 사건들을 인성 코칭 질문과 연결하면, 자기 통찰을 돕는 깊은 도구가 된다. 책임감은 이타카로 돌아가는 결단에서 드러난다. 오디세우스는 단지 살아남는 것이 아니라, 자신의 자리로 돌아가 가정을 회복하고 왕의 책임을 감당한다. "나는 지금 내 자리로 돌아갈 준비가 되어 있는가?" 자기 통제력은 키클롭스와 세이렌 앞에서 시험받는다. 충동적 반응이 아니라, 긴장과 유혹 속에서도 이성을 지키는 태도가 요구된다. "나는 충동 앞에서 어떻게 반응하는가?"

겸손과 성찰은 하데스, 곧 죽은 자들의 땅을 방문할 때 절정에 이른다. 죽음과 실패를 정면으로 마주하며, 오디세우스는 삶의 본질을 다시 묻는다. "내 실패는 무엇을 가르쳐 주는가?" 소명 의식은 칼립소의 섬을 떠나는 선택에서 드러난다. 영원한 안락을 포기하고, 고통스러운 현실을 택하는 그의 결단은 소명이 무엇인지를 상기시킨다. "나를 붙드는 소명은 무엇인가?" 용서와 통합은 마지막에 아내 페넬로페와 재회하면서 완성된다. 오랜 세월을 지나 마주한 관계 속에서, 그는 자신이 누구이며, 어떻게 살아야 하는지를 재확인한다. "나는 진정한 나로서 살아가고 있는가?"

10) 오늘 우리의 "오디세이"

『오디세이』는 고대 영웅의 서사가 아니라, 오늘 우리 모두가 겪는 삶의 여정과 내면의 여울을 반영한다. 트로이 전쟁의 영웅이었던 오디세우스는 오늘날 사회, 조직, 가정에서 중요한 역할을 맡은 성과 중심의 현대인을 상징한다. 그러나 성취 이후 남는 공허함과 갈등은 곧 시련 속에서 자아를 탐색하는 여정으로 이어진다. 이 여정은 단순한 방황이 아니라, 내면의 갈등, 가치관의 혼란, 자기 존재에 대한 근본적 질문을 포함한다.

결국 오디세우스는 귀향을 결단한다. 이는 자기 정체성을 회복하고, 진짜 나로 살아가기 위한 용기 있는 선택이다. 그리고 그의 여정의 종착지는 이타카, 곧 사랑하는 이들과의 관계 회복과 책임의 자리이다. 오늘 우리에게도, 이 귀환은 가족, 공동체, 나 자신과의 깊은 화해와 통합의 실천으로 이어져야 한다.

11) 『오디세이』 기반 코칭 질문

① 지금 당신은 어디에서 길을 잃었다고 느끼십니까?
② 반복되는 유혹은 당신에게 무엇을 말하고 있습니까?
③ 당신의 내면에 숨겨진 오만이나 두려움은 무엇입니까?
④ 돌아가야 할 '이타카'는 당신에게 무엇입니까?
⑤ 당신은 삶의 여정 속에서 어떤 존재로 변화되기를 원하십니까?

4. 『오디세이』의 코칭신학적 통찰

트로이 전쟁이 끝났다. 칼날과 피, 영광과 허무가 뒤섞인 전쟁터를 뒤로하고, 오디세우스는 이제 집으로 돌아가야 했다. 그러나 그의 귀향은 단순한 귀가가 아니었다. 전쟁의 승리 이후 시작된 것은, 진정한 자아와 정체성, 관계의 회복, 소명의 완성으로 나아가는 깊은 여정이었다. 그는 고향 이타카에서 기다리는 아내 페넬로페와 아들 텔레마코스를 향한 그리움과 책임감을 안고 있었지만, 바다는 그의 앞을 쉽게 열어주지 않았다. 세상은 전쟁보다 더 깊은 유혹과 방황의 바다를 통해 인간을 정화하겠다는 듯, 오디세우스를 기다리는 것은 신들의 시험, 인간의 욕망, 고립, 그리고 자기 자신과의 투쟁이었다.

1) '나는 누구인가'를 묻는 이름 없는 자의 여정

키클롭스의 동굴 속에서 오디세우스는 자신의 이름을 "아무도 아니다(Outis : No body)"라 밝힌다. 이 말은 단순한 꾀가 아니었다. 전쟁 영웅이었던 그는, 이제 자신이 누구인지조차 스스로에게 되묻는 낯선 여정 속에 있었다. 세상의 인정이나 외면적 명예로 포장된 자아가 아니라, 고난 속에서 벗겨지고 다듬어지는 참된 정체성을 향한 여정이 시작된 것이다.

코칭신학에서 말하는 '하나님의 형상대로 회복되는 나'는 이러한 질문 속에서 탄생한다. 내면의 소리를 듣고, 가면을 벗고, 이름 없이도 존재할 수 있는 나, 그러나 하나님 안에서 다시 이름을 회복하는 여정. 오디세이는 "나는 누구인가?"라는 물음 속에, 자신의 정체성과 사명을 다시 구성해 나간다.

2) 무너진 기회, 다시 떠오른 책임 – 아이올로스의 바람 주머니

바람의 신 아이올로스는 오디세우스의 귀향에 필요한 모든 바람을 가둔 주머니를 선물한다. 그러나 오디세우스의 동료들은 그 안에 보물이 들어 있다고 의심하고, 주머니를 몰래 열어버린다. 이타카는 눈앞에 있었지만, 강풍은 그들을 다시 먼 바다로 데려가 버린다. 신뢰의 붕괴와 공동체 내 탐욕, 지도자와 동료 간의 긴장 속에서 오디세우스는 묵묵히 다시 방향을 잡는다.

코칭신학적으로 보면, 정체성은 실패와 좌절 앞에서 더욱 선명해진다. 코칭은 외부의 상황에 휘둘리는 자아가 아니라, 하나님의 시선 안에서 책임을 껴안는 존재로의 성숙을 돕는다. 오디세우스는 '이름을 숨기는 자'에서 '책임을 감당하는 자'로 자라간다.

3) 식인족의 습격을 견디다 – 공동체 상실과 외로운 리더의 시작

라이스트리고네스 식인족의 기습으로 대부분의 배가 파괴되고, 오디세우스의 배 한 척만 남는다. 그는 더 이상 나수의 지지를 받는 지도자가 아닌, 고독한 순례자로 여정을 이어간다. 공동체의 붕괴 속에서도 그는 자신의 리더십과 존재 의미를 다시 붙잡는다. 코칭신학으로 보면, 진성 리더십(Authentic leadership)은 수많은 사람 속이 아니라, 무너진 자리에서 다시 시작할 수 있는 내면의 힘에서 드러난다. 코칭은 외로움과 실패 속에서도 정체성과 소명을 재확인하도록 동행하는 영적 여정이다.

4) 키르케와 돼지로 변한 사람들 – 욕망이 인간성을 가릴 때

키르케는 사람들을 돼지로 변하게 만들었다. 오디세우스는 지혜로 그것을 이겨냈고, 동료들을 다시 인간으로 되돌린다. 이는 욕망과 탐욕이 우리를 어떻게 본질을 잃게 만드는지, 그리고 참된 정체성과 회복이 어떻게 공동체 안에서 이루어지는지를 보여준다. 코칭은 '자기 인식'과 '관계 회복'을 동시에 요청한다. 오디세우스가 동료를 돼지에서 인간으로 되돌리는 과정은 리더로서 타인을 일깨우고 성장시키는 코칭 리더십의 핵심 장면이다.

5) 테이레시아스와의 만남 – 하데스에서 고통의 의미를 묻다

지하 세계에서 테이레시아스를 만난 오디세우스는 자신이 걸어가야 할 길, 그리고 동료들의 최후에 대한 예언을 듣는다. 죽음의 그림자 속에서 그는 오히려 삶의 방향을 분명히 깨닫는다. 이 장면은 깊은 영적 코칭의 핵심인 자신의 한계와 상실, 죽음마저 직면하며 진정한 목적을 발견하는 내면 여행을 상징한다. "코치는 답을 주지 않는다. 그러나 클라이언트가 질문을 바꾸게 만든다." 테이레시아스는 죽은 자였지만, 살아 있는 자에게 가장 중요한 질문 "그대는 어떤 삶을 살 것인가?"를 남긴 자였다.

6) 유혹의 바다를 지나며 – 인간 욕망과 영적 근육의 훈련

세이렌의 노래는 황홀할 만큼 아름다웠다. 그 목소리는 마치 오디세우스의 내면 깊은 곳의 갈망을 간파한 듯 그의 영혼을 흔들었다. 그러나 그는 키르케의 조언을 따라, 동료들의 귀는 밀랍으로 막게 하고, 자신의 몸은 돛대에 단단히 묶게 하였다. 노를 젓는 동료들은 유혹을 들을 수 없었기에 정해진 루틴을 따라 항해를 계속했고, 오디세우스는 온몸으로 세이렌의 노래를 들으며 강하게 끌렸지만 움직일 수 없었다. 그들은 결국 무사히 유혹의 바다를 지나쳤다. 오디세우스에게 유혹이 없었던 것은 아니었다. 오히려 유혹을 직면하며 질서를 지키는 법을 배운 것이다.

이 장면은 코칭에서 클라이언트가 자신의 욕망을 마주하고 그것을 통제하는 '성숙한 자기 인식'과 '선택의 힘'을 상징한다. 단순히 억누르는 것이 아니라, 욕망을 객관화하고, 공동체의 도움을 요청하고, 자신의 행동을 예비함으로써 자유를 얻는 영성 훈련의 전형이 된다. 이것은 단순한 자기 계발이 아닌 성령의 통찰과 자기 절제, 그리고 공동체 의존 속에서 길러지는 성숙이다.

7) 풍랑과 제물 – 책임지지 않는 욕망이 부른 파국

오디세우스는 테이레시아스의 경고를 늘었지만, 동료들은 헬리오스 섬에서 태양신의 소를 잡아먹는다. 이는 리더가 아무리 경고해도, 공동체의 책임 없는 선택이 어떻게 전멸을 불러오는지를 보여주는 사례다. 결국 풍랑은 동료들을 삼켜버리고, 혼자남은 오디세우스는 다시 무인도에 떠밀린다. 코칭신학은 여기서 중요한 교훈을 준다. 순례자는 늘 공동체와 함께하지만, 때로는 홀로 걷는 길도 감당해야 한다. 그리고 그 길에서 가장 중요한 것은 하나님 앞에서 개인의 책임, 즉 'Ownership'의 영성이다.

8) 돌아온 자의 책임 – 주어진 자리에서의 Ownership

마침내 이타카로 돌아온 오디세우스, 그러나 귀향은 끝이 아니라 시작이었다. 집은 어질러져 있었고, 페넬로페는 구혼자들의 압박 속에 고통받고 있었다. 오디세우스는 이제 왕으로서, 남편으로서, 아버지로서 자신에게 주어진 관계적 사명을 감당해야 했다. 그는 변장을 하고 구혼자들의 속마음을 탐지하며, 공동체를 다시 세울 계획을 세운다. 그리고 마침내, 자신의 정체를 드러내고 악을 심판하며 정의를 세운다.

페넬로페는 그를 바로 알아보지 못하지만, 오디세우스는 침착하게 관계를 회복해간다. 관계 회복은 강요가 아니라 증명된 신실함으로 이루어진다. 그리고 마침내 그는 자신의 자리를 다시 회복하고, 공동체는 정의와 질서를 되찾는다. 이것이 바로 코칭신학의 다섯 번째 단계, Ownership 청지기의 영성이다. 자신의 리더십을 조심스럽게 회복해가는 코칭 리더의 모습이다. 하나님이 주신 비전과 사명을 향해 돌아온 자는, 이제 그에 합당한 책임과 권위를 가지고 사랑으로 섬기는 자가 되어야 한다.

9) 유산의 전수 – 다음 세대를 위한 순례자의 이야기

이야기의 마지막은 아들 텔레마코스를 통해 '다음 세대'로 흘러간다. 『오디세이』는 단지 한 사람의 귀환이 아니라, 민족과 가족의 정체성 회복과 미래 세대를 위한 영적 유산의 이야기이다. 텔레마코스는 더 이상 아이가 아니었다. 아버지 없이 성장한 그는 여정을 통해 훈련받고, 스승 멘토르(Mentor)를 통해 성장하고, 아버지와 함께 정체성과 공동체를 회복하게 된다. 오디세우스의 이야기는 아들에게로 이어지고,

페넬로페의 신실함은 가문의 유산이 된다. 이것이 코칭의 마지막 단계, Reproduction(재생산)의 리더십이다.

예수께서 제자들에게 "가서 제자를 삼으라" 하셨듯, 진정한 리더는 다음 세대에게 신앙, 지혜, 인내, 고난 속에서도 인내한 하나님 중심의 삶을 물려준다. 이것은 단지 전수가 아닌, 삶으로 보여주는 제자화이다. 코칭신학은 이 결말을 이렇게 해석한다. "코치는 변화를 이끄는 자일 뿐 아니라, 다음 세대를 세우는 자이다." 진정한 영적 지도자는 자기의 사명을 넘어, 다음 세대 사람에게 하나님의 이야기를 전수하는 자이다.

10) 결론

오디세우스는 돌아왔다. 그러나 그가 얻은 것은 단지 고향이 아니라, 정체성, 공동체, 소명, 인내, 지혜, 그리고 하나님을 신뢰하는 법이었다. 그의 여정은 바로 우리의 여정이며, 우리 각자가 만나는 광야, 바다, 유혹, 조력자, 그리고 회복의 상징들이다. 『오디세이』는 단순한 모험이 아니라, 삶의 비전을 품고 살아가는 신앙인과 리더, 코치, 순례자 모두를 위한 이야기다. 그리고 코칭은, 이 여정 속에서 하나님이 우리와 함께하시는 방식 중 하나이다.

오디세우스는 혼자였지만, 결코 혼자 걷지 않았다. 그의 곁에는 아테나 여신이 있었고, 나우시카 공주가 있었으며, 파이아케스 왕 알키노오스가 있었다. 절망의 순간마다 등장한 이들은 언제나 친절하지는 않았지만, 여정 중 하나님께서 보내신 최선의 조력자들이었다. 그들은 오디세우스의 목적을 대신 결정하지 않았지만, 그의 여정에 의미를 되새기게 했고, 길을 비춰주었으며, 피난처를 제공했다. 이 모습은 코칭신학이 말하는 삼위 하나님의 동역자적 사역을 떠올리게 한다. 성령의 조명, 예수 그리스도의 인도, 아버지 하나님의 보호 아래, 우리는 하나님이 보내신 사람들을 통해 '하늘의 동역자 코칭'을 경험하게 된다.

『오디세이』는 단지 고대의 모험담이 아니다. 그것은 한 인간이 자신의 비전과 정체성을 회복하고, 유혹과 고난을 이겨내며, 관계와 공동체를 회복하고, 다음 세대에게 신앙과 정체성을 물려주는 영적 순례의 여정이다. 그리고 이 여정은 오늘날의 영적 지도자, 크리스천 코치, 순례자 된 모든 이들의 이야기이기도 하다. 이 여정을 동행하시는 분은 언제나 동일하신 하나님, 그리고 그분의 은혜로 우리 안에서 일하시는 성령이시다.

5. 영혼의 순례자 – 단테의 『신곡』과 우리 영성형성의 여정

영혼의 순례자, 단테의 『신곡』은 단순한 문학작품을 넘어, 영혼이 죄와 무지에서 벗어나 구원과 사랑의 완성으로 나아가는 영적 여정을 그린 서사시이다. 이는 바로 모든 인간이 걸어가야 할 내면의 길, 영혼의 순례를 형상화한 것이며, 우리의 신앙 여정과 깊이 연결된다.

1) 단테 『신곡』이란 무엇인가?

『신곡(La Divina Commedia)』은 중세 이탈리아의 시인이자 신학자인 단테 알리기에리(Dante Alighieri, 1265~1321)가 남긴 대표작으로, 기독교 세계관을 바탕으로 인간 영혼의 구원 여정을 그린 영적 서사시이다. 단테는 인생의 중반에 길을 잃은 자신의 모습을 통해, 지옥(Inferno), 연옥(Purgatorio), 천국(Paradiso)을 순례하며 하나님과의 일치에 이르는 여정을 시적으로 묘사하였다.

이 여정은 단순한 상상력의 산물이 아니라, 중세 기독교 신학과 철학, 문학, 인간 이해가 통합된 구속사적 순례로 구성되어 있다. 〈지옥편〉은 죄의 결과와 하나님의 정의를 다루며, 죄의 실체를 직면하게 한다. 〈연옥편〉은 회개와 정화의 여정을 통해 하나님의 은혜가 인간 영혼 안에서 어떻게 작용하는지를 보여준다.

〈천국편〉은 성화와 구원을 넘어, 하나님과의 완전한 연합과 사랑의 영광을 노래한다. 『신곡』은 단테 개인의 종교 체험을 넘어, 모든 인간 영혼이 겪는 길 잃음, 회복, 그리고 구원의 보편적 여정을 상징한다. 어두운 숲에서 길을 잃은 주인공은 이성의 안내자 베르길리우스와 은총의 인도자 베아트리체의 도움을 받아, 점점 더 밝은 빛과 사랑, 그리고 하나님을 향해 나아간다. 이 작품은 궁극적으로 정체성과 소명, 구원과 연합이라는 주제를 품은 '영혼의 순례'를 시적으로 그려낸 고전이다.

2) 『신곡』 개요, 왜 영혼의 순례자인가?

『신곡』은 총 3부로 구성되어 있으며, 각 부는 지옥, 연옥, 천국을 다룬다. 각 부는 33곡으로 이루어지고, 여기에 전체 여정의 서곡 역할을 하는 1곡이 더해져 총 100곡으로 완결된다. 이러한 구성은 단순한 시적 구성이 아니라, 완전함과 신성한 질서를 상징하는 구조이기도 하다. 이 작품은 겉으로는 단테 개인의 여정처럼 보이지만, 본질적으로는 모든 인간 영혼이 겪는 내적 변화와 구원의 여정을 상징한다. 단테는 이 여정을 통해 어둠에서 빛으로, 두려움에서 사랑으로, 무지에서 계시로 나아가는 순례를 그린다. 이 여정은 곧 진리를 찾아가는 영혼의 순례(Pilgrimage of the Soul)이다.

3) 죄와 성화의 내면 여정

단테의 『신곡』은 중세의 가장 위대한 영적 서사시로, 인간 영혼이 죄에서 출발해 정화되고, 마침내 신의 빛과 사랑에 이르는 내면의 여정을 그리고 있다. 이 장은 단테 『신곡』의 세 부분 지옥, 연옥, 천국을 중심으로 자기 인식과 회개, 성화와 비전 회복의 흐름을 따라가며, 이를 영성 코칭과 연결해 해석한다.

4) 지옥(Inferno)

죄와 심판의 현실, 자기기만과 고통 9개 원(circles)으로 나뉜 죄의 심판 구조, 죄의 결과는 고통이며, 하나님의 공의가 드러난다. "희망을 버려라, 이 문을 들어서는 자여"라는 지옥문 입구의 글귀는 죄와 절망의 상태를 나타낸다.

신앙 적용 : 죄의 자각, 회개의 시작으로서, 〈지옥편〉은 인간의 죄와 자기기만이 초래한 고통을 가감 없이 드러낸다. 단테는 '길을 잃은 어두운 숲'에서 시작하여, 지옥의 아홉 층을 통과하며 인간의 죄성과 그 결과를 직면한다. 이 여정은 코칭에서 클라이언트가 자신의 죄책감, 수치심, 억눌린 감정을 마주하는 과정과 유사하다. 코치는 이 고통을 제거하려 하지 않고, 진실하게 직면하도록 돕는 동반자가 되어야 한다. 회피

가 아닌 직면에서, 변화의 문이 열린다.

5) 연옥(Purgatorio)* – 회복과 성화의 여정 (순례길: Pilgrim's journey)

〈연옥편〉은 죄에서 회개한 영혼들이 정화의 훈련을 통해 천국을 향해 나아가는 과정을 그린다. 이곳에서는 고통이 단죄가 아니라 정화의 수단이 된다. 산을 오르며 7가지 죄(교만, 질투, 분노, 나태, 탐욕, 탐식, 정욕)를 하나씩 벗어나며, 고난을 통해 정화된다.(히 12:10) 천사의 검과 찬송, 눈물, 기도를 통해 신앙 훈련의 장이 된다.

신앙 적용 : 자기 성찰, 훈련, 공동체적 정화단계로서, 이는 코칭에서의 변화(Transformation)의 단계와 밀접하게 연결된다. 클라이언트는 자기 안의 상처와 왜곡된 신념을 내려놓고, 성령의 빛 아래 훈련되고 재형성되는 과정을 경험하게 된다. 코치는 클라이언트의 삶 속에 일어나는 정화의 흔적을 분별하고, 그 속에서 하나님의 손길을 인식하게 하는 영적 촉진자다.

6) 천국(Paradiso)

영광과 하나님과의 합일, 궁극의 비전과 영광 9개의 천체를 지나

---

* 연옥(Purgatorio)은 전통적으로 가톨릭에서 '죽은 자의 영혼이 천국에 들어가기 전 정화되는 장소'로 이해된다. 그러나 단테의 묘사에서는 '죄에서 벗어나 하나님의 형상을 회복해가는 여정'으로 그려진다. 개신교는 이러한 중간 상태(연옥)를 인정하지 않지만, '성화의 여정', '영혼의 훈련', '순례자의 회복 여정'으로 상징적 수용이 가능하다고 본다.

하나님 보좌에 이르기까지 상승하며, 베아트리체의 사랑, 믿음, 소망이 함께한다. "사랑이 해를 움직이며 별들을 돌린다"라는 말로 최종 결론을 내린다.

신앙 적용 : 하나님과의 연합, 삼위일체적 계시의 완성인〈천국편〉은, 단테가 베아트리체의 인도 아래 신적 빛과 조화를 경험하는 장면으로 가득하다. 이 여정은 믿음의 비전이 온전히 회복된 삶의 상태를 보여준다. 인간은 자기 중심성과 한계를 벗어나, 하나님 안에서 참된 정체성과 소명을 누리게 된다. 이 단계는 VICTOR 코칭의 V(Vision)와 R(Reproduction)에 해당된다. 클라이언트는 하나님이 보여주신 큰 그림 안에서 자신의 인생을 재배열하게 되고, 그 비전을 다른 이들과 나누며 살아가는 사명적 삶의 기초를 마련하게 된다.

7) 신적 사랑의 회복

『신곡』 전체의 여정은 결국 하나님의 사랑을 회복하는 여정이다. 단테는 지옥의 고통을 통해 죄를 깨닫고, 연옥(순례길)에서 훈련되며, 천국에서 그 사랑과 일치를 회복한다. 이 구조는 곧 성화(sanctification)의 서사이며, 영성 코칭은 이를 클라이언트의 삶 속에서 구체화하려는 신앙적 동행이다. 단테의『신곡』은 고대 교부들의 성화 여정을 문학적으로 형상화한 걸작이다. 코칭은 이 문학적 구조를 통해 인간의 내면 여정을 더 깊이 이해하고, 하나님의 형상으로 회복되어 가는 성령의 사역에 동행하는 통로가 될 수 있다.

8) 단테의 여정과 신앙적 상징

『신곡』은 단순한 문학 작품을 넘어, 영혼의 구원 여정 전체를 상징적으로 압축한 신앙의 서사라 할 수 있다. 이 여정은 어두운 숲에서 시작된다. 이는 길을 잃고 방황하는 인간의 상태, 곧 죄와 무지 속에 빠진 영혼을 상징한다. 지옥은 죄의 결과가 가져오는 하나님의 공의와 단절의 현실을 드러내며, 회개의 필요성과 죄의 실재를 직면하게 한다. 연옥은 정화와 훈련의 장소로, 인간 영혼이 성화를 향해 자발적으로 훈련받고 변화되어 가는 과정을 의미한다. 마지막으로 천국은 계시와 빛의 충만 속에서 하나님과의 연합이 이루어지는 곳이다. 이는 구원의 완성과 영원한 안식을 상징한다. 이 모든 여정은 단순한 이동이 아니라, 영혼의 각성과 회복, 그리고 하나님과의 일치로 나아가는 신학적 길이다.

9) 단테의 인도자들

단테의 여정에는 세 명의 주요 인도자가 등장하며, 각각 신앙적 의미를 상징하는 역할을 맡고 있다. 먼저 베르길리우스(Publius Vergilius Maro)는 이성의 안내자이다. 고대 로마의 시인이며 이교도였지만, 단테는 그를 지옥과 연옥 여정의 동반자로 삼는다. 베르길리우스는 인간의 이성과 철학, 율법의 영역을 상징하며, 일정 지점까지는 영혼을 인도할 수 있지만, 천국에 도달할 수는 없다. 이는 이성의 한계와 율법의 무능력을 상징한다.

그 후 등장하는 베아트리체(Beatrice)는 천국의 사랑이자 은혜의 중보자이다. 그녀는 단테를 위해 직접 중재하고 내려오며, 하나님의 사랑과 계시, 그리고 구원의 은총을 상징한다. 마지막 인도자인 성 베르나르도(Saint Bernard of Clairvaux)는 천국의 마지막 단계에서 단테를 인도하며, 신비와 경외, 성령의 조명을 통해 하나님과의 연합으로 이끌어간다. 이 세 인도자는 율법에서 은혜로, 이성에서 계시로, 자기중심에서 신비와 사랑으로의 이행이라는 신학적 전환을 상징한다.

10) 영혼의 순례자, 오늘 우리의 여정

『신곡』의 여정은 단테 개인의 여정을 넘어, 오늘을 사는 모든 신앙인의 내면 여정과 깊이 연결된다. 우리 역시 어두운 숲, 곧 삶의 방향을 잃고 죄와 무지 가운데 있을 때가 있다. 지옥의 단계는 죄에 대한 자각과 두려움의 시작이며, 하나님의 심판 앞에 정직하게 서는 시간이다. 연옥의 여정은 믿음 안에서 훈련과 성화의 과정이며, 고난과 훈련을 통해 정금같이 나아가는 자리이다.

그리고 마침내 천국의 여정은 하나님과의 연합, 신비와 경외 가운데 살아가는 삶, 믿음의 완성이다. 또한 우리의 여정에도 베르길리우스와 베아트리체가 있다. 인간의 이성과 노력은 어느 순간까지는 길을 인도할 수 있지만, 결국 하나님의 은혜 없이는 도달할 수 없는 지점이 있다. 그때 우리는 중보자 되시는 예수 그리스도, 은혜의 손길을 통해 하나님 앞으로 인도된다. 그리고 마지막에는, 믿음이 시야를 대신하여 하나님을 얼굴과 얼굴로 마주하게 되는 예배의 순간이 있다. 이 여정이 바로 오늘 우리 각자 영혼의 순례이며, 『신곡』은 그 길을 상징적으로 비춰주는 영적 거울이다.

11) 단테의 『신곡』 기반 코칭 질문

① 『신곡』에서 당신은 어떤 감정, 관계, 또는 내적 상태를 경험하고 있나요?
② 당신의 여정에 동행하는 '베르길리우스', '베아트리체', '성 베르나르도'는 누구입니까?
③ 당신이 정화되길 바라는 내면의 습관이나 감정은 무엇입니까?
④ 하나님의 빛과 시선을 다시 붙잡기 위해 어떤 노력이 필요합니까?
⑤ 당신의 삶에서 '신적 사랑'은 어떻게 회복되어가고 있습니까?

6. 단테 『신곡』의 코칭신학적 통찰

6-1. 지옥편(Inferno) : 어둠 속에서 부르심을 듣다

1) 어두운 숲속에서 길을 잃다 – 영적 위기의 자각

"인생의 한복판에서 나는 어두운 숲속에서 길을 잃었네." 단테는 인생의 중간 지점에서, 그 어느 때보다 혼돈, 절망, 방향 상실감을 경험하고 있었다. 그 숲은 단순한 장소가 아니라, 내면의 정체성 혼란, 죄의식, 그리고 소명에 대한 상실감의 상징이다. 그는 길을 찾기 위해 애썼으나, 갈수록 더 어두워졌다. 이 어둠은 코칭신학에서 말하는 "소명과 존재의 길을 잃은 영혼의 탄식"과 같다.

코칭신학적 통찰: 인생의 중간에서 우리는 종종 길을 잃는다. 리더로서, 신앙인으로서, 코치로서조차 내가 누구인지, 어디로 가야 하는지 알지 못하는 순간. 그러나 그 어둠이야말로 하나님의 부르심이 시작되는 장소다. 바로 그 절망의 바닥에서 하늘을 향한 갈망이 피어나기 때문이다.

2) 세 짐승의 등장 – 왜곡된 욕망과 인간의 한계

단테는 다시 길을 찾아 산을 오르려 하지만, 세 짐승이 그의 앞을 막는다. 표범(사치), 사자(오만), 암늑대(탐욕), 그는 물러날 수밖에 없었다. 이 짐승들은 단순한 장애물이 아니라, 그의 내면 깊은 곳에서 여전히 작용하고 있는 죄의 욕망과 인간의 본성이었다.

코칭신학적 통찰 : 코칭 여정 초기에 반드시 마주하는 것은 "자기 자신 안의 장애물"이다. 자기 중심성, 인정 욕구, 통제 욕망, 성공 집착 등은 겉으로는 비전 추구처럼 보이지만, 실상은 하나님 아닌 것에 뿌리내린 자기 탐닉의 그림자일 수 있다. 단테는 이 짐승들을 이길 수 없었다. 이성의 힘만으로는 영적 위기를 돌파할 수 없음을 고백하게 되는 순간, 진정한 도움을 구하는 자로 바뀐다. 이때, 하나님은 코치를 보내신다.

3) 베르길리우스의 등장 – 이성의 안내자, 코칭의 시작

절망의 순간에 로마의 시인 베르길리우스가 단테 앞에 나타난다. 그는 단테를 위해 베아트리체(Beatrice)가 하늘에서 보낸 코치이다. "나는 너를 안내할 것이다. 지옥을 지나 연옥까지, 그러나 천국은 내가 데려갈 수 없다." 베르길리우스는 코칭에서 말하는 '성숙한 이성의 조력자'다. 그는 길을 대신 걸어주지 않지만, 단테가 혼자서는 갈 수 없는 여정을 동행하며 통찰을 제공한다.

코칭신학적 통찰 : 진정한 코치는 고통을 없애주는 자가 아니라, 고통 속에서도 방향을 제시하고 진실을 대면하게 하는 동반자다. 이 시점부터 단테는 '혼자 길을 잃은 자'에서 '동행을 허락받은 순례자'로 정체성이 바뀐다.

4) 지옥문 앞에 서다 – 절망을 통과한 자의 입장

그들은 마침내 지옥문 앞에 도달한다. 문 위에는 이런 문구가 쓰여 있다. "이곳에 들어오는 자는 모든 희망을 버려라." 이 문구는 공포로 느껴지지만, 동시에 인간의 헛된 자기 구원 환상을 내려놓고 은혜의 길로 들어선다는 선언이다. 지옥은 단순한 형벌의 장소가 아니라, 자기기만과 사시중심성의 종착지다.

코칭신학적 통찰 : 자기 내면을 깊이 탐색하려는 클라이언트에게도 반드시 이 문이 있다. 스스로 해결할 수 있다는 교만, 내가 옳다는 아집, 회피하는 습관 등, 이 모든 걸 내려놓고 진실을 직면할 용기를 가진 자만이 지옥의 어둠을 통과해 새로운 자아를 만날 수 있다.

5) 지옥의 9계층 – 인간 욕망의 왜곡과 영혼의 붕괴

단테가 묘사한 지옥의 구조는 단순한 형벌의 단계가 아니라, 하나님을 떠난 인간 욕망이 어떻게 점진적으로 타락하고 붕괴되는지를 보여주는 영혼의 지도이다. 이 여정은 위에서 아래로 갈수록 점점 더 차갑고 고통스러워지며, 왜곡된 사랑과 왜곡된 자아의 결과를 드러낸다.

지옥의 첫 계층은 림보(Limbo)다. 여기는 선하게 살았으나 그리스도를 알지 못한 영혼들이 머무는 곳으로, 구속받지 못한 이성의 한계를 보여준다. 그들은 처벌받지는 않지만, 소망 없는 존재로 남아 있다.

둘째 계층은 정욕의 죄다. 쾌락을 사랑이라는 이름으로 포장하며, 열정이 질서 없이 흐를 때 인간은 자신을 무너뜨린다. 사랑이 자기중심적 욕망으로 왜곡된 결과다.

셋째는 탐식의 계층이다. 끊임없이 채우려 하지만 결코 만족하지 못하는 절제 없는 본능은 허무함으로 영혼을 삼킨다. 음식뿐 아니라 자극, 인정, 성공에 대한 과도한 갈망도 여기에 포함된다.

넷째는 탐욕과 낭비이다. 어떤 이는 재물을 움켜쥐고, 어떤 이는 낭비한다. 양극단 모두 물질의 노예가 된 인간의 초상이며, 재물이 목적이 되는 삶의 파괴성을 드러낸다.

다섯째는 분노와 무관심이다. 폭발하는 분노와 감정을 억누르는 냉담함은 다른 이들과의 관계를 파괴한다. 이는 타인을 향한 사랑의 붕괴를 의미한다.

여섯째는 이단의 계층이다. 진리를 의도적으로 부정하거나 왜곡하는 이들은 하나님의 계시를 거부한 결과로 무덤 속 불길에 사로잡힌다.

일곱째는 폭력의 계층이다. 이는 타인을 향한 폭력뿐 아니라, 자기 자신, 그리고 하나님을 향한 파괴 행위의 극단을 포함한다. 살인, 자살, 신성모독이 여기 포함된다.

여덟째는 사기의 계층이다. 사기는 지성을 가진 인간만이 저지를 수 있는 죄로, 지적 능력이 타락했을 때 얼마나 교활하고 깊은 해악을 끼칠 수 있는지를 보여준다.

마지막 아홉째 계층은 배신의 죄이며, 지옥의 가장 아래에 위치한다. 이는 가장 가까운 사람을 배신한 죄로, 신뢰를 깨뜨리고 공동체를 붕괴시키는 악이다. 단테는 이곳을 얼어붙은 동토, 곧 루시퍼가 갇혀 있는 얼음의 심연으로 묘사한다. 지옥의 바닥이 불이 아니라 차가운 얼음이라는 설정은, 사랑의 부재가 영혼을 가장 깊이 얼어붙게 한다는 상징적 메시지를 담고 있다.

이 구조는 인간의 죄와 욕망이 어떻게 왜곡되며, 그 결과가 얼마나 치명적인지를 영적·심리적으로 직시하게 한다. 단테의 지옥은 단순한 두려움의 장소가 아니라, 회개 없이는 구원이 없다는 사실을 절박하게 일깨우는 경고의 언어이다.

코칭신학적 통찰 : 이 여정은 단테만의 이야기가 아니다. 인간은 누구나 자기 내면에 혼란과 상처의 그림자를 안고 살아간다. 그것은 하나님 없이 자기중심적인 욕망이 만들어내는 혼돈의 공간이며, 삶의 방향을 잃게 하는 영혼의 길 잃음을 상징한다. 진정한 코칭은 클라이언트가 자신의 내면에 있는 이 어두운 영역을 정직하게 마주하게 하는 여정이다. 그곳에서 자기기만의 벽이 무너질 때, 비로소 치유와 회복의 가능성이 열린다.

6) 지옥의 바닥 – 루시퍼와 대면, 하나님 없는 자아의 종말*

지옥의 가장 밑바닥에서 단테는 얼음 속에 갇힌 루시퍼를 본다. 그는 거대했지만, 말도 못하고 움직이지도 못했다. 세 개의 얼굴로 유다, 브루투스, 카시우스를 씹으며, 끝없는 고통에 갇혀 있었다. 이곳은 죄의 절정이 권력이나 쾌락이 아니라, 고립과 무의미라는 것을 보여준다.

코칭신학적 통찰 : 가장 무서운 지옥은 불타는 것이 아니라, 하나님 없이 영원히 고립되어 자기를 갉아먹는 삶이다. 루시퍼는 자기를 위하여 하나님을 떠났고, 결국 자신의 악에 얼어붙은 존재가 되었다. 단테는 그를 보고 두려움에 떨지만, 베르길리우스는 말한다. "우리는 이제 위로 올라간다." 지옥의 바닥은 끝이 아니라, 부활과 회복을 위한 새로운 전환점이다.

6-2. 연옥편(Purgatorio) : 정화와 영혼의 회복, 소명을 향한 재도약

1) 희미한 새벽의 바다 – 지옥에서 연옥으로의 첫발

단테는 지옥의 암흑을 지나, 마침내 새벽이 비치는 바다로 나온다. 지평선 위에서 첫 빛이 퍼질 때, 그는 느낀다. "이제 나는 고통을 위한 길이 아니라, 회복과 정화를 위한 길을 걷는다." 연옥은 "이곳은 죄는

---

* 예수를 팔아버린 가룟유다(Judas Iscariot), 시저를 암살한 브루투스(Marcus Junius Brutus), 브루투스와 함께 시저 암살을 공모한 카시우스(Gaius Cassius Longinus) 세 인물은 단테가 인간 죄악의 가장 극악한 형태로 '신뢰를 배신한 자들(Treachery)'로 규정했기 때문에 최악의 죄인으로 묘사된다.

지었으나 진심으로 회개한 이들이, 구원의 은총 아래에서 정화되고 치유되어 하나님께로 나아가기 위해 머무는 영혼의 중간 지점이다. 이곳에서의 시간은 형벌이 아닌 사랑의 수련이자 성숙의 여정이다."

코칭신학적 통찰 : 이 여정은 고통을 끝낸 자가 아니라, 회복을 감당할 준비가 된 자들의 과정이다. 코칭에서 클라이언트는 이 단계에서 자기 인식과 수용을 배우며, 고통을 변화의 연료로 전환하기 시작한다.

2) 겸손의 문 – 참된 변화의 입장 조건

연옥산으로 올라가기 위해 단테는 반드시 세 개의 문을 통과해야 한다. 첫째 문은 양심을 비추는 '은 문' 둘째 문은 회개의 '불 문' 셋째 문은 겸손의 '금 문'이다. 그리고 그의 이마에는 'P'자 일곱 개가 새겨진다. (Peccatum: 라틴어로 '죄') 이는 오직 정화의 단계를 통과함으로써 하나씩 지워질 수 있다.

코칭신학적 통찰 : 변화는 용기만으로 되지 않는다. 진성한 변화는 겸손으로 시작된다. 겉으로는 성공했지만, 내면의 뿌리 깊은 패턴, 무의식적 죄성, 미성숙한 동기를 정면으로 마주해야 한다. 이마에 새겨진 'P'는 코칭에서 말하는 정체성 왜곡의 흔적이다. 그것을 외면하지 않고 하나씩 걷어내야 한다.

3) 7층 정화의 여정 – 덕을 회복하며 걸어가는 길

연옥은 총 7개의 층으로 구성되어 있으며, 각각은 7가지 죄성(7대 죄악)의 정화를 의미한다. 단테는 이 계단을 베르길리우스와 함께 한 층씩 오르며, 성화(聖化)의 길을 걷는다.

- 1층: 교만(Pride) 무거운 돌을 등에 지고 고개를 들 수 없는 이들이 있다. 자기 우월성에 사로잡힌 자들이, 다른 이의 눈높이에서 세상을 보기 시작한다.
- 2층: 질투(Envy) 눈이 꿰매진 채 걷는 자들이 있다. 다른 사람을 제대로 보지 못했던 이들이, 자기 눈을 정화한다.
- 3층: 분노(Wrath) 짙은 연기 속을 걷는 자들이 있다. 억눌렸던 분노와 외면했던 감정이 드러나며, 용서와 해방을 배운다.
- 4층: 나태(Sloth) 달리며 회개하는 자들이 있다. 사명에 대한 무기력함을 버리고, 다시 '왜 살아야 하는가?'를 붙든다.
- 5층: 탐욕(Avarice) 땅에 엎드린 자들이 있다. 소유를 위한 집착에서 내려와, 비움과 청지기의 자세를 배우기 시작한다.
- 6층: 탐식(Gluttony) 기근 속에서 감사하는 이들이 있다. 절제와 절박함 가운데서 '일용할 양식'의 기쁨을 배운다.
- 7층: 정욕(Lust) 불길 사이로 지나가는 자들이 있다. 사랑의 왜곡에서 벗어나, 자기중심적 사랑이 아닌 거룩한 헌신으로 전환된다.

코칭신학적 통찰 : 각 층은 단순한 성격 교정이 아니라, 내면의 동

기를 변화시키는 깊은 코칭의 레이어(Layer: 층, 겹, 단계, 수준)* 작업이다. 코치는 클라이언트가 이 여정을 포기하지 않도록, 때론 함께 멈추고, 울고, 일어설 수 있도록 동행한다. 이때 비로소 하나님의 형상이 회복되기 시작한다.

4) 베르길리우스의 작별 – 이성의 한계, 은혜의 초월

단테가 마지막 층을 지나게 되었을 때, 베르길리우스는 그에게 말한다. "나는 여기까지다. 이제부터는 나보다 더 높은 분이 너를 인도할 것이다." 단테는 눈물 흘리며 감사하면서도 아쉬워하지만, 곧 영적인 동행자, 베아트리체(Beatrice)를 만난다.

코칭신학적 통찰 : 이 장면은 코칭에서 '이성적 통찰'의 영역을 넘어서, 성령의 조명과 은혜에 자신을 맡기는 전환점이다. 베르길리우스는 한계 없는 인도자가 아니다. 진정한 코치는 자신이 길이 아니라, 생명의 길로 인도하는 자임을 안다. 그리고 어떤 순간에는 자리를 비워야 하는 순간(전문 분야의 경계를 넘을 때)도 있다. 단테는 이제 머리로만 하나님을 아는 자에서, 마음과 삶으로 하나님을 사랑할 준비가 된 자로 바뀌었다.

---

* 코치는 질문과 경청을 통해 얕은 층에서 깊은 층으로 이동하게 도와주는 역할을 한다.
예) "그 일이 당신에게 어떤 의미였습니까?" (감정의 레이어 탐색)

5) 에덴동산에서의 정결 – 영혼의 순결 회복

연옥의 꼭대기에는 지상 낙원, 에덴동산이 펼쳐진다. 단테는 여기서 강물에 몸을 담그고, 잊어야 할 죄를 잊고, 기억해야 할 선을 다시 기억한다. 그는 이제 새사람으로 옷 입고, 하늘로 오를 준비를 마친다.

코칭신학적 통찰 : 이 마지막 장면은 Coaching as spiritual formation, 즉 '코칭을 통한 영적 형성'의 절정이다. 자기 극복만으로는 천국에 이를 수 없다. 성령의 정결케 하심을 받아야, 진정한 비전이 선명해진다.

6-3. 천국편 (Paradiso) : 비전의 완성과 하나님과의 연합

1) 빛의 세계로 들어서다 – 영혼의 비전이 열린다

단테는 베아트리체와 함께 하늘로 올라간다. 여기부터는 발이 아니라, 사랑의 무게에 의해 끌려가는 비물질의 세계, 곧 빛과 영혼의 영역이다. 그는 하늘의 음악과 찬란한 광휘 가운데로 들어간다. 모든 것이 아름답고 조화롭다. 그러나 단테는 점점 혼란에 빠진다. "나는 이 빛을 감당할 자격이 있는가?"

코칭신학적 통찰 : 천국의 여정은 단지 죽은 뒤의 장소가 아니다. 비전이 선명해질수록, 자신의 부족함과 소명에 대한 두려움이 교차한다. 코칭은 클라이언트가 하나님의 계획을 보기 시작할 때, '나는 과연 이 일을 감당할 수 있는가?'라는 내면의 겸손과 떨림을 경험하게 한다.

2) 아홉 개의 천상 – 덕과 소명의 단계적 확장

단테는 베아트리체의 인도를 따라 아홉 개의 천체 하늘을 차례로 통과한다. 이 각 천상은 단순한 우주 구조가 아니라, 영혼의 순결함, 소명의 확장, 공동체를 향한 사랑, 그리고 우주적 질서 안에서의 자기 위치 발견을 상징한다. 그 여정은 점차 내적 성숙에서 외적 사명으로, 개인 구원에서 하나님 나라의 일원으로 살아가는 삶으로 확장된다

① 달의 하늘(Sphere of the Moon) : 서약에 실패한 자들이 의지의 약함을 극복한 영혼으로 변화한다.
② 수성의 하늘(Sphere of Mercury) : 명예를 좇던 자들이 순결해진 곳이다. 세속적 동기의 정화가 일어난다.
③ 금성의 하늘(Sphere of Venus) : 사랑과 열정이 회복된다. 에로스에서 아가페로의 전환이 일어난다.
④ 태양의 하늘(Sphere of the Sun) : 지혜와 신학자들이 거하는 곳으로 진리와 계시의 통찰이 일어난다.
⑤ 화성의 하늘(Sphere of Mars) : 순교자의 하늘로서, 고난을 통해 정체성이 완성된다.
⑥ 목성의 하늘(Sphere of Jupiter) : 정의로운 통치자들의 하늘이다. 영적 리더십과 공동체적 영향력이 나타난다.
⑦ 토성의 하늘(Sphere of Saturn) : 관조자의 하늘이다. 침묵, 기도, 하나님과의 친밀함이 이뤄진다.
⑧ 항성의 하늘(Sphere of the Fixed Stars) : 성인들의 하늘이다. 교회의 일치와 구속사의 성취가 이뤄진다.

⑨ 원동의 하늘(Primum Mobile) : 모든 것을 움직이는 하나님의 뜻이 나타나는 곳. 우주의 중심이자, 소명의 근원이신 하나님이 계신 곳이다.

코칭신학적 통찰 : 각 단계는 단테가 점점 더 '자기중심성에서 하나님 중심성으로 전환' 되는 여정을 보여준다. 이것은 단순한 성품의 변화가 아니라, 삶 전체가 하나님의 질서와 조화 속에 재조정되는 코칭의 영적 성숙 단계이다.

3) 에마피레오(Empyrean: 불의 하늘, 영광의 하늘) **– 9개의 천구 너머에 존재로서 초월적 차원이다.**

코칭신학적 통찰 : 이곳은 물리적 공간이 아니라, 영원의 세계이며 완전한 사랑의 공간으로서, 천국의 최종 목적지이며, 삼위일체 하나님의 임재와 사랑이 충만한 곳이다. 이곳은 구원받은 영혼이 하나님과 사랑 안에서 완전히 일치하는 곳이다.

(1) 장미의 형상 – 공동체의 완성된 아름다움

단테는 마침내 '하늘의 장미(Rosa Celeste)'를 본다. 이는 수많은 구원받은 영혼들이 각기 제자리를 차지한, 빛의 공동체요, 사랑의 완성된 형태였다. 그 중심에는 천사들, 그리고 어린아이의 자리까지 포함된 완전한 구속의 그림이 있었다.

코칭신학적 통찰 : 비전의 완성은 나만의 영광이 아니라, 공동체적

완성과 사랑의 확장이다. 하나님 나라에서의 리더십은 '위로의 상승'이 아니라, 관계 속에서 섬김과 일치로 이루어지는 하향적 통합이다.

(2) 삼위일체의 광휘 – 비전의 절정, 하나 됨의 신비

단테는 마침내 빛의 정점, 곧 하나님의 보좌에 이른다. 그는 세 개의 동심원처럼 겹친 하나님의 형상, 즉 삼위일체의 신비를 본다. 그 중심에는 인간의 얼굴이 있었다. 그는 더 이상 말할 수 없다. "나의 시선은 고요히, 영원한 빛 속에서 고정되었다." "나는 보았다. 사랑이 태양도, 별도 움직인다."

코칭신학적 통찰 : 이 마지막 장면은 비전의 궁극적 정체가 하나님 자신임을 깨닫는 순간이다. 내가 이루려 했던 사명, 내가 살아온 모든 여정은 결국 하나님의 사랑 안에서만 의미가 통합되고, 완성된다.

코칭의 궁극은 자아실현이 아니라, 하나님의 뜻을 이루는 것(unio mystica: Spiritual union with God)이다. 하나님과의 연합은 영적 연합이다. 그런데 영적 연합이란 의지적 연합이지 존재적 연합이 아니다. 의지적 연합은 성령과 말씀 안에서 하나님의 뜻에 일치시키는 성품적 연합이고, 존재적 연합은 나의 존재를 신적 존재와 일치시키는 신비주의 연합으로서, 정통교회의 입장은 아니다. 모든 코칭은 결국 이 '하늘의 비전'으로 클라이언트를 이끌어야 한다.

4) 단테의 여정은 나의 여정, 하나님의 코칭 여정

『신곡』은 단테 혼자의 여행이 아니라, 모든 순례자의 내면 여정이

며, 모든 리더와 코치가 걸어가야 할 사명의 길이다. 지옥은 자기기만을 대면하는 용기, 연옥(순례길)은 정화와 성장의 시간, 천국은 하나님과의 관계 속 비전의 완성, 이 모든 여정은 하나님이 동행하시며, 때로는 베르길리우스(이성), 때로는 베아트리체(은혜), 그리고 언제나 삼위 하나님(Trinity)이 코치가 되어 함께 걷는 여정이다. 그 여정의 마지막에는 승리자 예수(Victor)가 계신다.

4. 고전에서 이끌어낸 코칭의 통찰 정리

앞서 살펴본 『천로역정』, 『오디세이』, 단테의 『신곡』은 각각 다른 시대, 다른 문화, 다른 문체로 쓰였지만 한 가지 공통된 주제를 품고 있다. 그것은 바로 '길 위의 인간', 곧 순례자 인간상이다. 이 장에서는 이 세 고전에서 도출된 주요 통찰을 바탕으로, 영성 코칭의 실제와 연결될 수 있는 핵심 원리와 적용점을 정리하고자 한다.

1) 고전 속 코칭형 질문

고전은 인간의 본질과 삶의 방향에 대한 깊은 통찰을 제공하는 텍스트이며, 코칭은 그러한 통찰을 삶에 적용하도록 돕는 대화의 기술이다. 고전이 주는 언어는 삶을 해석하는 렌즈가 되며, 코칭은 질문을 통해 내면의 문을 열고, 자기 인식을 확장하게 한다. 예를 들어, 『천로역정』은 죄의 짐을 벗기 위한 여정을 그리며 이렇게 묻는다. "지금 당신의 여정에서 짐이 되는 것은 무엇입니까?" 『오디세이』는 수많은 유혹과 내적 갈등 속에서 자아를 되찾아가는 과정을 통해 질문한다. "당신을 붙잡고 있는 유혹은 어떤 모습입니까?" 단테의 『신곡』은 영혼이 정화되고 하나님과의 연합을 향해 나아가는 과정을 따라 묻는다. "지금 당신의 영혼은 어느 층에 머물러 있다고 느끼십니까?" 이러한 질문들은 단순한 정보 수집이 아니라, 영혼을 향한 초대이자 하나님 앞에서 자신을 자각하게 하는 성찰의 통로가 된다.

2) 캐릭터별 성장 곡선 분석

고전의 주인공들은 모두 내면의 변화를 통해 외적 여정을 완성한다. 그들의 여정은 곧 우리의 삶과 신앙, 그리고 코칭의 여정과 맞닿아 있다. 『천로역정』의 크리스천은 죄의 자각과 회심, 시련과 인내를 거쳐 마침내 영광의 도시에 이른다. 그의 여정은 '회개·훈련·완성'의 신앙적 성장 곡선을 따른다. 『오디세이』의 오디세우스는 오만과 방황, 유혹과 절제를 지나 고향으로 돌아오며, '정체성 상실, 자기 회복, 공동체적 책임 회복'이라는 인성적 통합의 곡선을 보여준다. 『신곡』의 단테는 혼돈 속에서 출발하여 회개와 정화를 통과하고, 마침내 신적 사랑에 이르며 '고통·정화·영광'이라는 영적 여정을 완성한다.

이러한 곡선은 코칭 여정에도 그대로 적용할 수 있다. 클라이언트는 대개 자기 인식의 혼돈에서 출발하여 시련과 실패를 경험하고, 그 과정 속에서 회복과 확신을 얻으며, 마침내 나눔과 영향력의 삶으로 나아간다.

3) 삶의 여정 단계별 적용

고전은 인간 삶의 여정을 단계적으로 해석할 수 있는 틀을 제공한다. 이를 통해 코칭에서도 단계별 접근이 가능하다. 출발의 단계는 혼란·불안·방향 상실이 특징이며, 이 시기에는 Vision(비전)과 Identity(정체성)를 다루는 코칭이 필요하다. 과도기의 단계는 유혹·실패·관계의 어려움이 겹쳐오는 시기로, 내면의 전환과 치유를 위한 Transformation(변화) 코칭이 효과적이다. 회복과 귀환의 단계에서는 사명 인식, 관계 회복, 공동체와의 재연결이 중심이 되며, Calling(소명), Ownership(책임), Reproduction(재생산)이라는 주제를 다루는 코칭이 적용된다.

이러한 흐름은 자연스럽게 VICTOR 6단계 코칭 프로세스와 연결되며, 각 클라이언트가 삶의 어디에 머물러 있는지를 분별하는 데 유익한 틀을 제공한다. 고전의 순례자들이 걸었던 길은, 곧 우리 모두가 겪고 있는 인간 형성과 회복의 여정이기도 하다.

4) 오늘의 순례자를 위한 제언

고전은 단지 과거의 문학이 아니라, 삶의 진리를 담은 영적 지도(Map)다. 코치는 이 지도를 품고, 오늘의 순례자 곁을 걸어주는 해석자이자 동행자가 되어야 한다. 질문은 고전에서, 통찰은 말씀에서, 변화는 성령께서 이루신다. 고전과 코칭은 서로의 부족함을 보완한다. 고전은 상징과 깊이 있는 언어를 주고, 코칭은 적용과 대화의 기술을 제공한다. 그리스도 중심의 코칭은 이 두 영역을 통합하여, 하나님의 구속사 안에서 살아가는 순례자의 여정을 돕는 통찰의 여정이 된다.

3부

VICTOR 코칭, 신학을 품고 고전으로 걷다

코칭의 실제 : Global Standard-World Class Coaching을 지향하며

1장_
VICTOR 코칭과 글로벌 코칭역량 비교

VICTOR 6단계 영성형성 코칭 프로그램은 Global Standard World Class Coaching을 지향하여 전 세계 어느 곳에서도 사용할 수 있도록, 국제코칭연맹(ICF)의 8가지 핵심역량 기준을 참고로 개발되었다.

1. VICTOR 6단계와 ICF 8가지 역량 매칭 도표

다음 도표는 VICTOR 6단계 영성형성 코칭 프로그램이 국제코치연맹(ICF)의 8가지 핵심역량과 어떻게 연결되는지를 각 단계별로 정리한 것이다.

VICTOR 신앙 여정과 ICF 핵심역량 매핑표

순서	주제(VICTOR)	핵심 질문	ICF 역량 번호 및 명칭	매핑 설명
1	VISION (비전)	나의 신앙의 목표는 무엇인가?	① 윤리적 실천을 보여준다. ⑥ 적극적으로 경청한다.	코치는 비전에 대한 신앙적 대화를 윤리적 존중 속에서 이끌며, 클라이언트가 하나님의 임재 가운데 비전을 회복할 수 있도록 전인격적으로 경청한다.
2	IDENTITY (정체성)	나는 하나님 안에서 누구인가?	④ 신뢰와 안전감을 조성한다. ⑤ 프레즌스를 유지한다.	코치는 존재와 정체성의 깊은 질문을 다룰 때 심리적 안정과 존중의 환경을 조성하고, 현재에 집중하여 자기 인식을 도와준다.
3	CALLING (소명)	하나님이 내게 맡기신 사명은?	③ 코칭 계약을 수립하고 유지한다. ⑦ 알아차림을 불러 일으킨다.	코치는 삶의 방향과 사명을 인식하도록 의미 있는 질문을 사용하고, 코칭의 목표와 목적에 대한 상호 합의를 끌어낸다.
4	TRANSFOR-MATION (변화)	신앙의 시험과 연단을 어떻게 받아들일 것인가?	⑤ 프레즌스를 유지한다. ⑥ 적극적으로 경청한다. ⑧ 고객의 성장을 촉진한다.	시련과 연단의 시간을 코치는 경청과 집중을 통해 동행하며, 클라이언트가 내면의 장벽을 돌파하고 변화와 성장으로 나아가도록 돕는다.

5	OWNERSHIP (책임)	나는 신앙의 여정을 끝까지 걸어갈 준비가 되었는가?	② 코칭 마인드셋을 구현한다. ⑧ 고객의 성장을 촉진한다.	코치는 신앙의 책임 있는 실천과 지속적인 순종의 삶을 격려하며, 성장을 위한 행동과 내적 헌신을 촉진한다.
6	REPRODUC-TION (재생산)	나는 다른 사람을 어떻게 도울 것인가?	① 윤리적 실천을 보여준다. ⑧ 고객의 성장을 촉진한다.	코치는 클라이언트가 타인의 삶에 선한 영향력을 미칠 수 있도록 돕고, 제자화와 섬김의 삶으로 연결되도록 촉진한다.

2. 업데이트된 ICF 핵심역량 모델

(Updated ICF Core Competency Model)

※ October 2019 (2019년 10월, 출처: ICF 홈페이지)

A. Foundation (A.기초세우기)

(1) Demonstrates Ethical Practice (윤리적 실천을 보여준다)

Definition: Understands and consistently applies coaching ethics and standards of coaching.

정의: 코칭 윤리와 코칭 표준을 이해하고 지속적으로 적용한다.

(2) Embodies a Coaching Mindset (코칭 마인드셋을 구현한다)

Definition: Develops and maintains a mindset that is open, curious, flexible and client-centered.

정의: 개방적이고 호기심이 많으며, 유연하고 고객 중심적인 사고

방식(마인드셋)을 개발하고 유지한다.

B. Co-Creating the Relationship (B. 관계의 공동구축)

(3) Establishes and Maintains Agreements (합의를 도출하고 유지한다.)

Definition: Partners with the client and relevant stakeholders to create clear agreements about the coaching relation-ship, process, plans and goals. Establishes agreements for the overall coaching engagement as well as those for each coaching session.

정의: 고객 및 이해 관계자와 협력하여 코칭 관계, 프로세스, 계획 및 목표에 대한 명확한 합의를 한다. 개별 코칭 세션은 물론 전체 코칭 과정에 대한 합의를 도출한다.

(4) Cultivates Trust and Safety (신뢰와 안전감을 조성한다)

Definition: Partners with the client to create a safe, supportive environment that allows the client to share freely. Maintains a relationship of mutual respect and trust.

정의: 고객과 함께, 고객이 자유롭게 나눌 수 있는 안전하고 지지적인 환경을 만든다. 상호 존중과 신뢰 관계를 유지한다.

(5) Maintains Presence (프레즌스Presence를 유지한다)

Definition: Is fully conscious and present with the client, employing a style that is open, flexible, grounded and confident.

정의: 개방적이고 유연하며 중심이 잡힌 자신감 있는 태도로 완전히 깨어서 고객과 함께 한다.

C. Communicating Effectively (C. 효과적으로 의사소통하기)

(6) Listens Actively (적극적으로 경청한다)

Definition: Focuses on what the client is and is not saying to fully understand what is being communicated in the context of the client systems and to support client self-expression.

정의: 고객의 시스템 맥락에서 전달하는 것을 충분히 이해하고, 고객의 자기표현(self-expression)을 돕기 위하여 고객이 말한 것과 말하지 않은 것에 초점을 맞춘다.

(7) Evokes Awareness (알아차림을 불러일으킨다)

Definition: Facilitates client insight and learning by using tools and techniques such as powerful questioning, silence, metaphor or analogy.

정의: 강력한 질문, 침묵, 은유(metaphor) 또는 비유(analogy)와 같은 도구와 기술을 사용하여 고객의 통찰과 학습을 촉진한다.

D. Cultivating Learning and Growth (D. 학습과 성장 북돋우기)

(8) Facilitates Client Growth (고객의 성장을 촉진한다)

Definition: Partners with the client to transform learning and insight into action. Promotes client autonomy in the coach-ing process.

정의: 고객이 학습과 통찰을 행동으로 전환할 수 있도록 협력한다. 코칭 과정에서 고객의 자율성을 촉진한다.

3. VICTOR의 8가지 핵심역량

(※ VICTORIA : 2025년 5월 저자가 신규개발)

- 총 세부 역량: 33개
- 구성: 각 단계에 4~5개 세부 역량 분배

Orientation – 순례의 출발: 존재로부터 시작되는 코칭

본 역량은 Spiritual Active Coaching의 신학적 통찰과 실천적 사유를 기반으로, VICTOR 6단계 영성 코칭 프로세스를 발전시켜 국제코 치연맹(ICF)의 8가지 핵심역량에 대응하는 새로운 통합적 모델인 VICTORIA 8단계 핵심역량(VICTORIA 8 Core Competencies)을 제시한다. 이 Core Competency System은 단지 기술 중심의 코칭을 넘어서, 코치의 존재됨(Being)에서 출발하여 성령의 임재 가운데 하나님의 뜻을 식별하고 순복하는 거룩한 리더십 실천을 지향한다. 각 역량은 코칭신학, 성경적 세계관, 그리고 ICF의 글로벌 기준과 유기적으로 연계되어 있으며, 크리스천 코칭이 지향해야 할 영성, 전문성, 실천성의 균형을 담고 있다.

VICTORIA는 국제코칭아카데미(Worldwide Coaching Academy) 원장 박중호 목사(ISC)가 개발한 크리스천 코칭의 글로벌 스탠다드로서, 월드 클래스 리더십 역량 체계로 제안되며, 코칭의 기술과 신학, 영성과 변화 역량이 통합된 세계 최초의 구조화된 기독교 코칭 모델로 자리매김하고자 한다. 오늘날의 코치는 단순히 '잘 듣고 질문하는 사람'을 넘어, 하나님의 형상대로 지음받은 존재로서 부르심에 응답하고, 변화의 여정을 조율하는 영적 안내자가 되어야 한다. VICTORIA는 그 여정의 의미와 방향을 구조화한 나침반이자, 성경적 영성과 코칭 전문성을 통합한 고유한 리더십 개발 도구이다.

1) V – Vision Grounded Identity (비전 기반의 존재와 정체성)

▌**정의** : 하나님의 부르심과 정체성 안에 자신을 발견하고, 그 존재됨에서 코칭이 시작되는 것. 이는 인간 중심이 아닌 소명 중심의 존재론적 기반 위에 선 코칭 리더십을 뜻한다.

▌**코칭신학적 의미** : 성경은 인간을 "하나님의 형상"(창1:27)으로 지으셨고, 각 사람에게 소명(Calling)을 주셨다. 코치가 고객을 돕는 핵심은, 그 사람의 존재 자체가 하나님의 부르심 안에 있으며, 그 부르심을 따라 자신의 삶을 인식하고 살아가도록 깨닫게 하는 일이다. 존재에서 출발한 코칭은, 기능과 성과 중심의 코칭을 넘어, "내가 누구인가", "왜 존재하는가", "어디로 가는가"를 함께 찾아가는 영적 코칭 여정이다.

▍세부 역량 (총 4개)

(1) 자신의 소명과 정체성을 인식하고 하나님 앞에 선다

• 코칭적 설명: 코치는 자기 인식을 지속하며, 자신의 가치, 정체성, 감정, 신념이 코칭에 미치는 영향을 자각한다.

• 코칭신학적 설명: 코치는 하나님 앞에 선 존재(Coram Deo)로서 자신이 누구이며, 어떤 부르심을 받았는지를 날마다 점검하고 깨어 있어야 한다. "내가 누구인가"는 곧 "누가 나를 불렀는가"에 대한 답이다.

• 실제 코칭 적용: 세션 전 기도로 자신을 성찰하고 준비한다, 자신의 감정·욕심·성공 욕구를 분별하여 내려놓고 '섬기는 자'로 임한다. "오늘 이 대화에서 나는 누구의 사람으로, 무엇을 위해 부름 받았는가?"를 자문하며 세션에 들어간다.

(2) 고객의 정체성과 부르심을 탐색하도록 돕는다

• 코칭적 설명: 코치는 고객이 자신의 정체성, 가치, 신념, 목표를 깊이 탐색하도록 돕는다.

• 코칭신학적 설명: 고객은 자신의 삶이 우연이 아니라 하나님의 계획 안에 있다는 것을 발견할 때 진정한 변화가 시작된다. 코치는 고객의 '존재 목적'과 '소명'을 묻는 하나님의 음성에 귀 기울이도록 도와야 한다.

• 실제 코칭 적용: "당신은 누구의 사람입니까?" "하나님께서 당신을 통해 이루고자 하시는 것은 무엇이라 느끼십니까?" 과거의 사건들에서 하나님의 인도하심의 흔적을 찾도록 질문하고, 삶의 가치·핵심 신념·비전 선언문을 함께 정리한다.

(3) 비전과 삶이 일치되도록 코칭한다
- 코칭적 설명: 코치는 고객의 삶이 그들의 가치, 목적, 비전과 일치하도록 지속적으로 질문하고 성찰하게 한다.
- 코칭신학적 설명: 비전은 단순한 목표가 아닌, 하나님께서 주신 '하늘의 그림'이다. 삶의 조각들이 그 비전과 어긋날 때, 회개와 정렬이 일어나야 한다. 비전은 방향이고, 존재는 나침반이다.
- 실제 코칭 적용: "당신이 오늘 내리는 결정은 당신의 비전과 어떻게 연결되어 있습니까?" "하나님께서 주신 큰 그림 속에 지금의 선택은 어떤 의미가 있나요?"

비전 선언문과 현실의 간극을 점검하고, 조정 전략을 수립한다.

(4) 존재가 사역보다 앞서야 함을 기억하고 살아간다.
- 코칭적 설명: 코치는 고객이 '성과'보다 '삶의 방식'에 집중할 수 있도록 돕는다. 내면의 일관성(being)을 통해 행동(doing)이 나와야 함을 강조한다.
- 코칭신학적 설명: "행함 이전에 존재" 중심으로 접근한다. 이는 예수님이 공생애 시작 전 30년 동안 '하나님의 아들'로 살아낸 것처럼, 먼저 하나님의 사람으로 살아내야 사역이 열매 맺는다는 진리이다. 사역 중독, 인정 욕구, 비교 경쟁에서 벗어나 '하나님과 동행하는 존재됨'으로 코칭해야 한다.
- 실제 코칭 적용: "하나님 앞에서 오늘 나는 누구인가?" 사역보다 영성 점검을 먼저 하도록 질문한다. 바쁜 일정보다 기도와 안식이 우선되도록 코칭하면서, "멈춤"과 "쉼"을 인정하는 영적 습관을 설계하도록 돕는다.

■ 성경 본문

예레미야 1:5 "내가 너를 모태에 짓기 전에 너를 알았고, 네가 배에서 나오기 전에 너를 성별하였고, 너를 여러 나라의 선지자로 세웠노라." 존재와 소명은 하나님의 창조 이전부터 계획된 것임을 선언한다.

에베소서 2:10 "우리는 그의 만드신 바라. 그리스도 예수 안에서 선한 일을 위하여 지으심을 받은 자니, 이 일은 하나님이 전에 예비하사 우리로 그 가운데서 행하게 하려 하심이라." 존재(하나님의 작품)와 사명(선한 일)이 연결되어 있다.

2) I – Integrity & Ownership (진정성과 책임의 리더십)

■ 정의 : 진정성과 책임감을 기반으로 신뢰를 형성하는 코칭이다. 이는 투명하고 신뢰할 수 있는 존재로서의 코치가 고객과의 관계 속에서 안전한 환경을 형성하고, 책임 있게 성장하는 여정을 동행해주는 리더십을 뜻한다.

코칭신학적 의미 : 하나님 앞에 정직하고, 사람 앞에 신실한 태도는 코치의 영적 자격이다. 진정성은 말과 삶이 일치된다는 뜻이며, 책임은 자율성과 자유의지를 존중하며 결과를 함께 감당하는 태도를 포함한다. 그리스도 안에서 자유는 방종이 아니라, 사랑으로 서로를 섬기는 실천이다(갈 5:13).

▎세부 역량 (총 4개)

(1) 고객의 선택과 책임을 존중한다

• 코칭적 설명: 고객은 자신의 삶에 있어 최고의 전문가이고, 코치는 코칭 프로세스의 전문가이다. 코치는 고객의 자율성과 자기결정권을 온전히 인정하며, 스스로 선택하고 그 결과에 책임질 수 있도록 돕는다.

• 코칭신학적 설명: 하나님은 인간에게 자유의지를 주셨고, 이는 은혜에 응답할 수 있는 능력이다. 코칭은 고객이 자신의 선택을 주님 앞에 책임 있게 인식하도록 돕는다.

• 실제 코칭 적용: 목표와 계획을 고객이 스스로 수립하도록 격려하며, 실행 여부에 대한 점검을 주도하게 한다. 선택의 순간에 기도와 묵상으로 분별하도록 돕고, 그 결정이 하나님의 뜻과 어떻게 연결되는지 점검하게 한다.

(2) 코치로서 윤리와 진정성, 경계를 지킨다

• 코칭적 설명: 코치는 윤리 강령을 준수하며, 관계의 경계를 명확히 하여 신뢰를 보호한다.

• 코칭신학적 설명: 진정성은 하나님의 눈앞에서 진실하게 살아가는 자세(Coram Deo)이며, 경계는 거룩함의 표현이다. 바울은 "모든 것을 할 수 있으나 모든 것이 유익한 것은 아니다"(고전 10:23)라 했다.

• 실제 코칭 적용: 이해 상충 방지, 역할 명확화, 시간·금전·친밀도 등 실천적 경계를 관리한다. 성경적 가치 기준에 따른 경계 인식, 기도와 양심 점검을 통한 자기 점검을 강조한다.

(3) 신뢰와 안전한 분위기를 조성한다

• 코칭적 설명: 고객이 편안하게 말하고 실수할 수 있는 심리적 안정감을 조성하여 진솔한 대화를 유도한다.

• 코칭신학적 설명: 예수님은 죄인을 정죄하지 않고 품으셨으며, 사랑 안에 두려움이 없다고 하셨다(요일 4:18). 안전함은 은혜의 분위기에서 비롯된다.

• 실제 코칭 적용: 공감, 경청, 판단 없는 피드백으로 신뢰감을 형성한다. 하나님의 자비와 용납을 반영하여 죄책감 없이 자유롭게 나눌 수 있는 공간을 마련한다.

(4) 코치 자신의 내적 일관성과 통합성을 개발한다

• 코칭적 설명: 코치는 자신의 신념, 감정, 삶의 태도 간의 일치를 지속적으로 점검하고 성장한다.

• 코칭신학적 설명: 신앙과 일상, 말과 행동의 일치가 성화의 실천이다. "진리가 너희를 자유롭게 하리라"(요 8:32)는 말씀은 통합된 존재됨을 지향한다.

• 실제 코칭 적용: 정기적인 성찰 일지 쓰기, 슈퍼비전(Supervision) 등 코치 훈련에 참여한다. 말씀 묵상과 기도 일지 작성 코칭공동체 내 R&D(연구개발 모임 : research and development) 시스템을 활용한다.

■ 성경 본문

갈라디아서 5:13 "형제들아 너희가 자유를 위하여 부르심을 입었으나 그 자유로 육체의 기회를 삼지 말고 오직 사랑으로 서로 종노릇 하라." 진정한 책임은 자율적 사랑의 실천으로 나타난다.

시편 15장 1-2절은 하나님 앞에 거할 수 있는 사람의 자격을 묻고 있다. "정직하게 행하며, 공의를 실천하며, 마음에 진실을 말하는 자"는 바로 진정성과 책임의 삶을 살아가는 사람을 뜻한다. 이러한 삶은 하나님의 장막에 머무는 자, 성산에 거할 자로서의 자격을 보여준다.

3) C – Covenantal Partnership (언약적 동행과 계약)

정의 : 코칭은 단순한 계약이 아니라 신뢰와 헌신, 성령의 인도를 따르는 언약적 관계이다. 이는 목표와 과정뿐 아니라 인격과 성품이 연결된 성스러운 파트너십이다.

■ **코칭신학적 의미** : 성경에서 하나님은 언약(히. berith)을 통해 백성과 관계를 맺으셨다. 언약은 신뢰, 책임, 경계, 헌신, 그리고 하나님의 인도에 대한 순종이 포함된다. 코칭도 이러한 '신성한 동행'을 닮아야 하며, 고객과의 관계는 성령 안에서 맺어진 약속으로 여겨야 한다.

■ **세부 역량 (총 5개)**
(1) 코칭 목표와 기대를 명확히 계약한다
• 코칭적 설명: 코치는 코칭의 목적, 시간, 범위, 역할, 기대치를 명확히 설정하고 상호합의한다.
• 코칭신학적 설명: 명확한 언약은 신뢰의 출발점이다. 하나님도 아브라함과 모세와 명확한 계약을 맺으셨다.
• 실제 코칭 적용: 초기 세션에서 동의서를 작성하고, SMART 목표를 설정한 계약서를 합의하고 진행한다. 코칭 여정의 시작 전에 기도로

방향을 설정하고, 하나님 앞에서 언약 선언문을 작성하고 공유한다.

(2) 경계와 윤리를 존중하는 언약적 관계를 맺는다
• 코칭적 설명: 코치는 윤리 강령에 따라 책임 있고 존중하는 관계를 형성한다.
• 코칭신학적 설명: 언약은 사랑을 기반으로 하지만, 분명한 경계와 책임이 포함된다. 경계 없는 사랑은 방임이 될 수 있다.
• 실제 코칭 적용: 시간, 역할, 친밀도, 재정 등 경계를 명확히 한다. 관계의 중심을 하나님께 두고, 상대를 하나님의 형상으로 존중하며 거룩한 경계를 유지한다.

(3) 성령의 인도 아래 계약을 유연하게 조정한다
• 코칭적 설명: 코치는 고객의 변화, 상황, 흐름에 따라 코칭 계획을 유연하게 조정할 수 있어야 한다.
• 코칭신학적 설명: 하나님은 광야에서 이스라엘 백성을 낮에는 구름 기둥으로, 밤에는 불 기둥으로 인도하셨다. 코치도 성령의 흐름을 민감하게 인식하고 계획을 조율할 줄 알아야 한다.
• 실제 코칭 적용: 고객의 상황 변화에 따른 계약의 수정을 제안할 수 있고, 일정도 조절할 수 있다. 기도 후에 코칭 흐름을 재점검하며, 하나님의 때에 맞추어 리듬을 조정한다.

(4) 공동의 책임과 헌신을 격려한다
• 코칭적 설명: 코치와 고객은 상호 헌신과 책임감을 가지고 코칭 목표 달성을 위해 협력한다.

- 코칭신학적 설명: 하나님은 언제나 '너와 함께하겠다'고 하시며 동행의 언약을 주셨다. 코칭은 코치 혼자 이끄는 것이 아니라, 함께 짊어지고 나아가는 여정이다.
- 실제 코칭 적용: 과제 설정 후 점검 방식을 합의하고, 피드백을 통한 상호 신뢰를 구축한다. 서로를 위한 중보기도를 약속하고, 동역자로서 코칭 선언문을 낭독해 준다.

(5) 코칭 프로세스(기간, 방법, 성과)를 구조적으로 설계한다
- 코칭적 설명: 코치는 시작, 진행, 완료의 코칭 흐름을 체계적으로 설계하여 고객이 예측 가능하고 안정된 경험을 하도록 돕는다.
- 코칭신학적 설명: 하나님의 일하심에는 카이로스(Kairos, 은혜의 결정적 순간) 뿐만 아니라 크로노스(Chronos, 질서 있는 연속적 시간) 도 포함된다. 코칭은 하나님의 영적 흐름(Kairos) 과 현실적 시간의 흐름과 질서(Chronos)를 함께 분별하며 진행되어야 한다.
- 실제 코칭 적용: 6~12회기 진행표 설계, 체크포인트 설정, 피드백 주기를 정한다. 성경적 주제(예: 광야·회복·소명)의 흐름에 따른 단계별 설계와 말씀과 기도를 포함한 세션 흐름을 구성한다.

■ 성경 본문

아모스 3:3 "두 사람이 뜻이 같지 않은데 어찌 동행하겠으며" 동행은 상호 합의된 방향성과 신뢰 속에서 가능하다.

시편 25:10 "여호와의 모든 길은 그 언약과 증거를 지키는 자에게 인자와 진리로다" 언약적 동행은 진실과 인자함 안에서 성립된다.

4) T – Transformational Listening (변화를 이끄는 경청)

■ **정의** : 단순한 '듣기 기술'을 넘어서, 고객의 감정과 생각, 신념, 영적 흐름을 존중하며 듣는 깊은 경청이다. 이는 마음의 경외심과 성령의 민감성을 가지고 하나님의 음성과 고객의 진심을 함께 듣는 영적 행위이다.

■ **코칭신학적 의미** : 경청은 하나님께서 우리를 들으시는 태도의 모방이다. 성경은 하나님이 "귀를 기울여 들으신다"(시 116:2)고 선언한다. 예수님도 종종 사람들의 숨은 마음을 들으셨다. 크리스천 코칭에서 경청은 곧 사랑이며, 고객의 존재를 있는 그대로 받아들이고, 성령의 흐름을 함께 식별하는 도구이다.

■ **세부 역량** (총 4개)
(1) 감정과 말 너머의 신념과 영적 흐름을 포착한다
• 코칭적 설명: 단순한 정보나 말보다, 그 배경에 있는 감정과 신념, 변화의 흐름을 민감하게 듣는다.
• 코칭신학적 설명: 말보다 먼저 마음을 읽으시는 하나님처럼, 코치도 말 이면에 흐르는 고객의 믿음과 영적 여정을 분별해야 한다.
• 실제 코칭 적용: 감정 단어(feeling words)를 반영하며 피드백하기, "내가 들은 느낌은 이런데요…"로 공감하며 피드백을 제공한다. "이 말 속에서 하나님의 음성을 들을 수 있었을까요?"라며, 기도 가운데 들은 감동 나눔을 통해 흐름을 분별한다.

(2) 비언어적 메시지와 내면의 소리를 인식한다
- 코칭적 설명: 표정, 억양, 자세, 침묵, 말의 속도 등 비언어적 단서에 민감하게 주의를 기울인다.
- 코칭신학적 설명: 하나님의 침묵조차 메시지이듯, 침묵 속에 드러나는 하나님의 사인과 고객의 갈등을 인식한다.
- 실제 코칭 적용: "그 미소 안에 어떤 마음이 있으셨는지 여쭤봐도 될까요?" "지금 표정이 편안해 보이시는데, 내면도 그러신가요?" 같은 질문을 활용한다. 침묵 중 기도하며 분별하는 시간을 제공하고, 말보다 태도 속에서 나타나는 영적 사인(sign)을 인식한다.

(3) 성령의 감동을 경청 속에서 민감하게 분별한다
- 코칭적 설명: 코치 자신의 직관과 신념도 반영하며, 고객의 흐름과 하나님 나라의 방향을 분별한다.
- 코칭신학적 설명: 성령은 말 가운데도 일하시지만, 듣는 자의 영혼 속에도 감동하신다. "들을 귀 있는 자는 들을지어다"(계 2:7).
- 실제 코칭 적용: "지금, 이 순간 어떤 변화가 느껴지시나요?" 식의 실시간 반응을 탐색한다. "지금 성령님께서 우리에게 뭐라고 말씀하시는 것 같나요?" 같은 공동 묵상 질문을 사용한다.

(4) 고객의 깊은 이야기를 경외심으로 듣는다
- 코칭적 설명: 판단 없이 듣고, 상대의 경험을 존엄하게 존중하며 피드백한다.
- 코칭신학적 설명: 경청은 곧 경외이며, 하나님의 작품인 고객의 이야기를 듣는 것은 '거룩한 땅을 밟는' 행위이다(출 3:5).

- 실제 코칭 적용: "그 이야기를 해주셔서 감사합니다. 매우 의미 있는 경험이네요."와 같이 정중하게 응답한다. "당신의 이 고백은 하나님께서도 듣고 계십니다"라고 말씀으로 신중하게 격려한다.

■ **성경 본문**

야고보서 1:19 "사람마다 듣기는 속히 하고 말하기는 더디 하며 성내기도 더디 하라." 코칭의 기본은 잘 듣는 것이다.

잠언 20:5 "사람의 마음에 있는 모략은 깊은 물 같으니라. 명철한 사람은 그것을 길어 올리느니라." 경청은 마음의 깊은 샘을 퍼올리는 기술이다.

5) O – Openness & Inquiry (열린 질문과 성찰 대화)

■ **정의**: 질문은 단순한 정보 수집이 아닌, 내면의 세계를 열고 성찰을 촉진하며 하나님과의 만남을 가능하게 하는 도구이다. 열린 질문은 고객이 자신의 믿음, 정체성, 관계, 삶의 방향에 대해 깊이 탐색하도록 돕는다.

■ **코칭신학적 의미**: 예수님은 질문의 달인이셨다. "무엇을 원하느냐?" "네게 믿음이 있느냐?" "너는 나를 누구라 하느냐?"라는 질문들은 단순한 커뮤니케이션이 아니라, 하나님의 마음을 여는 열쇠이며, 인간의 숨은 내면을 드러내는 빛이다. 질문은 성령께서 일하실 여지를 여는 '신성한 멈춤'이며, 하나님과의 성찰적 대화를 불러일으킨다.

▌세부 역량 (총 4개)

(1) 열린 질문으로 고객의 사고와 통찰을 확장시킨다
- 코칭적 설명: 닫힌 질문이 아닌, 확장적이고 중립적이며, 열린 질문을 통해 깊은 사고를 유도한다.
- 코칭신학적 설명: 열린 질문은 하나님께서 인간에게 자유롭게 응답할 기회를 주신 창조적 방식이다.
- 실제 코칭 적용: "그 결정에 어떤 다른 시각이 있을까요?" "무엇이 당신을 그렇게 생각하게 하나요?" "이 문제 속에서 하나님은 무엇을 보여주시는 것 같나요?" "하나님의 시선으로 보면 어떤 의미가 있을까요?"라고 질문한다.

(2) 정체성, 신앙, 관계에 대한 깊은 질문을 한다
- 코칭적 설명: 핵심 가치와 정체성, 신념에 접근하도록 돕는 본질적 질문을 던진다.
- 코칭신학적 설명: 하나님은 인간에게 반복적으로 '너는 누구냐?' '왜 여기 있느냐?'라고 물으신다. 이 질문은 '존재의 소명'을 일깨우는 하나님의 초대이다.
- 실제 코칭 적용: "이 결정은 당신이 되고자 하는 사람과 어떤 관계가 있나요?" "당신의 이 선택은 하나님의 부르심에 대한 정체성과 어떻게 연결되어 있나요?"라는 질문을 사용한다.

(3) 성찰과 묵상을 유도하는 대화 방식을 활용한다
- 코칭적 설명: 질문 후 기다림, 여백, 되묻기를 통해 깊은 내적 성찰을 이끈다.

- 코칭신학적 설명: 성찰은 성령의 조명 아래 자신의 내면을 바라보는 신앙적 훈련이다. 질문은 회개의 길이기도 하다.
- 실제 코칭 적용: "그 말 안에는 어떤 감정이 숨어 있었나요?" "한 걸음 물러서 본다면 어떤 장면이 보이나요?" "이 대화를 통해 하나님께서 당신에게 말씀하시는 것이 있다면 무엇일까요?" "지금 이 상황을 하나님 앞에서 상상해본다면, 어떤 장면이 떠오르나요?"라고 질문한다.

(4) 침묵과 기다림 속에서도 하나님의 일하심을 신뢰한다
- 코칭적 설명: 즉각적인 답을 요구하지 않고, 침묵을 존중하며 고객 안의 '느림의 흐름'을 수용한다.
- 코칭신학적 설명: 하나님의 일하심은 때로 침묵과 기다림 속에서 이루어진다. 질문 이후의 침묵은 말씀의 씨앗이 심겨지는 시간이다.
- 실제 코칭 적용: 침묵의 시간을 어색해하지 않고, "잠시 생각하셔도 좋습니다"로 여백을 허용한다. 기도적 침묵의 여백을 제공하고 "이 순간 성령님이 말씀하시는 것을 들어보십시오"라고 잠시 멈춘다.

▮성경 본문

누가복음 24장 17-32절 엠마오 길에서 예수님의 질문은 제자들의 눈을 열어 성경과 자기 현실을 새롭게 해석하게 했다.

마가복음 10:51 "네게 무엇을 하여 주기를 원하느냐?"라는 질문을 통해 바디메오의 믿음과 소망을 일으키셨다.

6) R – Rhythmic Implementation (신앙적 실행과 리듬의 설계)

■ **정의**: 실행은 단순히 목표를 행동으로 옮기는 것을 넘어서, 하나님의 때(Kairos)와 삶의 리듬(Chronos)에 맞추어 순종으로 살아가는 신앙적 실천이다. 이러한 실행은 믿음의 열매이며, 변화가 반복적으로 일어나는 순환 구조 속에서 성령의 인도하심을 따라 지속적으로 나아가는 코칭의 과정이다.

■ **코칭신학적 의미**: 성경은 "때를 따라 아름답게 하셨다"(전 3:1-11)고 선포한다. 실행은 단발성이 아니라 순환적이고 계절을 따라 흐르는 영적 리듬이다. 또한 행함은 믿음의 증거이며, 야고보는 "말씀을 듣고만 있는 자가 아니라 실천하는 자가 돼라"고 했다. 실행은 순종이며, 반복을 통해 신앙은 뿌리를 내리고 열매를 맺는다.

■ **세부 역량** (총 5개)

(1) 실천 가능한 계획을 고객과 함께 수립한다
- 코칭적 설명: 구체적이고 현실성 있는 실천 계획을 세우며, 고객의 자율성과 실행 의지를 반영한다.
- 코칭신학적 설명: 하나님은 인간에게 목표뿐 아니라 실행을 위한 지혜와 순서를 주신다. 노아의 방주도 세세한 설계가 있었다.
- 실제 코칭 적용: SMART 실행계획 세우기, 실행 전 체크포인트와 지원시스템 설계하기, 기도 후 실행계획 점검하기 "이 실행이 하나님의 뜻 안에 있는가?"라는 질문을 포함한다. 코칭 주제의 적합성에 대한 질문도 포함한다.

(2) 삶의 리듬과 계절성을 고려하여 실행을 설계한다
- 코칭적 설명: 개인의 일상, 에너지 주기, 관계 상황, 계절의 흐름 등을 고려하여 현실적인 실천을 설계한다.
- 코칭신학적 설명: 하나님은 우주를 계절과 주기로 만드셨고, 안식일, 절기, 광야 여정도 모두 리듬에 따른 훈련이다.
- 실제 코칭 적용: "이번 달 고객님의 일정과 감정 흐름을 고려할 때 어떤 실행이 가장 적절할까요?" 안식과 순종의 리듬을 설계하고, 영적 계절(광야, 회복, 부르심 등)에 따른 단계를 설계한다.

(3) 반복과 피드백 구조를 통해 지속가능성을 점검한다
- 코칭적 설명: 피드백과 점검 루틴을 포함한 실천은 고객의 행동 변화를 강화하고 지속 가능하게 만든다.
- 코칭신학적 설명: 바울은 "경건에 이르기를 연습하라"고 했다. 훈련과 반복은 신앙의 습관을 형성하는 핵심이다.
- 실제 코칭 적용: 실천 점검표를 활용하고, 중간중간 피드백 세션을 포함한다. 영적 일지, 말씀 적용 점검표를 만들어서, 멘토나 기도 파트너를 통한 책임 구조를 설정한다.

(4) 영적 결단과 실행을 연결짓는다
- 코칭적 설명: 단순한 과제가 아닌, 신념의 변화와 결단을 실천으로 연결하도록 돕는다.
- 코칭신학적 설명: 하나님의 말씀은 "듣고 순종함"으로 완성된다. 실행은 믿음의 고백이다.
- 실제 코칭 적용: "이번 주 실천계획은 당신의 어떤 가치와 연결되

어 있나요?" "이 실천을 통해 하나님 앞에 어떤 순종을 드리겠습니까?" 이러한 질문을 통해 고객이 행동하기 전에 내면의 동기와 영적 의미를 성찰하도록 돕고, 기도 가운데 하나님의 인도하심을 구하며 실행을 준비한다.

(5) 실행 과정에서 성장을 위한 리소스를 탐색하고 제공한다
- 코칭적 설명: 실행을 지원할 수 있는 도서, 자료, 멘토, 환경 등의 자원을 함께 모색하고 제공한다.
- 코칭신학적 설명: 하나님의 공급은 순종의 길 위에 임한다. 오병이어, 광야의 만나처럼 리소스는 실행 속에서 공급된다.
- 실제 코칭 적용: 도서 추천, 앱 소개, 협업 자원을 연결하도록 돕는다. 성경 본문, 묵상 도구, 신앙 선배의 간증이나 자료를 활용할 수 있다.

▎성경 본문

야고보서 1:22 "너희는 말씀을 행하는 자가 되고 듣기만 하여 자신을 속이는 자가 되지 말라" 실행은 말씀에 대한 신앙의 증거다.

전도서 3:1 "범사에 기한이 있고 천하 만사가 다 때가 있나니" 실행에는 하나님의 때와 리듬이 있다.

7) I- Indwelling of the Spirit (성령의 임재에 민감한 코칭)

▎정의: 성령 임재에 민감한 코칭은, 코치가 하나님의 임재와 영적 흐름을 민감하게 인식하고, 그 인도하심에 기꺼이 반응하며 대화의 방향을 성령께 맡기는 코칭이다.

이 코칭에서 코치는 도구이며 통로일 뿐, 진정한 변화의 주체는 성령 하나님이심을 고백하는 영적 동행의 실천이다.

■ **코칭신학적 의미**: 예수님은 "아들이 스스로 아무것도 하지 않고 오직 아버지께서 하시는 것을 본 그대로 행한다"(요 5:19)고 하셨다. 코칭에서도 성령은 변화의 주체이며, 코치는 하나님의 뜻과 흐름에 순복하는 통로이다. 성령께서 고객의 마음에 역사하시며, 코치는 이를 함께 듣고 반응하는 영적 동역자이다.

■ **세부 역량** (총 3개)

(1) 성령의 타이밍과 흐름에 귀 기울인다
- 코칭적 설명: 코치는 세션 내 흐름의 변화를 민감하게 감지하고, 지나친 개입이나 통제 없이 흐름에 맡긴다.
- 코칭신학: 성령은 바람처럼 임하신다(요 3:8). 코치는 하나님의 타이밍을 앞서지 않고 기다릴 줄 알아야 한다.
- 실제 코칭 적용: 고객이 감정적 전환을 겪을 때 여백을 제공하고 성급한 결론을 내지 않는다. "이 순간, 성령께서 어떤 흐름을 주시는 것 같습니까?"라는 질문을 활용하거나 기도로 전환한다.

(2) 기도하는 마음으로 코칭 현장을 준비한다
- 코칭적 설명: 세션 전후 정서적·정신적 준비를 통해 코칭의 질을 높이고, 고객에게 집중할 수 있는 상태를 만든다.
- 코칭신학: 기도는 코치가 코칭의 주도권을 하나님께 맡기고 자신을 비우는 영적 정화의 시간이다.

• 실제 코칭 적용: 세션 전 심호흡과 묵상기도를 하면서, 감정 정리 루틴을 세팅한다. 세션 전 기도로 성령의 인도하심을 구하고, 코칭일지에 말씀을 적으며 준비한다.

(3) 코칭 중 하나님의 임재에 민감하게 반응한다
• 코칭적 설명: 세션 중 느껴지는 직관, 내면의 울림, 변화의 순간에 열린 자세로 반응하고 탐색한다.
• 코칭신학: 모세가 떨기나무에서 하나님의 임재를 느끼고 신을 벗었듯이, 코칭은 하나님이 임하시는 거룩한 현장이다.
• 실제 코칭 적용: 직관을 공유하며 "지금 당신에게 중요한 순간인 것 같아요"라고 피드백을 준다. "이 순간 주님이 임재하고 계신 것 같습니다." 또는 함께 기도하며 성령의 흐름에 민감하게 순종한다.

▮ 성경 본문
로마서 8:14 "무릇 하나님의 영으로 인도함을 받는 사람은 곧 하나님의 아들이라" 성령의 인도는 하나님의 자녀 된 삶의 본질이다.
갈라디아서 5:25 "우리가 성령으로 살면 또한 성령으로 행할지니" 삶과 사역은 성령의 흐름과 함께 이루어져야 한다.
요한복음 5:19 "아들이 아버지께서 하시는 것을 보지 않고는 아무것도 스스로 할 수 없나니" 예수님도 성부의 뜻을 따라 움직이셨다.

8) A – Accomplishment of God's Will (하나님 뜻의 성취)

▮ 정의: 하나님의 뜻을 발견하고, 순종을 통해 그것을 삶과 사역 가

운데 구체적으로 이루어내는 역량이다.

■ 코칭신학적 의미: 기독 코칭은 단지 개인의 성취나 목표 달성에 머물지 않는다. 코칭의 궁극적 목적은 하나님의 뜻을 식별하고, 그분의 주권 아래에서 그 뜻이 '나'를 통해 성취되도록 돕는 데 있다(마 6:10). 이는 예수께서 "나의 양식은 나를 보내신 이의 뜻을 행하며 그 일을 온전히 이루는 것이라"(요 4:34)고 하신 말씀과 깊이 맞닿아 있다. 코치는 고객이 자신의 여정 속에서 하나님의 뜻을 분별하고, 순종의 삶을 실천함으로써 '거룩한 열매'를 맺도록 동반한다.

■ 세부 역량 (총 4개)
(1) 하나님의 뜻에 대한 경청과 분별 능력
• 코칭적 설명: 효과적인 코치는 클라이언트의 말 이면에 있는 신념, 감정, 가치 등을 섬세하게 듣고, 핵심 주제와 연결 지점을 분별해낸다. 이것은 단지 청취가 아니라 '본질을 알아차리는 감지력'이다.
• 코칭신학적 설명: 기독 코칭에서 경청은 인간의 소리에 머물지 않고, 성령의 조명 아래 하나님의 뜻을 함께 분별하는 영적 행위다(사 30:21). 코치는 코칭 대화 속에 역사하시는 하나님의 말씀과 사인을 인식하며 반응한다.
• 실제 코칭 적용: 코치는 고객의 말 중 '하나님의 인도하심'의 흔적을 탐색하며, 침묵, 반영, 성경적 질문 등을 통해 고객이 하나님의 뜻에 귀 기울이도록 돕는다.
예) "이 상황 속에서 하나님께서 무엇을 말씀하고 계시는 것 같습니까?"

(2) 내면의 소명과 외적 사역의 통합

• 코칭적 설명: 클라이언트가 내면의 열망과 외적 행동 간의 일치를 이룰 때 진정한 변화와 지속 가능한 실행이 가능해진다. 자기 인식과 삶의 방향이 일관될 때 에너지와 몰입이 높아진다.

• 코칭신학적 설명: 하나님의 부르심은 단지 '직업'이나 '사역'의 문제가 아니라 존재와 존재됨의 문제이다. 내면의 소명(being)과 외적 사역(doing)의 일치는 그리스도 안에서의 성숙을 나타낸다(엡 4:1).

• 실제 코칭 적용: 코치는 고객이 자신의 가치, 믿음, 소명과 현재의 사역이나 직무가 어떻게 연결되어 있는지를 탐색하게 돕는다. "지금의 사역이 당신의 깊은 부르심과 어떻게 연결되어 있습니까?"와 같은 질문이 사용된다.

(3) 하나님 나라 관점에서 실행 전략 수립

• 코칭적 설명: 전략적 실행은 단지 목표 달성이 아닌, 보다 넓은 의미의 영향과 목적을 포함한다. 코칭은 고객이 단기 성과보다 장기적 의미를 고려해 실행 방안을 수립하도록 돕는다.

• 코칭신학적 설명: 하나님의 나라는 눈에 보이는 성과보다 은밀하고 지속적인 변화에 의해 확장된다(마 13:31-33). 코칭은 개인의 실행이 어떻게 하나님 나라의 가치, 정의, 회복과 연결되는지를 성찰하도록 돕는다.

• 실제 코칭 적용: 코치는 고객이 자신의 실행계획이 개인의 성공을 넘어 공동체, 사회, 하나님 나라에 어떤 선한 영향을 줄 수 있는지를 질문한다.

예) "이 실행은 하나님 나라 관점에서 어떤 열매를 기대합니까?"

(4) 결과 중심이 아닌 순종 중심의 성취 정의

• 코칭적 설명: 전통적 코칭은 목표 달성과 성과를 중시하지만, 기독 코칭은 과정을 통한 성장과 진정성 있는 순종을 더 중요하게 본다. 진정한 변화는 '순종의 발걸음'에서 비롯된다.

• 코칭신학적 설명: 하나님은 결과보다 마음의 자세와 순종을 보신다(삼상 15:22). 코칭은 고객이 외적 성공에 매이지 않고, 하나님의 뜻에 응답하는 '신실한 삶'에 집중하게 한다.

• 실제 코칭 적용: 코치는 고객이 실행 결과가 기대와 다르더라도, 그 과정을 통해 순종하고 성장한 점을 인식하고 감사하도록 돕는다. "하나님의 뜻에 순종하며 실행했던 그 과정에서 무엇을 배웠습니까?"

▎성경 본문

요한복음 4:34 "예수께서 이르시되 나의 양식은 나를 보내신 이의 뜻을 행하며 그의 일을 온전히 이루는 이것이니라."

로마서 12:2 "너희는 이 세대를 본받지 말고 오직 마음을 새롭게 함으로 변화를 받아 하나님의 선하시고 기뻐하시고 온전하신 뜻이 무엇인지 분별하도록 하라."

Wrap-Up – 코칭 순례의 마무리: 하나님의 형상으로 자라감

VICTORIA 코칭 핵심역량은 기술 이전에 태도이며, 태도 이전에 존재이다. 존재는 소명에 뿌리를 두며, 실행은 성령의 흐름과 하나님께 대한 순복으로 완성된다. 이 여정은 단순한 성장 프로그램이 아닌, 하나님의 형상으로 자라나는 성화의 여정이며, 코치는 그 순례길에 함께 걷는 동반자다.

이 여정을 걸어가는 코치들에게 격려와 축복을 전한다. 여러분은 단순한 스킬 트레이너가 아니라, 하나님의 나라를 향한 여정을 함께 가는 영적 동반자이자, 말씀과 기도로 고객의 삶을 섬기는 존재이다. 코치로서의 사명은 탁월함 이전에 충성됨이며, 결과이기 이전에 순종이다. "이제 여러분이 선 자리에서, 하나님께서 맡기신 한 사람 한 사람을 품고, 성령의 흐름을 따라 묵묵히 걸어가십시오", VICTORIA는 그 여정에 필요한 나침반이자, 말씀 위에 세워진 안내서가 되어 줄 것이다.

"너는 말씀을 전파하라 때를 얻든지 못 얻든지 항상 힘쓰라"(딤후 4:2).

VICTORIA 8가지 코칭 핵심역량 도표

항목	약어	영어 역량명	한글 역량명	세부	ICF 연관 핵심역량
1	V	Vision-Grounded Identity	비전 기반의 존재와 정체성	4개	#2 코칭 마인드셋 구현, #5 프레즌스 유지
2	I	Integrity & Ownership	진정성과 책임의 리더십	4개	#1 윤리적 실천, #4 신뢰와 안전 조성
3	C	Covenantal Partnership	언약적 동행과 계약	5개	#3 코칭 계약 수립 및 유지
4	T	Transformational Listening	변화를 이끄는 경청	4개	#6 적극적 경청
5	O	Openness & Inquiry	열린 질문과 성찰 대화	4개	#7 알아차림 유도
6	R	Rhythmic Implementation	신앙적 실행과 리듬의 설계	5개	#8 성장 촉진
7	I	Indwelling of the Spirit	성령의 임재에 민감한 코칭	3개	#5 프레즌스 유지, #2 코칭 마인드셋
8	A	Accomplishment of God's Will	하나님의 뜻의 성취	4개	#2 코칭 마인드셋 구현, #8 성장 촉진

4. 고전 기반 코칭과 ICF 8가지 핵심역량 맵핑

각 고전의 상징성과 내러티브를 바탕으로 클라이언트의 변화 여정을 코칭할 때, 코치는 어떻게 역량을 발휘해야 하는지에 대한 가이드를 포함하고 있다.

ICF 핵심역량	고전 기반 VICTOR 코칭 적용 방식
1. 윤리적 실천	코칭의 기준과 경계를 정하고, 고전 내러티브를 사용할 때 신학적, 심리적 민감성을 고려한다.
2. 코칭 마인드 갖추기	인간의 내면 여정을 존중하며, 코치로서 열린 자세와 자기 성찰을 유지한다.
3. 합의 도출과 유지	고전 스토리를 활용한 코칭의 목적과 구조를 클라이언트와 명확히 합의한다.
4. 신뢰와 안전한 공간	심리적·영적 고통을 다룰 수 있도록 공감과 신뢰의 관계를 형성한다.
5. 프레즌스 유지	고전 속 인물과 사건을 통해 드러나는 클라이언트의 심층 감정과 통찰을 포착한다.
6. 적극 경청한다	비유와 상징을 활용한 전환적 질문(당신의 이타카는 어디입니까?)들을 사용한다.
7. 알아차림 불러일으킨다	스토리 내 상징적 장면을 통해 클라이언트의 자각과 통찰을 이끌어낸다.
8. 고객의 성장 촉진	고전의 여정 구조에 따라 구체적 실천 단계를 설정하고 점검한다.

진행 팁 및 주의사항

첫째, 내러티브 코칭은 상징과 감정이 깊이 얽히므로 심리적 안전을 우선 확보해야 한다.

둘째, 신학적 또는 영적 주제를 다룰 때는 개방적 태도와 비판 없는 경청이 필수다.

셋째, 이야기를 강의로 전달하기보다, 코칭 대화와 질문을 중심으로 워크숍(Workshop) 형태로 풀어가는 것이 핵심이다.

이제『천로역정』,『오디세이』, 단테의『신곡』에 적용된 Spiritual Active Coaching을 기반으로 한 VICTOR 6단계 코칭 역량과 ICF 역량을 비교해본다.

1)『천로역정』– 신앙 여정 기반 영성 코칭

핵심 주제: 죄의 자각, 구원의 여정, 신앙 공동체, 종말론적 소망

적용 방법: 각 장면(예: 절망의 수렁, 좁은 문, 십자가 언덕)을 클라이언트 삶의 여정에 연결

코칭 질문 예시: 지금 당신이 지나고 있는 여정의 장면은 어디입니까? '절망의 수렁'은 당신에게 어떤 경험과 감정을 떠오르게 합니까?

ICF 역량 연결: 신뢰 구축, 인식 유도, 감정 탐색, 다음 단계 계획 수립 정체성, 시련, 동역자, 종착점(천성)의 여정 구조를 따라 코칭 대화 구성

윤리적 실천: 코치로서 신앙·가치 중심 기반을 명확히 설정

신뢰 창출: 클라이언트의 영적 여정을 존중하고 판단하지 않음

강력한 질문: "당신의 '절망의 수렁'은 무엇입니까?"

인식 유도: 영적 전환점(십자가 언덕 등)을 통한 내면 통찰

행동 계획: 여정의 다음 단계(좁은 길, 의심의 성 등) 설정

2) 『오디세이』 – 인성 형성·리더십 코칭

핵심 주제: 유혹의 극복, 자기 정체성 회복, 귀환과 용서
적용 방법: 등장인물과 에피소드(칼립소, 사이렌, 폴리페무스 등)를 자기 성찰과 연결
코칭 질문 예시: 지금 당신의 인생 항해에서 만나는 '사이렌'은 무엇입니까? 당신에게 '이타카'는 어떤 의미입니까?
ICF 역량 연결: 경청, 질문, 목표 명확화, 책임감 강화
　험난한 항해 속 자기 회복, 정체성 회복, 가정 복귀(소명)의 흐름
합의 형성: 여정 전체를 '성장 프레임'으로 설정
적극적 경청: 상징(사이렌, 거인, 신의 유혹 등)을 통한 심리 내러티브 청취
질문: "당신에게 이타카는 무엇입니까?"
행동 유도: 회복된 정체성에 따라 귀환 여정을 구성

3) 『신곡』 – 영성 심화 및 회복 코칭

핵심 주제: 고통의 인식(지옥), 내적 정화(연옥), 궁극적 소명(천국)
적용 방법: 세 가지 영역을 통해 클라이언트의 영적 상태 진단 및 회복의 여정 안내
코칭 질문 예시: 당신의 삶에 '통제할 수 없는 혼돈의 시간'은 언제였습니까?
　삶 속에서 '깊은 어둠 속을 걷는 듯한 시간'이 있었다면, 그 상황을 어떻게 다루어 오셨나요? '베아트리체'는 당신에게 어떤 존재입니까?

ICF 역량 연결: 코칭 마인드 유지, 신뢰 형성, 통찰 유도, 실행 계획

  지옥(고통의 자각), 연옥(정화), 천국(소명 실현)의 3단계 프로세스

코칭 마인드: 인간 내면의 복잡함에 대한 수용과 열린 자세

신뢰 형성: 고통의 심연(지옥 편)에 대한 공감적 동행

질문: "당신의 베아트리체는 누구입니까?" (궁극적 가치와 소명 탐색)

책임 유도: 삶의 궁극적 방향성과 실제 적용 계획 설정

결론: "ICF 역량과 신학을 품은 고전 코칭"은 매우 조화롭다고 할 수 있다. 고전의 내러티브는 클라이언트의 상징·스토리·메타포로 작동하며, ICF의 역량들은 이 여정을 신뢰, 질문, 통찰, 실천으로 연결하는 도구가 된다.

2장_

VICTOR 6단계
코칭 프로그램의 실제

1. 신앙형성 – 〈천로역정 6주〉
믿음의 여정: 죄와 구원, 공동체와 천성을 향한 신앙적 순례

1) 프로그램 개요

『천로역정』은 존 번연(John Bunyan 1628-1688)의 고전적 기독교 우화로, 그리스도인(Cristian)의 천성을 향한 순례 여정을 그리고 있다.

본 코칭 프로그램은 『천로역정』을 바탕으로 VICTOR 6단계(Vision-Identity-Calling-Transformation -Ownership-Reproduction)의 흐름을 따라 신앙의 여정을 체계적으로 정리하며, 말씀과 코칭 대화를 통해 삶의 실천까지 연결되도록 구성되었다. 각 단계마다 성경 본문, 천로역정의 상징적 장면, 신앙적 의미, 코칭 기반 질문, 실천 과제 등을 포함하여 참여자가 스스로 하나님 앞에 설 수 있는 신앙적·내적 확신과 외적 순례를 돕는다.

2) 기대효과

『천로역정』을 기반으로 한 영성 심화 및 회복 코칭은, 혼란스러운 시대 속에서 신앙 여정의 방향을 회복하게 된다. 믿음 안에서 자신의 정체성과 소명을 명확히 인식하게 되며, 고난과 유혹의 실체를 말씀으로 분별하고 이겨내는 영적 내공이 형성된다. 회개와 순종의 삶을 통해 성화의 여정과 하나님에 대한 신뢰를 경험하게 된다. 또한 개인의 신앙 여정은 공동체 안에서 나누어지고 전파되며, 리더십으로 확장된다. 코칭형 훈련과 질문에 기반한 그룹워크 활동을 통해 실제적인 신앙 훈련이 활성화된다.

3) VICTOR 6단계 개요 도표

단계	천로역정 여정	핵심 메시지	주제 성구
Vision (비전)	죄의 도시에서 벗어남	천성을 향한 비전의 시작	히브리서 11:10
Identity (정체성)	좁은 문을 통과함	나는 누구이며 누구의 것인가	고린도후서 5:17
Calling (소명)	전쟁터와 유혹을 지나며	싸워야 할 영적 싸움과 사명	디모데후서 4:7
Transformation (변화)	십자가 앞에서 짐을 내려놓음	회개와 자유의 순간	로마서 12:2
Ownership (책임)	허영의 시장을 통과함	말씀을 따라 세상 속에서 살아감	갈라디아서 2:20
Reproduction (재생산)	천성 문 앞에서 동료를 격려함	신앙을 나누며 함께 가는 여정	마태복음 28:19-20

4) 천로역정 주요 상징과 신앙적 해석

주요 장면	상징 의미	신앙적 적용
죄의 도시	죄악된 세상	출애굽과 같은 결단의 시작
좁은 문	회심과 구원	예수 그리스도를 통한 구원의 길
해석자의 집	제자훈련과 말씀 교훈	공동체와 신앙 훈련의 중요성
십자가 언덕	회개와 죄 사함	복음의 핵심, 은혜의 시작
허영의 시장	세속적 유혹과 핍박	성도의 정체성과 저항
절망의 늪, 무신론자의 성	믿음의 위기와 영적 어둠	말씀과 믿음으로 돌파해야 할 순간
천성문	완성된 구원의 도착지	소망과 인내, 궁극의 목적지

5) 결론 적용 멘트 예시

"그리스도인은 천성을 향해 걷는 순례자다. 죄의 도시에서 출발한 우리는 좁은 문을 지나 십자가 앞에 서야 한다. 그러나 거기서 멈추지 않는다. 허영의 시장을 지나며 책임을 지고, 마침내 천성문 앞에 이를 때까지 함께 걸어가야 한다." "믿음의 여정은 혼자의 고독한 싸움이 아니라, 함께 걸어가는 순례자의 길이다." "그 길 끝에서 예수님께서 말씀하신다. '잘하였도다. 착하고 충성된 종아.'" (마 25:21)

1단계 VISION(비전) : 천성을 향한 목표 설정

(1) 도입

왜 비전이 중요한가?

예화) "비전 없는 삶은 나침반 없는 항해와 같다." 비전은 신앙의 목적지이다. 우리가 어디를 향해 가고 있는지, 왜 가야 하는지를 모른다면 지치고 방향을 잃게 된다. 『천로역정』의 주인공처럼 우리는 '멸망의 도시'에서 '천성'을 향해 나아가야 할 분명한 이유와 목표가 필요하다.

(2) 핵심 개념

비전이란? 하나님이 내게 보여주신 미래의 그림. 하나님의 뜻을 따라 내가 걸어가야 할 방향과 목적이다.

신앙 비전의 두 가지 초점은 하나님을 더 깊이 아는 것(요 17:3)과 하나님 나라를 위해 쓰임 받는 것이다(마 6:33).

(3) 성경적 기초

히브리서 12:1-2 "이러므로 우리에게 구름같이 둘러싼 허다한 증인들이 있으니, 모든 무거운 것과 얽매이기 쉬운 죄를 벗어 버리고, 인내로써 우리 앞에 당한 경주를 하며, 믿음의 주요 또 온전하게 하시는 이인 예수를 바라보자, 그는 그 앞에 있는 기쁨을 위하여 십자가를 참으사, 부끄러움을 개의치 아니하시더니, 하나님 보좌 우편에 앉으셨느니라".

해설: 예수님은 비전을 가지셨다. '앞에 있는 기쁨', 곧 인류의 구원이라는 목적을 보셨기에 십자가의 고통을 감당하셨다. 우리도 신앙의 경주를 끝까지 완주하려면 '천성을 향한 비전'을 가져야 한다.

(4) 『천로역정』 적용

"멸망의 도시"는 무엇인가? 이 세상의 정욕, 죄의 습관, 자기중심적 삶이다. 그러면 "천성"은 어디인가? 하나님 나라, 하나님과의 영원한 교제, 거룩한 삶이 있는 곳이다. 비전의 시작은 떠나는 결단에서 시작된다. 주인공 '크리스천'은 결단했다. "나는 이제 천성을 향해 나아가야겠다!"

(5) 코칭 나눔 질문

- 하나님이 내 인생에 주신 긍정적 목적은 무엇인가?
- 나는 어떤 영적 여정을 시작하려는가?
- 나의 '멸망의 도시'는 무엇인가? (예: 중독, 자기 비난, 타협, 게으름 등)
- 하나님께서 내게 주신 비전은 무엇이라고 생각하는가?

(6) 실천 과제

신앙 여정에서 비전은 단지 미래에 대한 소망이 아니라, 하나님의 뜻 안에서 나의 존재 이유와 방향성을 발견하는 응답이다. 이를 위해 다음과 같은 구체적인 실천을 권한다.

첫째, 비전 노트 쓰기. 하나님께서 내게 주신 비전과 방향을 글이나 그림으로 신앙 노트에 정리해보자. 머리로만 이해한 비전은 쉽게 사라지지만, 기록된 비전은 기도의 제목이 되고 삶의 나침반이 된다.

둘째, 성경 비전 구절 묵상하기. 나의 삶을 비추는 말씀 한 구절을 찾아 깊이 묵상해보라. 예를 들어 예레미야 29장 11절은 이렇게 선언한다. "여호와의 말씀이니라 너희를 향한 나의 생각을 내가 아나니 평안이요 재앙이 아니니라 너희에게 미래와 희망을 주는 것이니라." 이 말씀은 모든 시대의 순례자에게 주시는 하나님의 비전 선언이다.

셋째, 비전 로드맵 그리기. 종이 위에 '나의 과거-현재-미래'를 하나의 선으로 연결해보라. 일명 '타임라인(Time Line)'이라 불리는 이 작업은, 하나님의 인도하심 아래서 나의 삶을 조망하며 방향성을 시각화하는 과정이다. 하나님께서 나를 어떻게 이끄셨고, 앞으로 어디로 이끄실지를 겸손히 되묻는 영적 도전이 될 것이나.

(7) 마무리 권면

성경은 비전 없는 삶의 위험성을 분명히 경고한다. "묵시가 없으면 백성이 방자히 행하거니와…"(잠 29:18) 하나님께서 주시는 비전은 단지 미래 계획이 아니라, 오늘을 어떻게 살아야 하는지에 대한 신적 기준과 소명이다. 비전이 없는 신앙은 방향을 잃기 쉽고, 방향을 잃은 순례자는 목적지를 상실한 채 방황할 수밖에 없다. 지금 이 순간, 조용히 하나님께 물어보라. "주님, 저를 어디로 이끄시렵니까?" 그리고 그 질문 앞에서 마음을 열고, 말씀 안에서 들려오는 하나님의 비전을 기록해보라. 비전은 멀리 있는 것이 아니라, 지금 여기에서 주님과 함께 쓰는 삶의 설계도이다.

2단계 IDENTITY(정체성) : 순례자로서의 자기 인식

(1) 도입

내가 누구인지 아는 것이 왜 중요한가?

예화) 한 나그네가 산을 오르던 중, 길을 잃고 헤매다 지쳐 주저앉았다. 그에게 친절한 노인이 다가와 말했다. "자네, 어디에서 왔는가? 어디로 가는가?" 그는 대답하지 못했다. 결국 정체성을 잃으면 방향도 잃는다.

(2) 핵심 개념

정체성이란? 하나님 앞에서 내가 누구인지에 대한 바른 인식이다. (ex. 나는 하나님의 자녀, 나는 순례자, 나는 의인) 정체성이 왜 중요한가? 정체성이 흔들리면, 신앙도 흔들린다. 정체성을 알면, 삶의 방향성과 안정감을 갖게 된다.

(3) 성경적 기초

① 로마서 8:15-17 "너희는 다시 무서워하는 종의 영을 받지 아니하고 양자의 영을 받았으므로 우리가 아빠 아버지라 부르짖느니라, 성령이 친히 우리 영과 더불어 우리가 하나님의 자녀인 것을 증언하시나니, 자녀

이면 또한 상속자 곧 하나님의 상속자요, 그리스도와 함께한 상속자니 우리가 그와 함께 영광을 받기 위하여 고난도 함께 받아야 할 것이니라."

해설: 하나님은 우리를 '종'이 아니라 '자녀'로 부르셨다. 자녀로서 우리는 하나님의 유업을 함께 상속받을 자다. 이것이 우리의 정체성이다.

② 고린도후서 5:17 "그런즉 누구든지 그리스도 안에 있으면 새로운 피조물이라 이전 것은 지나갔으니 보라 새 것이 되었도다."

해설: 죄의 정체성(죄인, 실패자, 수치스러운 자)은 십자가에서 끝났다. 그리스도 안에 있는 우리는 새로운 피조물이다. 이 정체성의 회복이 신앙의 회복이다.

(4) 『천로역정』 적용 – 크리스천의 짐

주인공은 무거운 죄의 짐을 지고 '멸망의 도시'를 떠난다. 그는 그 짐을 어떻게 내려놓게 되는가? 십자가 앞에서 은혜로 짐이 떨어져 나가고, 진정한 정체성을 회복한다.

강조 포인트: 정체성의 회복은 '자신의 죄를 인식하는 것'에서 시작되어, '십자가 앞에서의 자유'로 완성된다.

5) 코칭 나눔 질문

- 나는 하나님 안에서 어떤 존재라고 생각하는가?
- 내 삶을 무겁게 만드는 짐은 무엇인가? (두려움, 죄책감, 열등감, 미움 등)
- 하나님이 주신 참된 정체성을 더 잘 이해하기 위해 내가 할 수 있는 것은 무엇인가?
- 나는 어떤 거짓된 정체성에 사로잡혀 있었는가? (ex. 나는 실패자다, 나는 인정받아야 가치 있다 등)

(6) 실천 과제

신앙 여정에서 자신을 돌아보고, 하나님의 말씀 앞에 나를 다시 세우는 일은 매우 중요한 영적 훈련이다. 아래의 과제는 삶의 짐을 내려놓고, 하나님의 말씀 안에서 정체성을 회복하는 여정의 출발점이 될 수 있다.

첫째, 영적 짐을 적어보고 기도로 내려놓기. 지금 내 마음을 짓누르고 있는 짐이 무엇인지 솔직하게 적어보라. 세 가지 정도를 조용히 정리해 보고, 그것을 한 문장씩 기도로 바꾸어 보자. 예, "주님, 이 짐을 십자가 앞에 내려놓습니다. 저의 두려움과 피로, 비교 의식을 주님께 맡깁니다."

둘째, 정체성 선언문 작성하기. 성경은 우리가 누구인지 분명히 말해준다. 자신이 하나님의 형상으로 창조된 존재임을 기억하며, 다음 문장을 완성해 보라. "나는 하나님의 (   )이다." 예, 나는 하나님의 자녀이다. 나는 거룩한 제사장이다. 나는 하나님 나라의 사명자이다.

셋째, 성경 말씀 암송 및 묵상. 이사야 43장 1절은 우리 존재에 대한 하나님의 선포이다. "야곱아, 너를 창조하신 여호와께서 지금 말씀하시느니라. 이스라엘아, 너를 지으신 이가 말씀하시느니라. 너는 두려워하지 말라. 내가 너를 구속하였고, 내가 너를 지명하여 불렀나니 너는 내 것이라." 이 말씀을 반복하여 읽고 묵상하며, 하나님의 선언이 나의 정체성과 연결되도록 마음에 새겨보라.

(7) 마무리 권면

요한일서 3장 1절은 이렇게 말한다. "보라, 아버지께서 어떠한 사랑을 우리에게 베푸사, 하나님의 자녀라 일컬음을 받게 하셨는가!" 우리는 세상이 말하는 내가 아니라, 하나님이 말씀하시는 내가 진정한 나임을 잊지 말아야 한다. 세상은 외모, 성취, 역할, 평가로 나를 정의하려

하지만, 하나님은 나를 사랑 안에서 지으셨고, 구속하시며, 이름으로 부르신다. 지금 이 순간, 스스로에게 물어보자. "나는 누구인가?" 그리고 담대하게 선포하자. "나는 하나님의 자녀이다!" 이 선언이 단순한 말이 아니라, 삶을 이끄는 정체성의 뿌리가 되기를 바란다.

3단계 CALLING(소명) : 부르심에 대한 확신

(1) 도입

소명은 목회자에게만 있는가?

예화) 한 청년이 목사님께 물었다. "저는 평범한 직장인인데, 하나님께서 제게도 소명을 주셨을까요?" 목사님은 "하나님은 모든 자녀에게 사명을 주십니다. 단지 그것이 '어디서, 어떻게' 나타나느냐가 다를 뿐이지요."라고 대답하셨다.

핵심 메시지: 소명은 모든 신자에게 주어진 하나님의 부르심이다. 그것은 삶의 방향이며, 나만이 감당할 특별한 사명이다.

(2) 핵심 개념 소명(Calling)이란?

하나님께서 내 삶에 주신 역할과 사명을 깨닫고, 구체적인 삶의 방향을 정하는 것.

신앙 여정 속 소명의 단계는 ① 부르심을 듣는다(영적 감동). ② 사명을 발견한다(분야/방향). ③ 순종하며 살아낸다(행동).

(3) 성경적 기초

① 에베소서 2:10 "우리는 그가 만드신 바라 그리스도 예수 안에서

선한 일을 위하여 지으심을 받은 자니 이 일은 하나님이 전에 예비하사 우리로 그 가운데서 행하게 하려 하심이니라."

해설: 우리는 단순히 구원받기 위해서만이 아니라 선한 일을 위해 지음받은 존재다. 즉, 하나님이 준비하신 나만의 길이 있다는 뜻이다.

② 예레미야 1:5 "내가 너를 모태에 짓기 전에 너를 알았고 네가 배에서 나오기 전에 너를 성별하였고 너를 여러 나라의 선지자로 세웠노라."

해설: 소명은 태어나기 전부터 주어진 하나님의 계획이다. 우리는 우연히 존재하는 존재가 아니다. 부르심 받은 존재다.

(4) 『천로역정』 적용

전도자의 부름: 크리스천은 전도자의 부름을 듣고 '천성'을 향한 길에 들어선다.

소명의 과정: 고난과 시험 속에서 자신의 역할과 책임을 자각해간다. (예: 해석자 집, 전신갑주의 방, 사자의 위협 앞에서 사명의 확신)

(5) 코칭 나눔 질문

- 하나님께서 내게 맡기신 사명은 무엇인가?
- 내 삶에서 부르심을 이루기 위해 지금 할 수 있는 일은?
- 하나님이 나를 통해 이루고자 하시는 일은 무엇인가?
- 내 일터, 가정, 공동체 속에서 나의 역할은 무엇인가?

(6) 실천 과제

사명은 멀리 있는 소명이 아니라, 지금 내가 서 있는 자리에서 하나님의 부르심에 대한 응답이다. 사명을 발견하고 살아가기 위해 다음과 같은 실천을 제안한다.

첫째, 사명 선언문 작성하기. 하나님께서 나를 어떻게 부르셨는지를 되묻고, 삶의 목적을 한 문장으로 정리해 보라. 다음과 같은 문장으로 시작해보자. "하나님은 나를 (   )로 부르셨다. 나는 이 땅에서 (   )을/를 위해 살겠다." 예, 하나님은 나를 가정의 회복자로 부르셨다. 나는 이 땅에서 다음 세대를 말씀으로 세우기 위해 살겠다.

둘째, 작은 목표 세우기. 사명은 거대한 계획이 아니라, 구체적인 실천에서 시작된다. 기도, 전도, 섬김, 말씀 나눔 등 지금 당장 할 수 있는 작은 목표 하나를 정하고, 이번 주 안에 실천해보라. 예, 매일 10분 기도하기, 이웃에게 따뜻한 말을 건네기, 말씀 한 구절을 공유하기 등.

셋째, 역할 정리와 기도 작성하기. 나는 지금 어떤 역할을 맡고 있는가? 가정에서, 교회에서, 일터에서… 각 영역에서 내가 감당하고 있는 사명을 정리해 보고, 그 역할을 위해 기도문을 작성해보라. 예, "주님, 저는 가정에서는 부모로, 교회에서는 교사로, 직장에서는 일꾼으로 살아갑니다. 각 자리에서 하나님의 뜻을 분별하고 실천하게 하소서."

(7) 마무리 권면

디모데후서 1장 9절은 이렇게 선포한다. "하나님이 우리를 구원하사 거룩하신 소명으로 부르심은 우리의 행위대로 하심이 아니요 오직 자기 뜻과 영원 전부터 그리스도 예수 안에서 우리에게 주신 은혜대로 하심이라." 하나님의 부르심은 내 자격이나 능력 때문이 아니라, 은혜에 근거한 거룩한 초대이다. 하나님은 지금도 당신의 이름을 부르신다. 삶 속에 들어오셔서 말씀하시며, 방향을 제시하시고, 그 길로 나서기를 원하신다.

오늘 당신도 이사야처럼 응답할 수 있는가? "내가 여기 있나이다. 나를 보내소서."(사 6:8) 이 고백은 결코 선교사나 목회자만의 것이 아니다. 모든 성도는 일상의 자리에서 하나님의 사명을 따라 살아가는 부름 받은 자이다. 지금, 조용히 기도하라. 그리고 당신의 이름으로 그 부르심에 답하라. 하나님은 기다리고 계신다.

4단계 TRANSFORMATION(변화) : 성화(聖化)의 과정

(1) 도입
변화는 신앙의 선택이 아닌 필수
예화) 애벌레가 나비가 되는 데는 반드시 '고치 속의 변화'가 필요하다. 그 어둡고 고통스러운 시간을 거쳐야만, 하늘을 나는 존재로 바뀌게 된다.
핵심 메시지: 변화는 신앙의 고통스러운 필수 과정이다. 성화는 하루아침에 이뤄지지 않지만 반드시 일어나는 하나님 역사다.

(2) 핵심 개념 변화(Transformation)란?
하나님의 말씀과 성령의 능력 안에서, 죄의 옛 성품을 벗고, 거룩한 성품으로 변화되는 것이다. 성화의 과정 : 회개, 순종, 시련, 말씀, 성장의 과정을 거쳐서 거룩으로 나아간다.

(3) 성경적 기초
① 로마서 12:2 "너희는 이 세대를 본받지 말고 오직 마음을 새롭게 함으로 변화를 받아 하나님의 선하시고 기뻐하시고 온전하신 뜻이 무엇

인지 분별하도록 하라."

해설: 변화는 세상을 닮는 것이 아니라 마음을 새롭게 함으로 이루어진다. 하나님의 뜻을 분별하는 사람이 되는 것, 그것이 성화이다.

② 고린도후서 3:18 "우리가 다 수건을 벗은 얼굴로 거울을 보는 것같이 주의 영광을 보매 그와 같은 형상으로 변화하여 영광에서 영광에 이르니 곧 주의 영으로 말미암음이니라."

해설: 우리의 변화는 성령의 역사이다. 점점 더 예수님을 닮아가는 것이 변화의 목적이다.

(4) 『천로역정』 적용 – 변화의 여정

좁은 문, 좌절의 늪, 허영의 시장, 거인의 성, 십자가 언덕을 거쳐서 천성에 이른다. 유혹과 고난 속에서 변화가 일어나고, 시험을 통과할 때마다 주인공의 믿음이 깊어진다.

(5) 코칭 나눔 질문
- 나의 신앙을 연단하는 가장 큰 시험은 무엇인가?
- 내가 변화되기 위해 내려놔야 할 것은 무엇인가?
- 하나님께서 내 삶에서 만들고 계신 변화는 무엇인가?
- 나는 지금 성령의 도우심을 의지하고 있는가?

(6) 실천 과제

신앙의 여정은 끊임없는 변화의 길이며, 고난과 실수를 통해 하나님은 더 깊은 성찰과 회복의 기회를 허락하신다. 이번 과제는 과거의 신앙 위기를 되돌아보고, 거기서 배운 교훈을 실제 삶에 적용하는 연습이다.

첫째, 나의 신앙 여정에서 특별히 흔들렸던 시기나 위기의 순간을 정리해 보라. 그때 하나님이 어떻게 역사하셨는지, 나에게 어떤 교훈을 주셨는지를 적어 보는 것이 시작이다.

둘째, 그 교훈을 바탕으로 변화된 삶의 계획을 구체화해야 한다. 예, 말씀 묵상의 시간을 매일 일정하게 정해 지속하기, 아침 10분 기도 루틴을 세우기, 멀어졌던 가족이나 지인에게 먼저 연락해 화해의 걸음을 내딛기 등. 이러한 변화는 자신의 결단을 넘어, 그리스도 안에서 살아가는 새로운 존재로서의 실천이어야 한다.

셋째, 함께 암송하고 묵상할 말씀은 갈라디아서 2장 20절이다. "내가 그리스도와 함께 십자가에 못 박혔나니, 그런즉 이제는 내가 사는 것이 아니요 오직 내 안에 그리스도께서 사시는 것이라." 이 말씀은 단지 과거의 고백이 아니라, 지금 이 순간 내 안에 살아 계신 그리스도를 따라 살아가겠다는 매일의 선언이 되어야 한다.

(7) 마무리 권면

신앙은 정체된 상태가 아니다. 그것은 끊임없이 자라고, 다듬어지고, 성숙해지는 여정이다. 때로는 위기와 고통을 통해, 때로는 은혜의 충만함 속에서 하나님은 우리를 새롭게 빚어 가신다. 지금까지의 실수와 아픔은 끝이 아니라, 변화의 출발점이다. 하나님은 고통을 버리지 않으시며, 그 속에서 성화의 열매를 맺게 하신다. 성화란, 단숨에 완성되는 것이 아니라 은혜 속에서 날마다 자라나는 과정이다. 오늘도 주님은 우리에게 말씀하신다. "내가 너를 포기하지 않는다. 나와 함께 다시 시작하자." 지금, 조용히 마음을 들여다보고 고백하라. "주님, 제 안에 다시 살아 주옵소서. 오늘도 제가 주님 안에서 살아가기를 원합니다."

5단계 OWNERSHIP(책임) : 신앙의 주체성 확립

(1) 도입

누가 내 신앙을 책임져 줄 수 있을까?

예화) 한 제자가 스승에게 말했다. "선생님, 저는 요즘 신앙이 자꾸 흔들려요." 스승은 대답했다. "믿음은 남이 대신 걸어줄 수 없다. 하지만 끝까지 책임질 수 있는 건 너 자신이란다."

핵심 메시지: 신앙은 자기 주도적인 책임이 필요한 여정이다. 목회자, 부모, 친구가 대신해 줄 수 없다.

(2) 핵심 개념 : 신앙의 책임이란?

"내 믿음을 내가 끝까지 지키고 성장시키려는 태도. (다른 사람에게 의존하지 않고, 나 자신이 주도적으로 관리하는 자세) 흔들리는 순간에 필요한 것은? 말씀, 공동체, 멘토, 결단, 믿음의 일상을 견고히 하는 '작은 습관들'을 만들어야 한다.

(3) 성경적 기초

① 빌립보서 2:12-13 "그러므로 나의 사랑하는 자들아 너희가 나 있을 때뿐 아니라 더욱 지금 나 없을 때에도 항상 복종하여 두렵고 떨림으로 너희 구원을 이루라 너희 안에서 행하시는 이는 하나님이시니 자기의 기쁘신 뜻을 위하여 너희에게 소원을 두고 행하게 하시나니."

해설: 신앙의 책임은 두렵고 떨림으로 감당하는 삶의 태도다. 내 안에 계신 하나님과 동행하며, 능동적으로 구원을 이루어가야 한다.

② 갈라디아서 6:4-5 "각각 자기 일을 살피라 그리하면 자랑할 것이

자기에게만 있고 남에게는 있지 아니하리니 각각 자기의 짐을 질 것이라."

해설: 신앙은 공동체와 함께하지만, 자기 몫의 짐은 스스로 져야 하는 책임이 따른다.

(4) 『천로역정』 적용

순례의 길은 동료와 함께하지만 결국 믿음은 혼자 감당해야 할 여정임을 깨닫는다. 실수와 실패에도 불구하고 다시 일어나 계속 걷는 것이 진정한 믿음이다.

(5) 코칭 나눔 질문

- 내 신앙을 지키기 위해 내가 책임져야 할 것은 무엇인가?
- 포기하고 싶은 순간, 나는 어떻게 반응하는가?
- 내 믿음을 지키는 데 가장 효과적인 습관은 무엇인가?
- 누구에게 도움을 요청하고, 누구에게 도움을 줄 수 있는가?

(6) 실천 과제

믿음은 거대한 결심보다, 날마다 성실히 살아내는 작은 영적 습관 속에서 자라난다.

첫째, 지금 이 자리에서 실천할 수 있는 신앙의 규칙을 정하고, 꾸준히 지켜보자.

예를 들어, 매일 아침 10분 기도하기, 성경 1장 읽기, 하루에 감사한 일을 3가지씩 적는 훈련은 작지만 큰 변화를 이끌어낸다. 이러한 습관은 신앙을 지식에서 삶으로 옮기게 하는 중요한 디딤돌이다.

둘째, 나의 여정을 함께 할 신앙의 동역자를 찾는 것도 필요하다.

'수퍼바이저 코치'를 정해, 기도와 삶의 점검을 함께 나누며 영적 책임을 세우는 것은 매우 유익한 실천이다. 동시에, 누군가의 여정을 위해 나 자신도 동행자가 될 수 있도록 준비해야 한다. 신앙은 받는 훈련이자, 주는 사명이기도 하다.

셋째, 신앙 다이어리를 작성해보라.

매주 한 번, 내 믿음의 여정과 실패, 은혜, 기도 제목을 일기처럼 정리해보는 것이다. 이 기록은 단순한 감상이 아니라, 하나님과의 동행을 증거하는 영적 이력서가 될 것이다.

(7) 마무리 권면

바울은 고린도전서 9장 24절 이하에서 이렇게 권면한다. "너희가 달음질하는 자들이 다 달릴지라도, 오직 상을 받는 자는 하나인 줄을 알지 못하느냐? 너희도 상을 받도록 이와 같이 달음질하라…" 신앙의 여정은 경주와 같다. 누구나 출발선에 설 수 있지만, 끝까지 달리는 자만이 상을 얻는다.

그리고 이 믿음의 경주는 누구도 대신 달려줄 수 없다. 나만이 달릴 수 있고, 나만이 결단할 수 있다. 지금 이 순간, 믿음의 책임을 내 것으로 받아들이자. 주어진 하루를 믿음으로 걸어가고, 고난 속에서도 멈추지 않는 발걸음을 내딛자. 그리고 이렇게 고백하자. "이제는 내가 책임지고, 끝까지 가야 할 길을 걷겠습니다." 믿음은 오늘 시작하는 것이다.

6단계 REPRODUCTION(재생산) : 다른 순례자들을 돕는 사명

(1) 도입

"나만 잘 믿으면 된다"는 생각의 한계

예화) 길을 걷던 한 순례자가 땅에 넘어져 있는 이방인을 발견한다. 그는 외면할 수도 있었지만, 손을 내밀어 일으켜 세워 함께 길을 간다. 그 이방인은 그 손길 속에서 예수님의 따뜻한 임재를 느꼈다. 핵심 메시지: 신앙은 개인적인 여정이지만, 공동체적인 책임을 가지고 있다. 우리의 삶은 반드시 다른 이들에게 영향을 미치게 된다.

(2) 핵심 개념 재생산(제자화)이란?

내 신앙의 열매를 다른 사람과 나누고, 그들을 하나님의 길로 이끄는 삶을 사는 것이다. 그것이 왜 중요한가? 예수님은 제자를 삼으라고 명하셨기 때문이다. (마 28:19-20) 복음은 나로부터 멈추는 것이 아니라, 계속 흘러야 한다.

(3) 성경적 기초

① 디모데후서 2:2 "또 네가 많은 증인 앞에서 내게 들은 바를 충성된 사람들에게 부탁하라 그들이 또 다른 사람들을 가르칠 수 있으리라."

해설: 신앙의 재생산은 영적 계보를 세우는 일이다. 나는 내가 받은 것을 또 다른 누군가에게 전해주는 사명자이다.

② 마태복음 28:19-20 "그러므로 너희는 가서 모든 민족을 제자로 삼아 아버지와 아들과 성령의 이름으로 세례를 베풀고 내가 너희에게 분부한 모든 것을 가르쳐 지키게 하라 볼지어다 내가 세상 끝날까지 너

희와 항상 함께 있으리라 하시니라"

해설: 모든 그리스도인은 제자 삼는 사명을 지닌 전도자다. 말과 삶으로 복음을 전하는 것이 곧 재생산이다.

(4) 『천로역정』 적용

크리스천은 여정에서 동료 순례자들을 돕고 격려한다. 특히 낙심하거나 길을 잃은 사람에게 자신의 경험을 통해 길을 안내한다.

(5) 코칭 나눔 질문

- 나의 신앙 여정에서 내가 도울 수 있는 사람은 누구인가?
- 지금 누군가에게 신앙을 나누고 있는가?
- 하나님께서 내게 맡기신 제자는 누구인가?
- 나는 다른 이들에게 나눌 만큼의 건강한 신앙을 가지고 있는가?

6) 실천 과제

신앙은 머무는 것이 아니라 나누는 것이다. 하나님과의 관계 안에서 시작된 변화는 결국 다른 이들을 세우는 증거와 실천으로 이어져야 한다. 아래의 과제를 통해 자신의 신앙을 정리하고, 누군가를 위한 영적 통로로 쓰임 받기를 결단해보자.

첫째, 신앙 간증문 정리하기.

나의 신앙 여정과 회심의 순간, 그리고 삶의 변화 과정을 간단히 정리해보자. 언제, 어떻게 하나님의 은혜를 깨달았는지, 그리고 그 이후 내 삶에 어떤 변화가 일어났는지를 기록하는 일은 자기 성찰의 도구이자, 다른 이를 위한 복음의 씨앗이 될 수 있다.

둘째, 중보기도 실천하기.

지금 마음에 떠오르는 한두 사람을 정해, 그들을 위해 기도하고, 짧은 격려의 문자를 보내보자. 신앙은 홀로 이루는 것이 아니라, 함께 짊어지고 함께 일으켜 세우는 동행의 행위이다.

셋째, 코칭 계획 세우기.

나보다 믿음의 여정이 어린 후배 신앙인을 떠올려보자. 그를 위해 내가 내어줄 수 있는 시간, 자료, 기도 제목을 정리해보고, 작게라도 동행할 수 있는 코칭 계획을 세워보자.

이것은 단순한 도움을 넘어, 제자를 세우는 영적 사명에 동참하는 일이다.

(7) 마무리 권면

디도서 2장 7절은 이렇게 권면한다. "범사에 네 자신이 선한 일의 본을 보이며…" 신앙은 말로 가르치는 것이 아니라, 삶으로 본을 보이는 일이다. 진정한 제자는 가르치는 사람이 아니라, 살아내는 사람이다.

그리고 그 삶은 다른 사람에게 도전이 되고, 길이 된다. 신앙은 나 혼자 잘 믿는 것이 목적이 아니다. 누군가를 일으켜 함께 천성을 향해 걸어가는 것, 그것이 참된 믿음의 여정이다. 당신의 삶을 통해 새로운 제자가 태어날 수 있다. 지금 이 자리에서 결단하라. "주님, 제 삶이 누군가의 출발점이 되게 하소서."

2. 인성형성 – 〈오디세이 6주〉
내면과 관계, 소명과 변화를 향한 인성적 순례

1) 프로그램 개요

『오디세이』는 호메로스(Homeros: 기원전 8세기경)가 기록한 고대 서사시로, 오디세우스가 트로이 전쟁 후 고향 이타카로 돌아가는 10년간의 여정을 그리고 있다. 이 여정은 단지 지리적 귀환이 아니라, 인격의 성장과 자기 정체성의 회복을 담은 인생 순례다.

본 프로그램은 『오디세이』의 14단계 여정을 VICTOR 6단계(Vision/ Identity/ Calling/ Transformation/ Ownership/ Reproduction)로 구조화하여, 현대인을 위한 인성 형성 코칭과 자기성찰 훈련에 적용한 통합 인성코칭 과정이다. 각 단계마다 고전적 장면, 성경 본문, 인격적 주제, 코칭 질문, 실천 워크를 연결해 참가자가 깊은 자기 이해와 성숙한 인격 형성으로 나아갈 수 있도록 돕는다.

2) 기대효과

참여자가 자신의 인생 여정을 되돌아보며 삶의 의미를 재발견하고, 정체성과 사명을 새롭게 정립함으로써 자기 확신과 책임 의식을 회복하도록 돕는다. 유혹과 실패의 과정을 통과하며 자기 통제력과 회복탄력성을 강화하고, 진정한 변화와 구체적인 실천을 통해 지속 가능한 인격적 성장을 이루게 된다. 또한 타인을 이해하고 함께 성장하는 과정 속에서, 공동체적 리더십의 품성과 협력 능력을 함양하게 된다. 더불어 고전 문학과 성경을 통합한 자기성찰 훈련을 통해 참여자는 깊이 있는 내면의 성찰과 영적 성숙을 경험하게 된다.

3) VICTOR 6단계 개요 도표

단계	오디세이 여정	핵심 메시지	주제 성구
Vision (비전)	칼립소의 섬, 로터스의 유혹	목적 없이 머무르지 말고 방향을 회복하라	잠언 29:18
Identity (정체성)	폴리페무스와의 만남	위기 속에 드러나는 진정한 나는 누구인가	이사야 43:1
Calling (소명)	세이렌의 노래, 스킬라와 카리브디스	나를 부르시는 목소리에 귀 기울이라	에베소서 4:1
Transformation (변화)	키르케, 하데스의 방문	고난과 실수를 통과하며 인격이 다듬어진다	로마서 5:3-4
Ownership (책임)	동료들의 실수와 죽음	결과에 책임지는 태도가 진정한 성숙이다	갈라디아서 6:5
Reproduction (재생산)	이타카 귀환 후 텔레마코스를 훈련함	성숙한 인격은 다음 세대를 세운다	디모데후서 2:2

4) 『오디세이』 주요 여정과 인성적 상징해석

『오디세이』는 단순한 모험 서사가 아니라, 인간 내면의 성숙과 인성 형성의 여정을 상징적으로 그려낸 이야기다. 각 장면은 하나의 삶의 은유이며, 우리가 겪는 심리적·도덕적·관계적 과제들과 맞닿아 있다.

다음은 주요 장면에 대한 상징 해석과 그 인성적 적용이다.

칼립소(Calypso)의 섬은 쾌락과 안락의 유혹을 상징한다. 영원히 젊고 편안한 삶을 제안받지만, 오디세우스는 그 안주를 거절하고 고향으로 돌아가야 할 목적을 다시 붙든다. 이 장면은 목적을 잃게 만드는 유혹 앞에서 자신의 소명을 기억할 수 있는가를 묻는다.

폴리페무스((Polyphemus: 외눈박이 거인)는 힘에 대한 오만과 자기중심성의 상징이다. 오디세우스는 지혜로 그를 이기지만, 자만한 말 한마디로 신들의 분노를 사게 된다. 이 장면은 자기 인식과 겸손, 지혜로운 말의 중요성을 일깨운다.

키르케(Circe)의 궁전은 환상과 현실의 경계다. 쾌락에 빠진 동료들은 짐승이 되고, 오디세우스는 저항하고 동료를 되찾는다. 이는 자기 절제와 판단력의 회복, 타인을 책임지는 도덕적 리더십을 상징한다.

하데스(Hades) 방문은 죽음을 직접 마주하는 내면의 그림자 여행이다. 오디세우스는 죽은 자들의 영혼을 만나며 자신과 삶의 의미를 깊이 성찰한다. 이 장면은 자기 성찰, 고통과 직면, 내면의 용기를 요구한다.

세이렌(Sirens), 스킬라(Scylla)와 카리브디스(Charybdis)는 유혹과 공포, 양극단의 위험 사이에서 선택을 요구하는 장면이다. 오디세우스는 위험을 감수하고 일부를 희생하며 나아간다. 이는 현실 속에서 완벽하지 않은 결정을 내리는 지혜와 책임감, 그리고 희생을 감수하는 리더십을 보여준다.

마침내 이타카(Ithaca)로의 귀환은 오디세우스 여정의 완성이다. 그는 단지 집에 돌아온 것이 아니라, 자기 정체성, 가정, 공동체, 리더십의 자리를 회복한 인간으로 돌아왔다. 이 장면은 회복, 헌신, 공동체에 대한 책임이라는 인성적 과제를 상징한다.

『오디세이』의 여정은 결국 인간성의 회복, 그리고 내면의 리더로 성장해가는 순례자적 여정이다. 우리도 이 여정 속에서 자신의 인생을 비추어보고, 현재 내가 어느 장면에 머물러 있는지를 묻는 성찰의 길에 서야 한다.

5) 결론 적용 멘트 예시

"오디세우스의 여정은 오늘 우리의 이야기이다. 쾌락의 섬을 떠나 정체성을 회복하고, 고난과 선택의 바다를 건너 결국 공동체를 세우는 이 여정은 바로 우리가 걸어가야 할 인생의 순례길이다." "성숙이란, 수많은 유혹과 실패 속에서도 끝내 이타카를 향해 걷는 인격의 힘이다." "당신의 인생은 돌아가야 할 방향이 있다. 그 길에 인성과 리더십이 세워진다."

1단계 VISION : 인생의 나침반을 찾다

(1) 도입 – 방향 상실의 위기

트로이 전쟁이 끝난 후 오디세우스는 이타카로 돌아가는 여정에서 수많은 유혹과 위기를 만났다. 로터스족(lotus : 연꽃)의 망각은 모든 것을 잊게 만드는 유혹이고, 칼립소의 유혹은 머물게 만드는 유혹이었다. 칼립소 섬에서의 7년은 풍요롭고 편안했지만, 목적 없는 안식이 었었을 뿐이었다. 그 가운데서도 오디세우스는 진정한 목적지를 향한 갈망을 잃지 않았다. 결국 신의 개입과 자신의 결단으로 다시 배를 띄우게 된다. 그 여정의 동력은 분명한 비전, 즉 "돌아가야 할 곳"이 있었기 때문이다. 오늘날 많은 이들이 편안함이나 당장의 쾌락에 머무르며, 자신이 가야 할 진정한 목적지를 잃어버린 채 살아간다. 오디세우스는 자신의 '본향'이라는 비전을 잊지 않았다.

(2) 핵심 개념
비전은 삶의 방향을 정하는 나침반이다. 환경이나 감정이 흔들어도, 비전이 있다면 길을 잃지 않는다.

(3) 『오디세이』 적용
로터스족의 열매를 먹은 동료들 - 목적을 잃은 망각의 상징
칼립소의 섬 - 지금의 안락함에 안주하려는 유혹
오디세우스는 신들(특히 아테나)의 도움과 내면의 사명을 기억하며 길을 떠난다.

(4) 성경적 적용
잠언 29:18 "묵시가 없으면 백성이 방자히 행하거니와"
아브라함은 하나님의 부르심을 따라 본토 친척 아비 집을 떠났다 (창 12장).

(5) 코칭 나눔 질문
- 내 인생의 이타카는 어디인가?
- 지금 나는 어느 방향을 향하고 있는가?
- 편안함으로 잃어버린 비전은 없는가?
- 하나님의 시선에서 내 비전은 무엇일까?

(6) 실천 과제

첫째, 나만의 비전 선언문을 작성해보자. "나는 하나님께서 주신 삶의 목적을 따라 (   )한 사람으로 살아가기를 원한다."

둘째, 5년 후 내가 도달하고 싶은 이타카의 모습을 글이나 그림으로 표현해보자. 그것은 회복된 관계, 이루고 싶은 사명, 혹은 내면의 평화일 수 있다.

셋째, 비전을 방해하는 요소 세 가지를 적고, 각각에 대한 극복 방안을 함께 정리해보자. 예, 두려움, 매일 말씀 묵상과 기도로 극복, 게으름, 정해진 시간 루틴 실천 등. 이 실천은 하나님과 함께 내 삶의 방향을 점검하는 순례자의 훈련이다.

(7) 마무리 권면

오디세우스는 수많은 방황에도 결국 이타카를 잊지 않았다. 여러분의 인생 여정에도 이타카, 즉 비전이 있기를 바란다. 흔들려도 다시 일어나는 힘은, 방향이 분명한 사람에게 주어진다. "비전 없는 백성은 방자히 행하나, 비전을 품은 사람은 끝까지 견딘다."

2단계 IDENTITY : 나는 누구인가?

(1) 도입

정체성 혼란의 시대 오디세우스는 폴리페무스를 속이기 위해 자신을 "이름 없는 자(No-body)"라 했다. 이는 생존을 위한 선택이었지만, 결국 그는 자신의 이름과 정체성을 되찾고 고향 이타카로 돌아가는 왕으로 회복된다. 혼란의 시대일수록, 진정한 나를 아는 것이 생존과 회복의 열쇠다. 오늘날 우리는 SNS 속의 자아, 타인의 기준 속에서 자주 흔들리는 '나'를 발견한다.

(2) 핵심 개념

정체성은 외부의 인정보다 하나님 안에서 주어지는 본질이다.

위기 속에서도 변하지 않는 '나는 누구인가'에 대한 분명한 인식이 필요하다.

(3) 『오디세이』 적용

자신을 "노바디"라 할 때, 정체성 상실의 위기를 극복하고 귀환 이후 가족과 민족 앞에서 진정한 '왕'으로 돌아온다. 텔레마코스에게 '아버지'로서의 존재감을 회복한다.

(4) 성경적 적용

이사야 43:1 "내가 너를 지명하여 불렀나니 너는 내 것이라."

예수님은 시험받을 때마다 자신의 정체성을 하나님의 아들로 확증하신다.

(5) 코칭 나눔 질문

- 나는 나를 누구라 말할 수 있는가?
- 나의 정체성을 흔드는 외부 기준은 무엇인가?
- 나는 하나님의 자녀로서 어떤 고유함을 지니고 있는가?

(6) 실천 과제

첫째, 나의 정체성 선언문을 작성해보자. "나는 하나님 앞에서 (   )인 존재이다." 이 문장은 내가 누구인지를 말씀과 기도 안에서 다시 고백하는 출발점이 된다.

둘째, 나를 가장 나답게 만드는 5가지 특징을 적어보자. 성품, 가치관, 행동양식, 은사 등 구체적으로 돌아보며 자기 인식을 확장해 보자.

셋째, '하나님 앞의 나'와 '사람 앞의 나'를 비교해보자. 내가 사람들에게 보이고자 하는 모습과, 하나님께서 바라보시는 진짜 나 사이에 어떤 차이가 있는지 성찰해보는 것이 이 과제의 핵심이다. 이 정직한 비교는 신앙과 삶의 일치를 향한 중요한 첫걸음이 될 것이다.

(7) 마무리 권면

오디세우스는 위장된 신분 속에서도 자신의 이름과 본질을 되찾았다. 오늘 우리는 하나님 안에서 주어진 정체성을 회복해야 한다. 세상 속 '노바디'가 아니라, 하나님 나라의 '소중한 자'로 살아가자. "나는 누구인가"라는 질문보다, "하나님이 나를 어떻게 부르시는가"에 귀를 기울여 보자.

3단계 CALLING : 나는 왜 여기에 있는가?

(1) 도입 – 존재 이유를 묻다

험난한 여정을 지나며 오디세우스는 수없이 물었을 것이다. "왜 이렇게까지 해야 하지?" 그러나 떠난 목적은 분명했다. '아내와 민족, 그리고 아들 텔레마코스.' 오디세우스는 수많은 시련을 겪으면서도 단한 가지, 집으로 돌아가야 할 '이유'를 잊지 않았다. 그것은 사랑하는 가족과 나라를 위한 소명이었다. 그의 소명은 단지 생존이 아니라, 누군가를 위해 살아내는 것이었다. 그 사명이 있었기에 좌절과 유혹을 이길 수 있었다. 오늘을 살아가는 우리는 종종 "왜 이 일을 하지?", "이게 내 사명일까?"라는 질문을 품는다.

(2) 핵심 개념

Calling은 나의 존재 목적이며, 타인을 위한 부르심이다. 사명은 열정을 불러일으키고, 위기 속에서도 견디게 한다.

(3) 『오디세이』 적용

돌아가야 할 이유: 아내 페넬로페, 아들 텔레마코스, 민족공동체. 시련을 견디게 한 내면의 부르심. '이 여정은 나만의 것이 아니다'라는 사명감이 있었다.

(4) 성경적 적용

에베소서 4:1 "부르심을 받은 일에 합당하게 행하라."
모세는 미디안 광야에서 부르심을 듣고 이스라엘을 인도하는 지도자로 거듭난다.

(5) 코칭 나눔 질문

- 나는 어떤 일을 할 때 가장 살아있다고 느끼는가?
- 나의 사명은 누군가에게 유익을 주고 있는가?
- 내가 불타는 열정을 느끼는 사역은 무엇인가?

(6) 실천 과제

첫째, Calling 사명 선언문을 작성해보자. "하나님은 나를 (   ) 로 부르셨고, 나는 이 사명을 따라 (   ) 삶을 살아가겠다." 이 문장은 나의 존재 목적과 오늘의 방향을 연결해주는 고백이 된다.

둘째, '지금 여기서' 내가 감당해야 할 책임 목록을 정리해보자. 가정, 교회, 직장, 공동체 등 내가 현재 속해 있는 삶의 자리에서 맡은 역할과 책임을 구체적으로 써보자.

셋째, 내가 돕고 싶은 사람 3명을 정하고, 그들을 위한 중보기도와 구체적 섬김 방법을 생각해보자. 이 실천은 나의 사명이 관계 속에서 살아 움직이도록 만드는 적용의 시작이 될 것이다.

7) 마무리 권면

오디세우스의 여정은 단순한 귀환이 아니라, 소명을 따라 살아낸 이야기이다. 우리의 소명도 단지 직업이나 역할이 아닌, 존재 그 자체다. 하나님은 우리 각자에게 '지금 여기서' 부르신다. 그 부르심에 믿음으로 응답하자.

4단계 TRANSFORMATION : 고난은 나를 바꾼다

(1) 도입 : 위기는 변장의 기회

스킬라와 카리브디스라는 괴물 사이를 지나야 했던 순간, 오디세우스는 자신의 판단과 용기를 시험받는다. 때로는 일부를 포기해야 다수를 구할 수 있는 리더의 고뇌도 경험하게 된다. 그는 여정 중 실수를 통해 배우고, 반복되는 위기에서 점점 더 절제된 인격으로 변화되어 간다. 오디세우스는 수많은 위기 속에서 지혜롭고 절제된 지도자로 성장해간다. 변화는 단번에 이뤄지지 않지만, 반복되는 도전과 선택을 통해 인격이 단련된다. 진정한 변화는 환경이 아니라 '내가 누구로 변하고 있는가'에 달려 있다.

(2) 핵심 개념

Transformation은 인격의 깊이와 유연성을 키우는 과정이다. 위기 속 선택이 곧 변화의 시작이다.

(3) 『오디세이』 적용

스킬라와 카리브디스 사이의 고뇌 속에서도, 부하의 실수를 감싸며 지도자로서 성숙해 간다. 신들의 도움보다 자신의 지혜와 절제가 빛을 발휘한다.

(4) 성경적 적용

로마서 12:2 "이 세대를 본받지 말고… 변화를 받아"

베드로는 예수를 모른다고 하던 '자기 부인의 영성'이 회복과 사도의 길로 변화된다.

(5) 코칭 나눔 질문

- 나를 성장시킨 고난은 무엇이었는가?
- 나는 위기 속에서 어떻게 반응했는가?
- 지금 변화되어야 할 내면의 영역은 어디인가?

(6) 실천 과제

첫째, 내 인생의 '변화 포인트' 3가지를 정리해보자. 삶의 방향이 달라졌던 사건, 하나님을 깊이 만났던 순간을 돌아보며 그 의미를 적어보자.

둘째, 고난 속 감사 일기를 써보자. 힘들었던 일 한 가지를 떠올리고, 그 안에서 발견한 감사의 이유를 짧게 정리해보자. 예, "그때는 괴로웠지만, 인내를 배웠고 하나님의 위로를 경험했다."

셋째, 지금 변화되기를 원하는 삶의 영역 한 가지를 정하고, 구체적인 실천 계획을 세워보자. 예, 감정 절제, 기도 습관, 시간 관리 등. 작고 현실적인 실천부터 시작하는 것이 변화의 시작이다.

(7) 마무리 권면

오디세우스는 고난을 피해 가지 않았다. 오히려 고난을 통과하면서 더 깊고 단단한 존재로 변화되었다. 진정한 변화는 겉모습이 아니라, 인격의 깊이에서 시작된다. 지금 겪는 고난이 변화의 불쏘시개임을 믿고 나아가자.

5단계 OWNERSHIP : 책임 있게 응답하다

(1) 도입 – 책임은 성숙의 징표

아이올로스가 선물한 바람 자루를 부하가 실수로 열어 모든 노력이 수포로 돌아간다. 하지만 오디세우스는 그 상황을 회피하지 않고 책임지며 다시 항해를 시작한다. 위기 속에서도 지도자는 남 탓이 아니라 자기 몫을 감당하며 길을 연다. 오디세우스는 자신의 실수, 부하의 죽음, 고통스러운 여정 모두를 피하지 않고 감당했다. 지도자는 결과 앞에서 도망치지 않고 책임지는 사람이다. 우리는 삶의 모든 결정과 결과에 대한 태도에서 인격이 드러난다.

(2) 핵심 개념

Ownership은 나의 말, 선택, 감정, 관계에 대한 책임 있는 자세다. 책임은 타인이 아닌 '내가' 주체가 될 때 시작된다.

(3) 『오디세이』 적용

아이올로스의 바람 자루를 부하가 열었을 때 책임을 회피하지 않았다. 동료들을 잃은 후에도 남은 자들을 지키기 위한 리더십을 발휘하고, 끝까지 고향의 집을 회복하기 위해 스스로 적들과 맞서 싸웠다.

(4) 성경적 적용

갈라디아서 6:5 "각각 자기의 짐을 질 것이라"

예수님은 십자가를 피하지 않고 '내가 마시리이다'(마 26:39)라고 하셨다.

(5) 코칭 나눔 질문

- 나는 어떤 실수를 남 탓하는 경향이 있는가?
- 지금 내가 책임지고 감당해야 할 영역은 무엇인가?
- 나의 말과 행동이 공동체에 어떤 영향을 주고 있는가?

(6) 실천 과제

첫째, 책임 선언문을 작성해보자. "나는 이 일에 이렇게 책임지겠습니다." 하나님 앞에서, 또는 사람들과의 관계 속에서 내가 감당해야 할 일에 대해 분명한 태도를 고백해보자.

둘째, 하루 3번 나의 말, 감정, 선택을 점검해보자. 하루 중 아침, 점심, 저녁에 잠시 멈추어 내가 어떤 말과 감정을 표현했고, 어떤 선택을 했는지를 돌아보며 자기 인식을 기른다.

셋째, 공동체 안에서 내가 맡은 역할 하나를 정해, 이번 한 주 더 성실하게 실천해보자. 예, 소그룹 리더, 예배 봉사, 가정의 중보자 등. 작은 책임에 충실함이 믿음의 성장을 이끈다.

(7) 마무리 권면

오디세우스는 도망치지 않았다. 끝까지 자기 자리를 지켰고, 책임졌다. 진정한 리더는 상황보다 태도로 말한다. 오늘 나의 삶 속에서도 '도망'이 아닌 '책임'으로 응답하자. 성숙은 책임의 무게를 기쁘게 감당하는 데서 시작된다.

6단계 Reproduction : 인성의 재생산 - 공동체적 영향력과 헌신

(1) 도입

오디세우스는 고향 이타카로 돌아가는 여정에서 수많은 사람들의 도움을 받았다. 그리고 마지막엔 자신만이 아니라 나라 전체를 다시 회복시키는 사명을 감당했다. 인생의 목적은 자기실현에 머무르지 않고, 다른 이들을 위한 헌신과 돌봄으로 확장되어야 한다. "내 삶 하나 잘살면 됐다"는 개인주의는 한계가 있다.

(2) 핵심 개념

Reproduction(재생산)이란? 나의 인격적 성숙을 통해 다른 사람의 인격 형성에 영향을 주는 삶이다. 재생산이 왜 중요한가? 인성은 전염(공유)된다. 우리는 타인에게 영향을 끼치든가, 영향을 받든가 둘 중 하나다.

(3) 『오디세이』 적용

오디세우스는 자신의 여정에서 단련된 지혜·절제·용기를 아들 텔레마코스에게 전수하며 인성의 재생산을 실천한다. 마지막 전투에서 민족의 평화와 정의 회복을 위해 싸우며 공동체 인도자 역할을 수행한다.

핵심 장면: 아버지로서 텔레마코스를 훈련시키는 장면과 최종 귀환 후 나라를 평화롭게 다스리는 장면.

(4) 성경적 적용

디모데후서 2:2 "또 네가 많은 증인 앞에서 내게 들은 바를 충성된 사람들에게 부탁하라 그들이 또 다른 사람들을 가르칠 수 있으리라." 인성도 신앙처럼 전수되어야 한다.

디도서 2:7 "범사에 네 자신이 선한 일의 본을 보이며…" 나의 성품은 말이 아닌 삶으로 재생산된다.

(5) 코칭 나눔 질문

- 내 인생 여정에서 어떤 가치와 인성을 물려줄 수 있는가?
- 내가 누군가에게 본이 되는 삶을 살고 있는가?
- 내 자녀(후배, 팀원)는 나를 어떻게 기억할까?
- 나는 누구에게 영향을 끼치고 있는가?

(6) 실천 과제

첫째, 인성 전수 선언문을 작성해보자.

"나는 (   )라는 가치를 지켜왔고, 이 인격의 유산을 다음 세대에 전하겠습니다." 정직, 책임, 용서, 섬김 등 내가 삶으로 지켜온 중요한 가치를 고백의 언어로 남겨보자.

둘째, 영향력 리스트를 만들어보자.

내가 인격적으로 좋은 영향을 주고 싶은 사람 3명을 적고, 각 사람에게 줄 수 있는 구체적인 가치나 실천 방법을 정리하자.
예) 경청, 격려, 삶의 지혜, 신앙적 모델, 기도 동행 등.

셋째, 실천 계획을 세워보자.

주 1회 격려 문자 보내기, 짧은 코칭 대화, 식사 나눔 등.

월 1회 독서 나눔, 깊은 대화, 코칭 받기 또는 해주기 등.

작은 실천이 인격의 유산을 전하는 길이 된다. 지금, 그 길을 시작하라.

(7) 마무리 권면

"오디세우스는 끝까지 자신만의 여정이 아니라, 자기 민족의 재건과 다음 세대의 교육을 완성하며 여정을 마무리했다." 우리의 인성은 나 하나의 완성으로 끝나지 않고, 다른 사람 안에서 재생산되어야 진정한 의미가 완성된다.

3. 영성형성 – 〈단테 신곡 6주〉
영혼의 상승: 절망에서 정화, 사랑과 연합으로 이끄는 영성적 순례

단테의 『신곡』은 영혼이 절망과 죄의 깊은 어둠에서 출발하여, 정화의 여정을 지나, 하나님의 사랑 안에 들어가는 영적 순례(spiritual pilgrimage)를 그려낸다. 이 6주간의 영성형성 프로그램은 그 여정을 따라가며, 회개와 정화, 사랑과 연합의 신비를 묵상하고 체험하게 한다. 그것은 곧 우리 각자가 하나님과 깊은 연합과 변화(transformation)를 향해 걷는 영혼의 상승 여정이다.

1) 프로그램 개요 – 〈VICTOR 영성형성 코칭 프로그램〉

단테(Dante Alighieri : 1265~1321)의 『신곡』의 여정을 따라가며, 현대인의 신앙 여정을 VICTOR 6단계(Vision/ Identity/ Calling/ Transformation/ Ownership/ Reproduction)로 정리한 통합적 영성 코칭 과정이다.

각 단계마다 성경 본문, 신곡의 상징, 신학적·철학적 의미, 코칭 질문, 실천활동을 연결하여 체계적인 영성 성장을 유도한다.

2) 기대효과

참여자는 자신의 신앙 여정을 성찰하며, 삶의 방향성을 영적으로 회복하게 된다. 정체성과 소명을 말씀 안에서 분명히 인식하고, 성령의 인도하심 속에서 내면의 변화를 경험하게 된다.

이 과정은 성경과 고전문학을 통합한 통찰력 있는 영성 훈련을 제공하며, 코칭형 질문과 공동체적 나눔을 통해 서로 안에서 자라나는 신앙의 성숙을 도모한다. 나아가 변화된 자아로 세상 속에서 선한 영향력을 발휘하며, 하나님 나라의 비전을 따라 살아가는 삶의 방향을 제시한다.

3) VICTOR 6단계 전체개요 도표

단계	신곡 여정	핵심 메시지	주제 성구
1. Vision (비전)	〈지옥편〉 어두운 숲에서 길을 잃음	혼돈 속에서 하나님의 비전을 발견한다.	이사야 6:8
2. Identity (정체성)	〈지옥편〉 베르길리우스의 인도와 자기 인식	하나님 안에서 나의 진정한 자아를 회복한다.	고린도후서 5:17
3. Calling (소명)	〈연옥편〉 정화의 계단을 오르며 부르심을 인식	하나님의 부르심에 순례자로 응답한다.	예레미야 1:5
4. Transformation (변화)	〈연옥편〉 7대 죄를 씻는 회개의 여정	죄성과 마주하며 성령 안에서 변화된다.	로마서 12:2
5. Ownership (책임)	〈천국편〉 자유로운 순종과 질서 안의 책임	변화된 삶을 자발적으로 책임진다.	갈라디아서 2:20
6. Reproduction (재생산)	〈천국편〉 삼위일체의 빛 체험과 파송의 사명	하나님의 사랑을 세상에 나눈다.	마태복음 28:19-20

4) 단테 『신곡』의 탄생 배경과 주제

단테는 중세 피렌체의 시인이자 정치가였지만, 내란과 교회와 제국 간 권력 갈등 속에 고향에서 추방당했다. 그는 19년간 망명과 방랑의 삶을 살며, 존재의 붕괴와 신앙의 위기를 경험했다. 그 고통 속에서 그는 "구원받을 수 있는 인간은 누구인가?"라는 질문에 맞섰고, 그 응답으로 『신곡』을 13년간 집필했다. 이 작품은 지옥, 연옥, 천국을 통과하는 인간 영혼의 여정을 따라, 죄의 자각, 회개, 정화, 그리고 은혜로 이르는 구원의 길을 그려낸다. 『신곡』은 신학과 문학, 이성과 믿음이 통합된 순례의 서사이며, 하나님의 정의와 자비, 사랑이 긴장 속에서 작용하는 구속의 질서를 깊이 있게 보여주는 상징적 대작이다.

집필 동기 : 『신곡』은 단테가 방랑과 추방의 삶 속에서 마주한 영적 질문에 대한 시적 응답이다. 그는 인간이 죄 가운데 있을지라도 회개와 정화를 거쳐 은혜로 나아갈 수 있다는 구속의 희망을 이 작품에 담았다. 그 여정 속에서 이성과 믿음, 철학과 계시, 인간의 노력과 하나님의 은총이 어떻게 함께 작동하는지를 보여주며, 독자가 내면의 회심과 구원의 길을 발견하도록 이끈다. 『신곡』은 단순한 문학이 아니라, 구원을 갈망하는 모든 이들을 위한 영혼의 나침반이자 신학적 성찰의 공간이다.

5) 『신곡』의 구조와 내용 요약 – 지옥(Inferno)

하나님의 공의, 죄의 형벌 세계, 베르길리우스가 안내한다.
연옥 (Purgatorio): 하나님의 자비, 정화의 산, 베르길리우스가 안내하다가 베아트리체로 교체된다.
천국(Paradiso): 하나님의 영광, 천상의 나라, 베아트리체가 안내한다.
각 단계는 죄의 자각, 회개와 정화, 구원과 영광으로 구성되었다.

6) 베르길리우스와 베아트리체 – 이성과 은혜의 상징

단테『신곡』의 여정에는 두 명의 주요 인도자가 등장한다. 한 사람은 고대 로마의 시인 베르길리우스(Vergilius), 다른 한 사람은 단테가 생전에 사랑했던 실제 인물 베아트리체(Beatrice)다. 이 두 인물은 단순한 안내자를 넘어, 인간 구원의 여정에서 '이성과 은혜'가 어떤 역할을 하는지를 보여주는 상징적 존재이다. 베르길리우스는 단테를 지옥과 연옥의 여정으로 이끈다. 그는 고전 문학과 철학, 인간 이성의 대표자로서, 죄의 인식과 도덕적 각성을 가능하게 하는 역할을 한다. 그러나 그는 천국의 문 앞에서 멈춰야만 한다. 이는 인간 이성의 한계를 상징한다. 아무리 고결한 이성과 철학이라도 구원의 영역, 곧 하나님의 임재에 이르기까지는 인도할 수 없다.

그 자리를 이어받는 이가 바로 베아트리체다. 그녀는 단테를 천국으로 인도하는 존재이며, 하나님의 은혜와 계시, 사랑의 상징으로 나타난다. 단테는 그녀를 통해 하나님의 진리를 깨닫고, 최종적으로 하나님과의 연합에 이르게 된다. 은혜 없이는 누구도 천국에 이를 수 없다는 사실이 그녀의 등장을 통해 명확하게 드러난다. 이 둘의 전환은 신학적으로 중요한 메시지를 담고 있다. "인간은 이성으로 죄를 깨달을 수는 있으나, 오직 은혜로만 구원을 얻는다." 베르길리우스와 베아트리체는 각각 율법과 복음, 이성과 계시, 자력과 은혜의 대비 구조를 형성하며, 신곡의 구속사적 구조를 완성하는 열쇠와도 같다. 이 여정은 오늘을 사는 우리에게도 묻는다. "당신은 지금 누구의 인도를 받고 있는가? 이성에 멈춰 있는가, 은혜를 따라 나아가고 있는가?" 단테의 고백처럼, 우리가 진정 하나님께 이르기 위해서는 은혜의 이름을 불러야 한다.

7) 주요 장면 인용과 신앙적 적용

(1) 베르길리우스가 단테를 떠나는 장면 〈연옥편 27곡〉

"나는 네 뜻의 왕이 아니며, 이성의 지혜로는 너를 더 이상 인도하지 못하노라. 이제 네 뜻은 자유롭고 올바르며 건전하니, 너 스스로 그것을 따르라." 이 말은 베르길리우스가 단테를 더 이상 천국의 영역으로 인도할 수 없음을 인정하는 장면이다. 그는 고귀한 이성이지만, 죄의 인식과 윤리적 각성까지가 그의 한계임을 스스로 고백한다. 이는 신앙적으로 중요한 진리를 드러낸다. 인간 이성은 회개에 이르게 할 수는 있으나, 구원의 문을 열 수는 없다.

이는 바울의 선언과 정확히 맞닿는다. "사람이 의롭게 되는 것은 율법의 행위로 말미암음이 아니요, 오직 예수 그리스도를 믿음으로 말미암는 줄 알므로…"(갈 2:16). 율법과 철학, 이성과 도덕은 필요하지만, 오직 믿음으로 의롭다 하심을 얻는다는 복음의 핵심이 이 장면에 함축되어 있다.

2) 베아트리체가 단테를 책망하는 장면 〈연옥편 30곡〉

"너는 세상의 헛된 그림자에 마음을 뺏겼고, 그것들이 나를 잊게 했도다. 내 죽음 이후 너는 다른 길로 돌아섰고, 참된 빛을 멀리한 채, 유혹에 빠져 영혼을 흔들었도다." 단테는 베아트리체의 등장 앞에서 기쁨보다 죄책감과 눈물을 먼저 마주한다. 은혜는 감상적인 위로가 아니라, 죄의 직면과 정화로부터 시작되는 변화의 불꽃이다. 신앙적 적용은 분명하다. 하나님의 은혜는 먼저 우리의 타락을 직면하게 하고, 진정한 회복의 길로 이끈다. 예수께서 말씀하신 바와 같다. "그가 와서 죄에 대하여, 의에 대하여, 심판에 대하여 세상을 책망하시리라."(요 16:8) 또한 주께서 말씀하신다. "무릇 내가 사랑하는 자를 책망하여 징계하노니, 그러므로 네가 열심을 내라 회개하라"(계 3:19).

베아트리체의 책망은 단테를 무너뜨리기 위한 것이 아니라, 그를 다시 세우기 위한 사랑의 간섭이다. 그녀를 통해 단테는 다시 빛을 향하게 되고, 자신의 길을 은혜의 길로 다시 정립하게 된다. 이 장면은 오늘날 우리에게도 묻는다. "여러분은 이성의 길에 머물러 있는가, 은혜 앞에 무릎 꿇고 있는가?" 신앙의 전환은 지적 동의가 아니라, 은혜 앞에 죄를 직면하고 새 길을 따르는 순례자의 선택으로 이루어진다.

3) 종합: 베르길리우스와 베아트리체 – 신앙적 통찰

단테『신곡』에서 베르길리우스와 베아트리체는 단순한 안내자가 아니라, 인간 구원의 길에 대한 신학적 상징을 대조적으로 보여준다. 베르길리우스는 이성의 상징이다. 그는 죄를 인식하게 하고, 도덕과 성찰을 통해 단테를 연옥의 입구까지 이끈다. 그러나 거기까지가 한계다. 그는 천국문을 넘을 수 없으며, 단테의 영혼을 하나님의 임재로 인도할 수 없다. 반면, 베아트리체는 은혜의 상징이다. 그녀는 세상의 유혹에 흔들렸던 단테를 책망하고, 회개로 이끈 뒤, 그를 천국 중심부, 곧 하나님과의 연합으로 인도한다. 이 전환은 이성과 노력으로는 결코 도달할 수 없는 구원의 본질을 드러낸다.

신앙적으로 볼 때, 베르길리우스는 성경 지식과 도덕, 종교적 열심을 상징한다. 이는 중요하지만, 그것만으로는 구원에 이를 수 없다. 구원은 회개와 믿음, 십자가의 은혜로만 가능하다. 이성과 노력은 회개의 문 앞까지 데려다줄 수 있으나, 그 문을 여는 것은 은혜의 손길이다. 결국 단테의 여정은 복음의 핵심을 요약한다. "이성은 길을 비추지만, 은혜는 문을 연다." 구원의 여정은 이성과 은혜가 연결되어야 완성된다. 이 길에서 우리는, 베르길리우스의 지혜로 눈을 뜨고, 베아트리체의 사랑으로 하나님께 이르게 된다.

8) 마무리 권면

"단테는 이성의 길을 따라 지옥과 연옥을 지나, 마침내 은혜의 손에 이끌려 천국에 도달한다. 우리도 이 세상에서 다양한 베르길리우스를 만나 이성과 도덕의 길을 걷지만, 천국의 문은 오직 은혜로 열린다. 예수님은 말씀하신다. '내가 곧 길이요 진리요 생명이니 나로 말미암지 않고는 아버지께로 올 자가 없느니라.' (요 14:6) 요단강을 건너는 그날, 우리의 이성도 멈추고, 오직 주님의 은혜만이 우리를 하나님 앞으로 이끌 수 있다."

1단계 VISION - 길을 잃은 숲에서 부르심을 듣다

"내 인생의 중간에서, 나는 올바른 길을 벗어나 어두운 숲속에 있었다." 이 문장으로 『신곡』은 시작된다. 단테는 길을 잃은 혼란과 두려움 속에서 방황하다가, 고대 시인 베르길리우스의 인도를 받는다. 그는 단순한 안내자가 아니라, 하나님께서 보내신 은총의 중개자였다. 단테는 지옥과 연옥, 천국을 거쳐 가는 장대한 여정 속에서 점점 더 밝아지는 빛을 향해 나아간다.

(1) 도입

단테의 여정은 곧 우리의 이야기다. 어느 날 문득, 우리는 인생의 중심에서 길을 잃고 있음을 깨닫는다. 그때 하나님은 새로운 비전을 열어 주신다. 영적 여정의 시작은 내가 누구인지, 어디 있는지, 그리고 어디로 가야 하는지를 다시 묻는 데서 시작된다.

(2) 핵심 개념
영적 비전은 단지 '앞날의 계획'이 아니라, 하나님께서 내게 원하시는 방향에 대한 통찰이다. 비전이 없는 사람은 자기 욕망에 이끌리며 살아가고, 비전을 가진 사람은 은혜의 방향으로 나아간다. 단테처럼 우리도 인생의 어두운 숲에서 하나님의 음성을 들을 수 있다.

(3) 『신곡』 적용
어두운 숲은 죄의 습관, 영적 무감각, 자기중심성을 상징한다. 베르길리우스는 하나님이 보내신 영적 안내자(율법과 이성의 상징)이다. 여정의 시작은 자신이 어디에 있는지 인식할 때, 은혜의 여정이 시작된다

(4) 성경적 적용
이사야 30:21 "너희가 오른쪽으로 치우치든지 왼쪽으로 치우치든지 네 뒤에서 말소리가 네 귀에 들려 이르기를 이것이 바른 길이니 너희는 이리로 가라 할 것이며."
시편 119:105 "주의 말씀은 내 발에 등이요 내 길에 빛이니이다."
아브라함의 소명(창 12:1): 확실한 목적지는 없었지만, 하나님의 비전을 따라 떠났다.

(5) 코칭 나눔 질문
 - 내 인생 여정에서 지금 나는 '어느 지점'에 있는가?

- 최근 내 삶에서 길을 잃게 했던 '어두운 숲'은 어떤 모습인가?
- 내 인생의 베르길리우스는 누구였는가? 또는 지금 필요한가?
- 나는 하나님이 주시는 비전에 귀 기울이고 있는가?

(6) 실천 과제

첫째, '어두운 숲' 묵상 일기 작성하기. 내가 인생에서 길을 잃었다고 느꼈던 시기, 방황하거나 절망했던 순간을 떠올려보자. 그때의 감정과 상황, 그리고 지금 깨닫는 의미를 짧은 일기로 정리해보자.

둘째, 비전 선언문 쓰기 – "하나님이 나에게 열어주신 방향" "나는 하나님께서 나를 (　　　)로 부르셨고, 그 사명을 따라 (　　　) 삶을 살아가기를 원한다. 지금 여기서 나는 (　　　)으로 자라가고 있다."

셋째, 내 삶의 안내자 목록 정리하기. 지금까지 나를 이끌어준 멘토, 말씀 구절, 공동체 또는 친구들의 이름을 적어보고, 그들을 떠올리며 감사 기도를 드려보자.

예) "주님, 저를 길에서 만나주신 분들과 말씀에 감사합니다. 제가 받은 인도처럼 누군가의 길이 되게 하소서." 이 실천은 자기 이해와 감사, 비전의 재확인을 통해 하나님과 동행하는 삶의 태도를 세워가는 중요한 훈련이다.

(7) 마무리 권면

단테는 혼돈의 숲에서 길을 잃은 것이 끝이 아니라, 하나님께서 그를 불러주신 시작의 순간임을 알게 된다. 우리 삶의 혼란과 방황도 새로운 영적 여정의 초대일 수 있다. 하나님께서 주시는 비전은 나를 향한 사랑의 방향이다. 지금 그분의 음성에 귀 기울이자. "길을 잃었다는 자각은 곧, 새로운 길의 초대이다."

2단계 IDENTITY – 나는 누구인가?

단테는 지옥의 문을 지나며 죄에 대한 철저한 직면을 시작한다. 그는 과거의 죄인들, 자신이 알던 인물들을 마주하면서 스스로에게 묻는다: "나는 누구인가? 나는 어떤 존재로 살아왔는가?" 지옥의 각 층에서 벌어지는 고통은 단순한 형벌이 아니라, 자기 정체성의 왜곡과 파괴에서 비롯된 것이었다.

(1) 도입

현대인들도 외적인 성공, 사회적 정체성, 타인의 기대에 따라 자기 자신을 정의하려 한다. 그러나 진정한 정체성은 하나님의 시선 안에서 나를 다시 바라보는 데서 회복된다.

(2) 핵심 개념

정체성은 내 삶의 중심에 있는 '존재의 근거'이다. 단테는 지옥의 고통과 왜곡된 인생을 보며 자신이 누구인지, 어디에 서 있는지를 성찰한다. 영적 정체성은 회개와 통찰을 통해 회복된다.

(3) 『신곡』 적용 – 지옥의 죄인들

자신의 탐욕, 교만, 분노 등으로 정체성이 파괴된 사람들. 단테는 그들을 통해 자신을 비추어 보고 두려움과 각성의 시간을 가진다. 고통은 하나님의 정의이자 정체성 회복을 위한 진통이다.

(4) 성경적 적용

창세기 1:27 "하나님이 자기 형상 곧 하나님의 형상대로 사람을 창조하시되."

시편 139:14 "내가 주께 감사하오음은 나를 지으심이 심히 기묘하심이라."

누가복음 15장 탕자는 아버지 집을 떠나 방황했지만, 돌아오는 순간 진정한 정체성을 회복한다.

(5) 코칭 나눔 질문

 - 나는 어떤 이름(별명, 직함)으로 나를 정의해왔는가?
 - 사람들 앞에서의 나와 하나님 앞의 나는 어떤 차이가 있는가?
 - 내가 진정 회복해야 할 정체성은 무엇인가?
 - 나는 하나님의 형상대로 살아가고 있는가?

(6) 실천 과제

첫째, "나는 누구인가"에 대한 신앙적 자아성찰 글쓰기.

하니님 앞에서 나의 존재를 돌아보며, 정체성에 대한 짧은 자아 성찰문을 10문장 내외로 작성해보자. 예, 나의 약함, 은혜의 경험, 부르심에 대한 고백 등.

둘째, 나의 '거짓 자아'와 '참된 자아' 비교하기.

세상이 기대하거나 내가 만들어낸 모습(거짓 자아)과, 말씀 안에서 발견한 진짜 나(참된 자아)를 나누어 적어보자. 예, "나는 사람들의 인정에 기대려 하지만, 하나님은 나를 그리스도 안에서 이미 존귀하게 보신다."

셋째, 시편 139편을 묵상하며 정체성 선언문 작성 및 발표하기.

말씀을 읽고 기도하며, "나는 하나님 앞에서 (   )인 존재이다."
라는 정체성 선언문을 완성해보자. 소그룹 또는 공동체 안에서 이를 함
께 나누면, 믿음의 고백이 더 깊이 새겨질 것이다.

(7) 마무리 권면

단테는 지옥 가장 깊은 곳에서 자신의 어두운 그림자를 직면한다.
그러나 그 직면이 있었기에 그는 새로운 정체성을 향한 첫걸음을 뗄 수
있었다. 우리도 하나님 앞에서 진정한 자아를 회복하자. 세상의 말이 아
닌, 하나님의 음성이 여러분의 이름을 부르고 있다. "나는 누구인가? 나
는 하나님께 속한 자이다."

3단계 CALLING – 나는 왜 여기에 있는가?

연옥산(순례길)에 진입한 단테는 한 걸음 한 걸음 천국을 향해 나아
가는 여정 속에서 수많은 영혼을 만난다. 그들은 이 땅에서 불완전했지
만, 이제 하늘의 부르심에 따라 정화되고 있다. 단테 역시 그들과 함께
'소명에 응답하는 삶'이 무엇인지 배워간다. 그 여정은 단순히 천국에
들어가기 위한 수동적인 기다림이 아니라, 적극적으로 죄를 벗고 사명
을 회복하는 '응답의 삶'이었다.

(1) 도입

우리는 종종 '내가 왜 이 자리에 있는가?'를 묻는다. 하나님께서
우리를 이 땅에 두신 목적은 단순한 생존이 아니라, 거룩한 사명에 응답
하는 삶이다. 소명은 특정 직업이 아니라, 나의 삶 전체로 하나님께 반

응하는 것이다.

(2) 핵심 개념

Calling은 하나님께서 나를 부르신 목적과 이유다. 연옥의 영혼들처럼, 우리는 정화의 길을 걸으며 하나님께 순종하는 법을 배운다. 부르심은 삶 전체를 하나님께 드리는 응답이다.

(3) 『신곡』 적용

연옥산을 오르는 영혼들은 지상의 불완전함을 회개하고 순종으로 나아가는 이들이다. 단테는 그들 사이에서 자신의 소명을 성찰하고, 하나님 나라 백성으로서의 삶을 새로이 결단한다. 베아트리체의 부름은 사랑으로 주어진 거룩한 사명을 상징한다.

(4) 성경적 적용

에베소서 4:1 "부르심을 받은 일에 합당하게 행하라."

이사야 6:8 "내가 누구를 보내며 누가 우리를 위하여 갈꼬?"

베드로전서 2:9 "너희는 택하신 족속이요 왕 같은 제사장이라 … 이는 너희를 어두운 데서 불러 내어 그의 기이한 빛에 들어가게 하신 이의 아름다운 덕을 선포하게 하려 하심이라."

(5) 코칭 나눔 질문

- 나는 하나님이 주신 부르심을 어떻게 이해하고 있는가?
- 내 삶에서 소명을 방해하는 것은 무엇인가?
- 하나님께 내 삶 전체로 응답하기 위한 결단은 무엇인가?

– 지금 여기서 내가 감당해야 할 사명은 무엇인가?

(6) 실천 과제

첫째, "나의 부르심"이라는 제목으로 글쓰기.

하나님께서 내게 주신 삶의 방향과 의미를 돌아보며, '나는 왜 이 자리에 있는가?', '무엇을 위해 살아야 하는가?'에 대한 신앙적 고백을 A4 반쪽 분량(약 15~20줄)으로 정리해보자. 이 글은 삶의 의미를 분명히 하고, 다음 걸음을 위한 나침반이 될 것이다.

둘째, 현재 자리에서 실천할 수 있는 소명 행동 한 가지 정하기.

내가 지금 속해 있는 가정, 직장, 교회 등에서 작지만 구체적으로 감당할 수 있는 '하나님의 일' 한 가지를 정해보자. 예, 자녀와의 대화 시간을 회복하기, 직장 동료를 위한 중보기도 시작하기, 소그룹 리더로 정기적인 말씀 나눔 준비하기 등.

셋째, 매일 드리는 기도 실천. 하루에 한 번, 조용한 시간에 이렇게 기도해보자. "주님, 오늘 내가 무엇으로 응답하길 원하십니까?" 이 짧은 기도는 내 삶을 사명 앞에 열어 놓는 신앙의 훈련이 될 것이다.

(7) 마무리 권면

단테는 연옥에서 깨달았다. 구원은 단지 천국에 가는 것이 아니라, 지금 이 자리에서 하나님의 부르심에 응답하며 살아가는 것임을. 우리의 하루하루는 우연이 아니다. 하나님은 우리를 이 땅에 보내셨고, 부르고 계신다. "삶은 하나님의 부르심에 대한 매일의 응답이다."

4단계 TRANSFORMATION – 변화는 가능한가?

단테는 연옥산을 오르며 단계마다 죄의 뿌리를 제거 받고 변화되어 간다. 오만한 자들은 머리를 숙이고, 탐욕스러운 자들은 바닥에 엎드리며, 분노한 자들은 침묵 속에서 빛을 바라본다. 단테도 이 과정을 거치며 점점 더 내면의 교만과 두려움이 녹아지고, 하늘을 향한 마음이 맑아진다. 그는 연옥의 마지막에서 천국을 향한 진정한 변화의 문 앞에 서게 된다.

(1) 도입
우리 모두는 변화되길 원하지만, 변화는 결코 쉽지 않다. 그러나 하나님의 은혜와 진리의 빛 앞에 설 때, 우리는 새롭게 될 수 있다. 진정한 변화는 나의 중심이 바뀌는 데서 시작된다.

(2) 핵심 개념
Transformation은 죄와 왜곡된 자아에서 하나님의 형상으로 회복되는 여정이다. 변화는 단번에 이루어지지 않으며, 정화와 훈련을 통해 점진적으로 이루어진다. 영적 변화는 내면의 방향이 바뀌는 '회심'에서 출발한다.

(3) 『신곡』 적용
연옥산 각 층의 영혼들: 죄에 대한 깊은 인식과 회개 속에 점진적으로 정화되어 가는 이들, 단테의 눈빛이 점점 밝아지고, 말과 태도, 감정이 변화되어 간다. 천국에 도달할 수 있는 자격은 도덕이 아닌 내면의 변화로부터 시작된다.

(4) 성경적 적용

로마서 12:2 "이 세대를 본받지 말고 오직 마음을 새롭게 함으로 변화를 받아…."

에스겔 36:26 "또 새 영을 너희 속에 두고 새 마음을 너희에게 주되…."

고린도후서 5:17 "누구든지 그리스도 안에 있으면 새로운 피조물이라."

(5) 코칭 나눔 질문

- 나는 지금 어떤 내면의 변화가 필요한가?
- 반복되는 죄의 패턴은 무엇이며, 어떻게 벗어나고 싶은가?
- 나는 변화를 위해 어떤 훈련과 정화의 시간을 보내는가?
- 하나님께서 나를 변화시키신 순간은 언제였는가?

(6) 실천 과제

첫째, "변화 여정" 일기 쓰기. 내가 변화되기를 원하는 삶의 한 영역(예: 말, 감정, 시간 관리, 용서 등)을 정하고, 7일 동안 그 변화의 과정을 매일 짧게 기록해보자. 작은 변화라도 기록하는 것은 성찰과 지속의 힘이 된다.

둘째, 나의 변화에 영향을 준 사건과 사람 목록 정리하기. 지금까지 나를 더 나은 방향으로 이끌어준 결정적인 사건이나 사람들을 떠올려보자. 그리고 그들을 통해 하나님이 어떻게 일하셨는지 생각해보며 감사의 마음을 적어보자.

셋째, 시편 51편을 기도문으로 읽으며 회개와 정결을 구하는 기도 드리기. 하나님 앞에 마음을 열고, 다윗의 회개 기도를 나의 기도로 삼아 읽고 묵상해보자. "하나님이 구하시는 제사는 상한 심령이라"는 고백이 변화의 시작을 하나님과 함께 열어가는 기도의 자리가 될 것이다.

(7) 마무리 권면

단테는 스스로 변화하지 못했다. 하지만 은총의 길 위에 서게 되자, 그는 새로운 사람이 되어갔다. 우리도 하나님의 은혜 안에 머물 때, 반드시 변화될 수 있다. 변화는 인간의 의지만이 아니라, 하나님의 은혜와 함께하는 순종에서 시작된다. "당신도 새로워질 수 있습니다. 하나님이 원하시는 모습으로."

5단계 OWNERSHIP - 책임 있게 응답하다

단테는 연옥산을 지나 천국으로 향할 준비를 하면서, 자신의 죄와 연약함에 대해 책임 있게 직면한다. 그는 베아트리체 앞에서 자신의 과거를 고백하고, 눈물로 회개한다. 변명하거나 숨지 않고, 사랑의 부름 앞에 서서 자신의 책임을 인정하는 순간, 그는 천국문을 통과할 준비가 된다.

(1) 도입

책임감 있는 신앙은 단지 잘못을 피하는 것이 아니라, 잘못을 직면하고 그에 응답하는 것이다. 오늘날 우리는 자기합리화에 익숙하지만, 성숙한 영성은 '회피'가 아니라 '책임'으로 나아간다.

(2) 핵심 개념

Ownership은 삶의 결과, 감정, 선택에 대해 하나님 앞에서 책임 있게 반응하는 자세다. 진정한 회개는 피해자가 아니라 책임자로 설 때 가능하다. 책임은 우리를 자유하게 만들며, 성숙의 길로 인도한다.

(3) 『신곡』 적용

단테가 베아트리체 앞에서 자신의 과거를 고백하며 눈물로 참회한다. 베아트리체는 단테의 회개를 받아들이되, 그에게 회피하지 말고 응답하라고 도전한다. 이 고백의 순간이 단테의 영적 도약의 전환점이 되었다.

(4) 성경적 적용

갈라디아서 6:5 "각각 자기의 짐을 질 것이라."

누가복음 15:21 "아버지, 내가 하늘과 아버지께 죄를 지었사오니…"

욥기 42:6 "그러므로 내가 스스로 거두어들이고 티끌과 재 가운데서 회개하나이다."

(5) 코칭 나눔 질문

– 나는 지금 어떤 영역에서 회피하고 있는가?
– 하나님 앞에서 진정으로 책임져야 할 선택은 무엇인가?
– 과거의 실패를 어떻게 회개하고 새로운 결단을 내릴 수 있을까?
– 나는 가정, 교회, 사회에서 어떤 책임을 지고 있는가?

(6) 실천 과제

첫째, "내가 책임질 일" 리스트 작성하기. 하나님 앞에서 내가 책임져야 할 영역을 정리해보자. 예, 감정 관리, 말의 태도, 관계 회복, 결정과 선택 등. 항목별로 구체적인 상황과 책임 방식을 적어보면 더 효과적이다.

둘째, 가장 회피하고 있는 일 한 가지 정하기 및 실천 계획 세우기. 피하고 있던 한 가지 책임을 선택하고, 언제, 어떻게 실행할지를 계획해 보자. 작은 행동이라도 직접 시작해보는 것이 변화의 열쇠이다.

셋째, 하루 1회 책임 점검 일기 쓰기. 하루 중 나의 말, 감정, 행동을 돌아보며 "오늘 내가 책임 있게 행동했는가?"를 자문하고 짧은 기록을 남기자. 이 습관은 자기 인식과 성숙을 위한 좋은 훈련이 된다.

(7) 마무리 권면

단테는 자신의 연약함을 인정하고, 변명 없이 베아트리체 앞에서 고백했다. 그 순간 그는 단순한 순례자가 아닌, 하나님 앞에 책임지는 영혼으로 서게 된다. 하나님은 완벽함보다, 책임 있게 반응하는 태도를 기뻐하신다. "진정한 성숙은 '내 잘못입니다'라는 한마디에서 시작된다."

6단계 REPRODUCTION – 천국을 본 자의 사명

단테는 천국의 마지막 단계에서 하나님의 영광과 사랑을 온전히 체험한다. 그는 삼위일체의 신비 안에서 완전한 조화를 바라보며, 그 사랑의 중심에 자기를 비춰보게 된다. 그리고 이 경이로움 앞에서 "이 사랑은 자기만을 위한 것이 아니라, 다시 세상 속으로 돌아가 다른 이들에게 전해야 할 사명"임을 깨닫는다.

(1) 도입

영성은 개인의 경건으로 끝나지 않는다. 하나님을 깊이 만난 사람은 반드시 세상을 향한 사명을 품게 된다. 변화된 사람은 다시 세상으로 나아가 다른 사람을 깨우고 세우는 일을 감당하게 된다.

(2) 핵심 개념

Reproduction은 받은 은혜를 흘러보내고, 영적 영향력을 통해 타인을 세우는 사명이다. 진정한 영성은 복음의 열매를 삶으로 맺는 데 있다. 단테처럼 하늘을 본 자는 땅을 살아가는 책임도 함께 부여받는다.

(3) 『신곡』 적용

단테는 천국에서 하나님의 사랑을 체험한 후, 다시 세상으로 돌아가 글을 통해 그 사랑을 전한다. 베아트리체의 사명은 단테를 통해 더 많은 영혼이 구원의 길로 오게 하는 것, 단테는 자신이 본 천국을 글로 기록함으로써 사명을 수행한다

(4) 성경적 적용

마태복음 28:19-20 "너희는 가서 모든 민족을 제자로 삼아…."
디모데후서 2:2 "충성된 사람들에게 부탁하라 그들이 또 다른 사람들을 가르칠 수 있으리라."
사도행전 1:8 "오직 성령이 너희에게 임하시면 … 땅 끝까지 이르러 내 증인이 되리라."

(5) 코칭 나눔 질문

- 나는 지금까지 받은 은혜를 누구에게 어떻게 흘러보내고 있는가?
- 내 신앙 여정에서 내가 도울 수 있는 사람은 누구인가?
- 나는 삶으로 제자와 후배들에게 어떤 영향을 주고 있는가?

– 지금 나의 천국 체험은 어떻게 누군가를 살리는 증언이 되는가?

(6) 실천 과제

첫째, 나의 신앙 간증문 정리하기. 내 삶의 회심, 변화, 그리고 지금 감당하고 있는 사명을 중심으로 신앙 간증문을 A4 1쪽 분량으로 작성해보자. 이 간증은 복음의 씨앗이며, 누군가에게 믿음의 시작이 될 수 있다.

둘째, 한 명 이상에게 복음적 격려 메시지 전하기. 말, 문자, 전화, 기도 등 어떤 방식이든 좋다. 지금 떠오르는 한 사람에게 예수님의 사랑과 소망이 담긴 짧은 격려의 메시지를 전해보자. 작은 한마디가 누군가의 오늘을 바꿀 수 있다.

셋째, "베아트리체의 사명"처럼 내가 전할 메시지 한 가지 정하기. 지금 이 시대에 내가 전해야 할 하나님의 메시지 한 문장을 정하고, 그것을 말로나 글로 실제 누군가에게 전달해보자. 예, "하나님은 당신을 결코 포기하지 않으십니다." 이 사명은 한 사람의 영혼을 깨우는 불꽃이 될 수 있다.

(7) 마무리 권면

단테는 천국을 본 자로서 그 은혜를 나누기 위해 글을 남겼다. 그 글은 수백 년이 지난 지금도 수많은 사람을 변화시키고 있다. 우리도 하늘의 은혜를 받은 자로서, 다시 세상을 살아가야 한다. 천국을 본 자의 눈빛으로, 누군가의 영혼을 깨울 수 있다. "하나님의 사랑을 본 자는, 반드시 세상으로 돌아가 누군가를 사랑하게 된다."

3장_

〈엘 까미난떼〉
– 순례자의 여정 통합 12주차 프로그램

왜 지금 '고전 속 순례자의 여정'인가 : 신앙-『천로역정』, 인성-『오디세이』, 영성-『신곡』의 통합적 관점에서 코칭신학과 성경적 코칭 리더십의 회복을 위해서이다.

1. El Caminante와 The Pilgrim Journey의 비교

'엘 까미난테'는 스페인어로 '걷는 자', 곧 길을 걷는 사람이라는 뜻을 지닌다. 이 표현은 라틴아메리카의 해방신학과 민중신학의 전통 속에서 자주 사용되며, 억압받는 민중이 정의와 자유를 향해 걷는 존재로 상징된다. Caminante는 단지 이동하는 인간이 아니라, 역사 속에서 깨어 있는 존재로서 끊임없이 변화를 향해 나아가는 자이다. 이 걷는 자는 고정된 정답을 찾기보다는 질문을 품고, 고난의 역사 속에서 연대하며, 하나님의 정의가 실현되기를 바라는 참여적 순례자다.

반면, '순례자의 여정'은 영어권 개신교 복음주의 전통에서 형성된 개념으로, 대표적으로 존 번연의 고전 『천로역정(*The Pilgrim's Progress*)』에서 그 의미가 뚜렷하게 드러난다. Pilgrim, 곧 순례자는 이 세상이 궁극적 고향이 아님을 알고 하나님 나라를 향해 걷는 자이다. 그 여정은 회심(conversion)에서 시작되어, 성화(sanctification)의 과정을 거쳐, 마침내 영원한 도성에 이르는 여정으로 묘사된다. 이 순례는 내면의 변화, 정체성의 회복, 그리고 영적 성숙을 강조하는 영성형성의 길이다.

두 표현은 서로 다른 언어와 문화에서 출발했지만, 모두 '걷는 자'라는 공통된 이미지 속에서 신앙의 여정, 변화의 길, 소명의 실천이라는 깊은 주제를 공유하고 있다. El Caminante는 현실을 변혁하는 공공신학적 순례자이고, The Pilgrim은 영원을 사모하며 하나님과 동행하는 존재론적 순례자라 할 수 있다. 코칭신학의 관점에서 본다면, El Caminante는 사회적 책임과 공동체 변화를 위한 코칭, The Pilgrim Journey는 내적 성숙과 정체성 회복을 위한 영성 코칭의 이미지로 해석될 수 있다.

이 둘은 대립하거나 분리되는 것이 아니라, 오히려 통합되어야 할 두 축이다. 진정한 순례자는 현실과 영원 사이를 걷는 자이며, 사회의 아픔에 참여하면서도 하나님 나라를 향해 나아가는 자이기 때문이다.

2. VICTOR 6단계 코칭 영성의 통합흐름과 사용설명서

1) 통합흐름

VICTOR 단계	천로역정 (신앙)	오디세이 (인성)	신곡 (영성)	핵심 주제	코칭주제
V - 비전	멸망의 도시 →좁은 문	고향을 향한 귀향의 부름	어두운 숲에서 부르심을 듣다	소명과 여정의 시작	나를 부르신 하나님
I - 정체성	죄인에서 순례자로	"나는 아무도 아니다" →정체성 회복	짐승과 마주침, 이성의 한계	자기 인식과 내면의 각성	나는 누구인가
C - 소명	전도자 인도, 십자가 앞 회심	유혹을 넘는 사명의 여정	베르길리우스와 동행, 회복의 결단	부르심에 대한 응답과 결단	사명을 어떻게 이룰 것인가
T - 변화	허영의 시장, 의심의 성	유혹, 배신, 정체성 회복	연옥 7단계 정화 베아트리체의 인도	성화의 여정과 내면 변화	나는 어떻게 변하고 있는가
O - 책임	공동체 회복과 실천	집으로 돌아와 왕의 책임	천상의 질서 속 자리의 회복	삶의 자리에서 사명 실현	사명의 자리에 머물기
R - 재생산	다음 세대에 신앙 유산 전수	지혜와 영향력의 계승	삼위일체의 빛 안에 흡수됨	영향력, 계승, 하나님 나라	다음 세대를 향한 유산

2) 사용설명서

주	주제	천로역정	오디세이	신곡	성경 본문	코칭활동
1	나의 순례 시작	멸망의 도시 → 좁은 문	트로이 전쟁 후 귀향	어두운 숲에서 길을 잃음	창 12:1-4, 눅 24:13-35	삶의 여정 MAP 그리기
2	길 잃은 순간	절망의 늪	칼립소의 섬, 키르케	방황하는 단테	시 40:1-3, 고후 1:8-10	내면 진단 워크
3	나를 막는 것	세속 지혜자, 허영의 시장	세이렌, 키클롭스	지옥의 원	마 4:1-11, 히 12:1-2	장애물 코칭
4	나를 부르신 분	전도자, 도움	아테나, 나우시카	베르길리우스, 베아트리체	출 3:1-12, 행 9:1-18	콜링 선언문 작성
5	동행자와의 만남	십자가 아래 짐 해방	돛대에 묶임	연옥 입구, 죄의 제거	사 6:1-8, 롬 8:1-2	코칭 대화 실습
6	실패 이후	낙심의 거인, 의심의 성	동료들 사망, 홀로 남음	연옥 4층 나태 정화	시 73:21-26, 미 7:7-8	재정비 코칭
7	정체성 회복	베올리아 산	변장 벗은 오디세우스	에덴 회복 전환	고후 5:17, 요 1:12	자아 회복 정체성 선언문
8	영적 전환	사자굴, 낙심의 집	키르케 마법 해제	7층 죄 정화 과정	요일 1:9, 시 139:23-24	자기 죄성 나눔
9	공동체 회복	신실과의 동행	가정 귀환과 회복	하늘의 장미 공동체	요 13:34-35, 갈 6:1-2	소그룹 회복 계획
10	비전의 밝음	천성문 보임	이타카 도달 직전	천국의 하늘 통과	엡 2:10, 딤후 4:7-8	비전 성찰 코칭
11	사명완성	요단강 건넘	텔레마코스에 전수	삼위일체의 빛 안으로	롬 12:1-2, 마 25:21	사명 리더십 계획
12	나의 코칭여정	천성 입성과 찬양	마지막 연단	빛 안에 영혼 통합	히 12:1-3, 시 23편	전체 통합 발표 삶의 VICTOR 스토리

3. 〈엘 까미난떼(El Caminante)〉
– 순례자의 여정(The Pilgrim Journey) 통합 12주차 프로그램

1주차
나의 순례 시작 – 고전 속 순례자들의 부름을 듣다

목표_ 세 고전(『천로역정』, 『오디세이』, 단테『신곡』)의 순례 개념을 이해한다. 나의 삶 속 '순례'라는 주제를 새롭게 인식하고, 여정으로서의 삶을 바라본다.

본문 묵상_ 창세기 12:1-4 "아브라함의 부르심"
　　　　　 누가복음 24:13-35 "엠마오로 가는 두 제자"

고전 스토리 소개

　　『천로역정』: 멸망의 도시에서 좁은 문을 향해 달리는 죄인

　　『오디세이』: 트로이에서 이타카로 향하는 10년간의 귀향

　　『신곡』: 인생의 중간에 길을 잃은 단테가 지옥·연옥·천국을 통과함

강의 흐름_ 삶은 직선이 아닌 여정이라는 인식과 순례란 무엇인가? 믿음, 정체성, 소명을 향한 길이다. 고전 세 작품은 각각 신앙, 인성, 영성의 여정이다.

성경 속 순례자의 삶_ 아브라함, 모세, 바울, 예수님

코칭 질문

　　- 지금 내 삶은 어떤 '여정'의 길 위에 있습니까?

　　- 내가 '부르심'을 처음 인식한 순간은 언제였습니까?

- 나의 신앙·인성·영성 중 가장 깊은 갈망은 무엇입니까?
- 나는 어디에서부터 왔고, 어디로 향하고 있다고 느낍니까?
- 내 인생 여정에 '하나님의 흔적'은 어떻게 새겨져 있습니까?
- 이번 순례의 여정을 통해 하나님이 내게 새롭게 말씀하시고 싶은 것은 무엇일까요?

코칭 워크

"나의 인생 여정 지도(Map) 그리기" (멸망의 도시에서 지금까지)

첫째, 여정 전체 그리기. 인생을 한 편의 여정이라 생각하고, A4 용지에 내 삶의 출발점에서 현재까지의 경로를 시각적으로 그려보자. 왼쪽 끝은 '멸망의 도시'(죄와 혼란), 오른쪽 끝은 '현재의 나'로 두고, 그 사이를 선이나 도로·강·산·고개 등으로 표현해도 좋다.

둘째, 이정표 기록하기. 삶의 여정 속에서 만났던 전환점, 위기, 회심, 깨달음, 관계의 변화, 소명 인식 등의 순간을 이정표처럼 표시하고 간단한 설명을 덧붙이자.

예) "2003년: 회심", "2015년: 실패와 회복", "2022년: 사명 재확인"

셋째, 나눔과 적용. 지도를 완성한 뒤, 소그룹이나 멘토와 함께 나누며 하나님이 어떻게 나를 인도하셨는지, 지금 내가 어디쯤 있는지를 되돌아보자. 이 작업은 삶을 해석하고 사명을 재정비하는 코칭형 훈련이 될 수 있다.

2주차
길 잃은 순간 – 내 삶의 어두운 숲과 절망의 늪

목표_ 삶의 위기와 혼돈, 죄의 짐을 인식한다.
실패와 낙심의 경험을 나누고 이해한다.

본문 묵상_ 시편 40:1-3 "수렁에서 건지신 주님"
고린도후서 1:8-10 "사형 선고 같았던 때"

고전 장면 소개
『천로역정』: 절망의 늪에서 빠진 크리스천, 도움(Help)의 손길
『오디세이』: 키르케, 칼립소의 섬에서 길 잃은 오디세우스
『신곡』: 어두운 숲속에서 방황하며 길을 잃은 단테

강의 흐름_ 나도 모르게 빠지는 절망의 패턴들 인식하기, 하나님 없이 살아온 길의 벽에 부딪히는 순간들 성찰해보기, 누군가의 손길(전도자, 도움, 베르길리우스)은 하나님의 은혜라는 것에 대해 묵상해보기.

코칭 질문
- 나는 언제 '길을 잃었다'고 느껴본 적이 있습니까?
- 내 삶의 '절망의 늪'은 어떤 기억과 감정입니까?
- 하나님은 그 어두움 속에서 어떤 방식으로 나를 만나셨습니까?
- 그때 나는 어떤 반응을 했고, 무엇을 배웠습니까?
- 아직 정리되지 않은 두려움이나 상처가 있다면 무엇입니까?
- '길을 잃은 나'도 하나님의 여정 안에 있다는 믿음을 어떻게 회복할 수 있을까요?

코칭 워크

"나의 어두운 숲, 절망의 늪은 어디였는가?"

첫째, 나의 '어두운 숲'과 '절망의 늪'을 묵상하고 정리하기. 인생의 방향을 잃고 방황했던 시기, 신앙이 무너졌거나 삶이 무의미하게 느껴졌던 순간을 떠올려보자. 그 시기의 감정과 상황을 자유롭게 기록해보고, 그 어둠 속에서 내가 무엇을 놓치고 있었는지 돌아보자.

둘째, 그 절망 속에서 만난 사람, 말씀, 사건을 정리해보기. 그 낙심의 시기에 하나님이 보내주신 사람, 가슴에 박힌 성경 말씀, 혹은 전환점이 되었던 구체적인 사건을 적어보자. 그 순간들이 어떻게 나를 붙들고, 다시 걸음을 내딛게 했는지를 간단히 기록해보자.

셋째, 그 어두움을 지나온 지금, 나의 변화된 시선 고백하기. 절망을 지나온 지금, 내가 새롭게 보게 된 삶의 의미나 하나님에 대한 고백을 짧은 문장으로 정리해보자.

예) "그때는 무너졌지만, 지금은 은혜였음을 알게 되었습니다."
이 코칭 워크는 상처를 되짚는 것이 아니라, 그 속에 스며든 하나님의 손길을 발견하는 영적 자각의 도구가 될 것이다.

3주차
나를 막는 것 – 짐승, 유혹, 시장, 사기꾼

목표_ 삶의 유혹과 방해물, 자기중심적 감정들을 인식한다.

　　　유혹의 본질과 싸우는 힘을 내면에서 발견한다.

본문 묵상_ 마태복음 4:1-11 예수의 시험

　　　　　히브리서 12:1-2 믿음의 경주

고전 장면 소개

　　『천로역정』: 세속 지혜자, 허영의 시장

　　『오디세이』: 세이렌, 키클롭스, 로터스족

　　『신곡』: 지옥의 9계층, 루시퍼의 고립

강의 흐름

　　내 삶에 반복되는 유혹의 패턴들 살펴보기, 자기 욕망을 이겨내는 내면 리더십 강화하기, 허영의 시대를 살아가는 믿음의 자세 생각해 보기.

코칭 질문

　　- 내 삶의 세 가지 유혹은 무엇입니까?

　　- 나는 어떤 '허영의 시장'에 머물러 있습니까?

　　- 내가 자주 속는 '세속 지혜자'의 말은 어떤 메시지입니까?

　　- 내 안에서 반복되는 자기중심적 욕망은 어떤 형태로 드러납니까?

　　- 이 유혹의 중심에는 어떤 미해결된 욕구가 있습니까?

　　- 지금 내가 가장 경계해야 할 유혹의 형태는 무엇입니까?

코칭 워크

"내 삶을 방해한 3대 유혹 분석"

첫째, 나를 넘어뜨리려 했던 '3대 유혹'을 정리해보기. 내 삶과 신앙을 흔들어온 반복적인 유혹 3가지를 돌아보자.
예) 인정 욕구와 비교, 게으름과 안일함, 정욕, 물질, 권력, 관계 중독 유혹은 단순한 죄의 문제가 아니라, 내 내면의 결핍과 욕망이 비틀어진 방식으로 드러나는 것임을 인식하자.

둘째, 유혹을 이긴 경험과 실패한 경험을 각각 나누기. 내가 한 번이라도 그 유혹을 믿음으로 이겨냈던 순간은 언제였는가? 그때 도와준 말씀, 기도, 사람, 환경은 무엇이었는가? 반대로, 넘어졌던 경험은 어떤 상황이었고, 무엇이 나를 취약하게 만들었는가?

셋째, 지금 내가 다시 서기 위해 필요한 영적 자원은 무엇인가? 유혹 앞에 다시 서 있을 때, 나를 지켜줄 말씀, 공동체, 경계선, 결단의 실천은 무엇인지 정리하고, 기도로 하나님께 도움을 구하자. 이 워크는 단순한 실패의 되새김이 아니라, 성령 안에서 유혹을 이기는 길을 스스로 찾아가도록 돕는 인격 훈련의 한 방식이다.

4주차

나를 부르신 분 – 전도자, 베르길리우스, 전환점의 조력자들

목표_ 여정 속 하나님이 보내신 코치·조력자들을 인식한다.

      하나님의 소명과 비전을 다시 듣는다.

본문 묵상_ 출애굽기 3:1-12 "모세의 부르심"

      사도행전 9:1-18 "사울의 회심"

고전 장면 소개

    『천로역정』: 전도자와 도움

    『오디세이』: 아테나(영적 조력자), 나우시카(은총의 안내자),

        알키노오스(보호자와 후원자)

    『신곡』: 베르길리우스, 베아트리체

강의 흐름_ 혼자 걷는 길이 아니다 - 보내신 조력자가 있다. 삶의 전환점은 하나님의 부르심이 담긴 자리라는 인식 갖기. 코치는 방향을 제시하되, 길은 스스로 걷는다.

코칭 질문

    - 내 인생에 하나님이 보내신 '전도자'는 누구입니까?

    - 나는 하나님의 콜링을 어떻게 들었으며, 어떻게 반응했습니까?

    - 나의 부르심은 지금 어디에 와 있다고 느낍니까?

    - 그 부르심을 놓치고 싶을 때 나는 무엇을 기억해야 합니까?

    - 콜링 앞에서 내가 가장 두려워하는 것은 무엇입니까?

    - 지금 하나님은 어떤 방식으로 나를 다시 부르고 계십니까?

코칭 워크_ "하나님이 내 삶에 보내신 사람들"

    첫째, 지금까지 내 인생 여정 속에 하나님이 보내신 사람

3명을 정리해보자.

　내가 낙심했을 때, 방향을 잃었을 때, 믿음이 흔들릴 때 옆에 있어준 사람들을 떠올려보자. 그들은 가족일 수도 있고, 목회자나 친구, 선생님, 혹은 짧은 만남이었지만 결정적인 전환을 이끈 사람일 수도 있다. 하나님은 언제나 사람을 통해 말씀하시고, 사람을 통해 회복의 길을 여신다.

　둘째, 그 사람들을 통해 내가 들은 메시지와 배운 깨달음을 정리해보자. 각 사람과의 만남을 통해 내가 받았던 말 한 마디, 삶의 본보기, 침묵 속의 위로를 기억해보자.
예) "하나님은 지금도 너와 함께하신다." "네가 잘하려는 것보다, 하나님의 뜻을 구하는 것이 먼저다." "기다림은 믿음의 또 다른 표현이다." 이 깨달음은 단순한 조언이 아니라, 하나님께서 나를 다시 세우기 위해 주신 은혜의 메시지였음을 고백할 수 있을 것이다.

　셋째, 그 만남에 대한 감사를 기도로 표현해보자. "주님, 제 인생에 이정표 같은 사람들을 보내주셔서 감사합니다. 제가 그들처럼 누군가의 여정에 위로와 진리를 선하는 동행자가 되게 하소서." 감사는 기억을 믿음으로 바꾸고, 만남은 사명이 되어 다시 누군가에게 흘러가야 한다. 이 코칭 워크는 하나님이 보내신 사람들을 통해 나의 믿음 여정을 재정비하고, 다음 세대를 위한 '영적 안내자'로서의 부르심을 자각하게 하는 통로가 될 수 있다. 받은 은혜를 정리하며, 이제는 내가 누군가에게 그런 사람이 되어줄 차례다.

죄의 짐을 벗다 – 십자가 앞의 해방, 비전의 재정의

목표_ 과거의 죄책감과 정죄에서 벗어나는 은혜를 체험한다.

비전과 사명에 대한 새 언약을 다시 붙든다.

본문 묵상_ 이사야 6:1-8 "화로다! 내가 죄인입니다"

로마서 8:1-2 "정죄함이 없나니"

고전 장면 소개

『천로역정』: 십자가 아래 짐이 떨어짐

『오디세이』: 돛대에 묶여 세이렌의 유혹을 이긴 오디세우스

『신곡』: 연옥산 첫 관문, 7개의 죄 제거

강의 흐름_ 은혜 없는 비전은 짐이 된다. 죄를 자각하고 회개함으로 새로운 길이 열린다.

정죄와 죄책감을 말씀으로 극복할 때, 사명은 명확해진다.

코칭 질문

- 지금 내가 지고 있는 가장 무거운 짐은 무엇입니까?

- 십자가 앞에서 내려놓아야 할 것은 어떤 것입니까?

- 은혜로 인해 내 비전이 바뀐 경험이 있다면 언제였습니까?

- 아직도 내려놓지 못한 죄책감은 무엇입니까?

- 나의 삶에 '은혜'가 실제가 되었던 순간은 언제입니까?

- 죄를 벗고 비전을 회복한 자로서 나는 어떤 고백을 드릴 수 있습니까?

코칭 워크_ "회개와 죄의 짐 내려놓기"

첫째, 하나님께 진실로 회개했던 사건을 떠올려보자. 삶의

어느 순간, 죄의 무게 앞에 무너졌던 기억이 있는가? 말로 설명하기 어려운 부끄러움과 후회 속에서도, 하나님 앞에 엎드려 눈물로 회개했던 그 사건을 다시 묵상해보자. 그 회개의 자리는 단순한 반성이 아니라, 하나님의 용서와 회복의 은혜가 임한 성령의 자리였음을 기억하자.

둘째, 지금 내가 버려야 할 죄의 짐 세 가지를 정리해보자. 마음속 깊이 여전히 내려놓지 못한 죄나 습관이 있는가? 반복되는 말, 행동, 생각의 패턴 가운데 하나님 앞에서 정직하게 고백해야 할 죄의 영역은 무엇인가? 예, 교만한 태도, 용서하지 못한 마음, 은밀한 중독, 미움, 위선 등.

셋째, 그 죄를 고백하는 회개의 기도문을 써보자.
"주님, 저는 지금까지 제 안에 머물러 있던 죄의 짐을 인정합니다. ①(   )은 하나님보다 나를 더 사랑했던 교만의 죄였습니다. ②(   )은 나도 모르게 익숙해진 불순종이었습니다. ③(   )은 나를 무너뜨리고 관계를 상하게 한 죄였습니다. 주님, 이 죄들을 십자가 앞에 내려놓습니다. 용서해 주시고, 성령으로 저를 새롭게 해주소서. 다윗처럼 정직한 심령과 새 마음을 제 안에 창조하소서. 예수 그리스도의 이름으로 기도드립니다. 아멘."

이 코칭 워크는 내가 누구인지 직면하고, 하나님 앞에서 다시 서도록 돕는 영적 회복의 시간이다. 회개는 부끄러움의 표현이 아니라, 하나님 품으로 돌아가는 용기의 시작이다. 이제, 짐을 내려놓고 다시 걸음을 떼자.

실패 이후 – 낙심과 재시작의 용기

목표_ 실패 이후 낙심했던 경험을 성찰하고, 다시 시작할 내면의 힘을 회복한다. 고통의 의미를 재해석하고, 회복의 동력을 믿음 안에서 찾는다.

본문 묵상_ 시편 73:21-26 "내 마음이 찔렸으나…"
　　　　　　미가 7:7-8 "넘어질지라도 다시 일어날 줄을 내가 아노라"

고전 장면 소개

　『천로역정』: 의심의 성과 낙심의 거인

　『오디세이』: 헬리오스(태양신의 소떼) 동료들의 불순종으로 모든 것을 잃고 혼자 남는 장면

　『신곡』: 연옥 4층(나태), 회개의 달림

강의 흐름_ 실패는 전환점이 될 수 있다.

　낙심한 자의 내면 대화: 자책 vs. 진실한 회복, 다시 일어설 용기는 은혜 안에서만 가능하다.

코칭 질문

　- 나는 최근 어떤 실패를 경험했고, 어떤 감정이 있었습니까?

　- 그 실패에서 하나님은 무엇을 말씀하셨습니까?

　- 실패 이후 다시 일어선 동력은 무엇이었습니까?

　- 나는 실패를 통해 어떤 내면의 거짓 자아를 보았습니까?

　- 그 순간 나를 붙들어준 하나님의 말씀이나 사람은 누구입니까?

　- 지금 나는 어떤 실패를 통해 성숙해지고 있다고 느끼십니까?

코칭 워크_ "실패의 자리에 계셨던 하나님, 그리고 다시 시작"

첫째, 내 삶에서 잊을 수 없는 실패 경험을 스토리로 써보자. 그 실패는 어떤 일이었는가? 그때의 감정, 상황, 무너졌던 기대와 상처를 솔직하게 기록해보자.

예) 시험 낙방, 관계의 단절, 사역의 중단, 죄의 실패 등. 이야기를 쓸 때는 결과보다 그때 내 안에서 일어난 혼란과 좌절에 집중하자. 하나님이 멀리 계셨던 것만 같았던 그 자리에서 나는 어떤 질문을 던졌는가?

둘째, 그 실패의 한가운데서 하나님은 어디에 계셨는가? 지나고 나서 돌아보면, 그때 하나님이 침묵하신 것이 아니라 말씀하고 계셨음을 깨닫게 된다. 눈물 속에서도 나를 붙들어주었던 말씀, 사람, 기도, 환경은 무엇이었는가?

예) "내 은혜가 네게 족하다", "다시 시작하자", "나는 너를 버리지 않았다." 하나님의 존재를 인식한 순간, 나의 시선이 바뀌기 시작했다.

셋째, 다시 시작하게 된 계기와 그때 들은 하나님의 음성을 정리해보자. 회복의 첫걸음은 어떻게 시작되었는가? 어떤 말씀이 나를 붙들었는가? 그 경험을 통해 나는 무엇을 버리고, 무엇을 새롭게 붙들게 되었는가? 짧게 정리해보자.

예) "실패는 끝이 아니었다. 하나님은 쓰러진 나를 다시 부르셨고, '이제는 네가 나의 은혜로 살아갈 차례다'라고 말씀하셨다." 그날 이후 나는 더 이상 성공을 목표로 살지 않고, 순종을 삶의 중심에 두게 되었다. 이 코칭 워크는 실패를 하나님의 은혜로 다시 해석하게 하는 믿음의 작업이다. 넘어진 자리에 하나님이 먼저 와 계셨음을 기억하는 사람은, 그 어떤 실패도 믿음의 고백으로 바꿔낼 수 있다.

7주차

정체성 회복 – 내가 누구인지를 기억하라

목표_ 하나님 안에서 나의 정체성을 회복한다.
  외부 평가가 아닌 말씀 중심의 자아 인식을 갖는다.

본문 묵상_ 고린도후서 5:17 "새 피조물"
  요한복음 1:12 "하나님의 자녀 된 권세"

고전 장면 소개
  『천로역정』: 베올리아 산에서의 회복과 훈련
  『오디세이』: 이타카에 도착해서 변장을 벗고 자신을 드러내는
    오디세우스
  『신곡』: 연옥 마지막 층에서의 이름 회복과 에덴 회복

강의 흐름_ 나는 누구인가? 세상의 거울 vs. 하나님의 거울, 자아는
  성령 안에서 재정의되어야 한다. 정체성이 회복되어야 비전
  도 명확해진다.

코칭 질문
  - 나는 하나님의 눈에 어떤 존재입니까?
  - 내 안에 있는 '거짓 자아'는 어떤 모습입니까?
  - 진정한 나로 살아가기 위해 필요한 진리는 무엇입니까?
  - 나의 진정한 정체성을 가장 잘 보여주는 삶의 순간은 언제입니까?
  - 나는 어떤 상황에서 쉽게 '정체성을 잃은 자'처럼 행동합니까?
  - 하나님 안에서의 '나는 누구인가?'를 한 문장으로 고백해 본다면?

코칭 워크

"나의 자아 선언문 작성하기"

하나님 앞에서 나의 정체성을 고백하는 자아 선언문을 작성해보자. '나는 누구인가?' 3문장으로 요약하기 (성경 근거 포함)

예시 : 나는 하나님의 형상대로 지음 받은 존귀한 존재다.("하나님이 자기 형상 곧 하나님의 형상대로 사람을 창조하시되…"[창 1:27])

나는 예수 그리스도의 십자가 사랑으로 구속받은 하나님의 자녀다.("내가 그리스도와 함께 십자가에 못 박혔나니…"[갈 2:20])

나는 성령 안에서 날마다 새롭게 변화되며, 하나님의 나라를 위해 살아간다.("누구든지 그리스도 안에 있으면 새로운 피조물이라…"[고후 5:17])

작성 안내 : 각 문장은 존재(Being), 관계(Belonging), 사명(Calling)의 구조를 담을 수 있다. 하나님의 시선으로 자신을 바라보며, 과거의 상처나 세상의 평가에서 벗어난 참된 자아를 정리해보자. 완성한 선언문은 매일 기도할 때, 믿음의 고백으로 반복해도 좋다.

마무리 묵상 : 세상이 말하는 나보다, 하나님이 말씀하시는 내가 진실한 나다. 정체성의 회복이 곧 삶의 방향을 결정한다. "나는 누구인가?" 이 질문 앞에서, 오늘도 하나님께 다시 묻고 다시 선언하라. "나는 하나님의 것이다."(사 43:1)

8주차

영적 전환 – 죄의 정화와 삶의 리셋

목표_ 고전적 '성화의 여정'을 통해 내면의 성숙을 돌아본다.
　　　반복되는 죄성의 패턴을 자각하고 회개한다.

본문 묵상_ 요한1서 1:9 "자백하면 … 깨끗하게 하실 것이요"
　　　　　시편 139:23-24 "내 마음을 살피시고 나를 인도하소서"

고전 장면 소개
　　『천로역정』: 사자굴과 낙심의 집 통과
　　『오디세이』: 키르케의 마법에서 깨어나는 장면
　　『신곡』: 연옥 7단계 정화 여정

강의 흐름_ 죄와 죄책감의 반복, 거룩함을 향한 싸움, 성화란 성령과 동행하는 반복적 여정이다. 죄에 대하여, 하나님의 시선으로 나를 바라볼 때, 진정한 변화가 시작된다.

코칭 질문_
　　- 내 삶에서 반복되는 죄성은 어떤 형태입니까?
　　- 나는 그것을 어떻게 회개하고 정화해 왔습니까?
　　- 성령님이 나를 거룩으로 이끄신 사건은 무엇입니까?
　　- 나는 어떤 방식으로 하나님의 형상을 회복하고 있습니까?
　　- 회개의 진실함은 내 삶에서 어떻게 드러납니까?
　　- 지금 내가 버리고 싶은 습관 또는 영적 태도는 무엇입니까?

코칭 워크
　　"반복되는 유혹, 습관, 그리고 회개의 기도"
　　　첫째, 내 삶의 반복되는 유혹 또는 습관 정리하기.

지금까지의 삶 속에서 나를 자주 넘어뜨리거나, 신앙의 열매를 막아온 반복되는 유혹이나 좋지 않은 습관은 무엇이었는가? 나의 유혹·습관 3가지 정리해보기.

둘째, 회개의 기도문 작성하기.

주님, 저는 반복되는 이 유혹과 습관 앞에 너무 자주 넘어졌습니다. (   )는 제 안의 결핍과 불신에서 비롯된 죄였음을 고백합니다. (   )는 제 의지로 끊겠다고 다짐했지만, 여전히 무너졌습니다. (   )는 하나님보다 그것을 더 의지했던 우상이었습니다. 주님, 이 죄에서 돌이켜 십자가 앞으로 나아갑니다. 저를 용서하시고, 새 마음과 새 영을 제 안에 부어주소서. 주님을 더 사랑하고 신뢰하는 사람으로 살게 하소서. 예수님의 이름으로 기도드립니다. 아멘.

셋째, 믿을 수 있는 동반자에게 나누기.

나의 연약함을 안전하게 나눌 수 있는 영적 동반자 한 사람을 정하고, 내가 기록한 유혹과 회개의 내용 중 일부를 함께 나누고 서로 기도해주며 정기적으로 점검할 수 있도록 부탁하자. "두 사람이 함께하면 넘어졌을 때 일으켜 줄 수 있다"(전 4:9-10).

이 코칭 워크는 죄의 패턴을 끊는 훈련이자, 하나님 앞에서 정직해지는 용기의 실천이다. 회개는 부끄러움이 아니라 회복의 문이며, 동반 나눔은 은혜의 지지대이다. 오늘, 회개의 자리에서 자유와 새로움을 향한 한 걸음을 내디뎌 보자.

9주차
공동체의 회복 – 나와 우리, 책임 있는 관계

목표_ 내 삶의 공동체(가정, 교회, 직장 등) 안에서 나의 역할을 성찰한다. 책임과 사랑을 기반으로 한 리더십의 회복을 지향한다.

본문 묵상_ 요한복음 13:34-35 "너희가 서로 사랑하면 …"
갈라디아서 6:1-2 "서로의 짐을 지라"

고전 장면 소개

『천로역정』: 크리스천과 신실의 동행, 공동체 회복

『오디세이』: 오디세우스의 집 귀환과 가문 회복

『신곡』: 하늘의 장미 공동체 - 각각의 자리마다 의미 있음

강의 흐름_ 나의 공동체 안에서 내가 감당해야 할 책임은 무엇일까? 희생 없는 사랑은 지속될 수 없다. 리더십은 자기 자리의 회복에서 시작된다.

코칭 질문

- 나는 내 공동체 안에서 어떤 역할을 감당하고 있습니까?
- 나로 인해 공동체에 유익했던 순간은 언제였습니까?
- 회복해야 할 관계가 있다면 누구이며, 어떻게 접근하겠습니까?
- 나의 공동체에서 나는 누구이며, 어떤 존재로 여겨지고 있습니까?
- 하나님이 내게 맡기신 사람은 누구입니까?
- 내가 속한 공동체를 하나님의 시선으로 보면 어떤 모습입니까?

코칭 워크

"공동체 안에서 나의 역할과 회복"

첫째, 나의 현재 위치(영적 좌표)를 점검해보자. 나는 공동체 안에서 지금 어디에 있는가? 중심에서 섬기고 있는가, 주변에서 관망하고 있는가, 혹은 멀어진 채 거리를 두고 있는가? 나의 현재 태도와 역할을 솔직하게 기록해보자.

둘째, 하나님이 나에게 맡기신 공동체 안의 역할을 정의해보자. 예, 나는 위로하는 사람, 연결을 만드는 사람, 조용한 기도자, 예배의 기둥, 다음 세대를 세우는 사람 등. 공동체 안에서 하나님이 나를 통해 이루고자 하시는 사명이 무엇인지 묵상해보고 한 문장으로 표현하자.

셋째, 공동체 회복을 위한 나의 실천 선언을 작성하자.
예) "나는 공동체 안에서 지체를 살리는 격려자가 되겠습니다." "나는 멀어진 관계에 먼저 다가가겠습니다." "나는 예배와 중보기도로 공동체를 세워가겠습니다." 이 작업은 소속감 회복과 사명 인식을 돕기 위한 영적 진단표이며, 내가 다시 공동체의 일부로 살아가도록 방향을 새롭게 잡아주는 출발점이 된다.

10주차

비전의 밝음 – 하늘을 향한 나의 부르심의 재정립

목표_ 하나님의 관점에서 인생의 의미와 목적을 다시 바라본다.
 현재 나의 삶과 사명이 어디로 향하고 있는지를 정리한다.

본문 묵상_ 에베소서 2:10 "선한 일을 위하여 지으심을 받은 자"
 디모데후서 4:7-8 "선한 싸움을 싸우고 나의 달려갈 길을 마치고"

고전 장면 소개

『천로역정』: 천성문이 보이기 시작함

『오디세이』: 이타카 입성 직전의 내면 변화

『신곡』: 천국의 각 하늘을 통과하며 삼위일체의 빛 앞에 서다

강의 흐름_ 삶의 비전은 정체성과 관계된다. 비전은 고통 속에서 정련되고 밝아진다. 비전은 완성이 아니라 동행이다

코칭 질문

- 내가 지금 향하고 있는 방향은 하나님 나라입니까?
- 내 비전은 개인적 성공인가, 공동체적 섬김인가요?
- 하나님의 시선으로 볼 때, 나의 사명은 무엇입니까?
- 내가 잊고 있었던 하나님 주신 비전은 무엇입니까?
- 이 비전을 따라 살 때 내 삶이 어떻게 달라질까요?
- 지금 내 비전의 흐름은 하나님의 이야기 속 어디쯤입니까?

코칭 워크

"삶의 방향을 점검하며 나의 나침반 그리기"

첫째, 종이에 삶의 나침반을 그려보자.

원을 그리고, 동서남북에 삶의 네 축을 배치해본다.

예) 동(믿음) 하나님과의 관계, 서(사명) 내가 감당해야 할 일, 남(가정/관계) 사랑하고 책임져야 할 사람들, 북(내면 중심) 정체성, 비전, 감정의 방향. 각 축마다 지금 내가 얼마나 그 방향으로 나아가고 있는지를 1~5점으로 표시해보자.

둘째, 스스로에게 질문하며 점검해보자.

나는 지금 누구를 바라보고 살고 있는가? 나의 선택과 시간은 어디를 향하고 있는가? 내가 집중하고 있는 방향이 하나님 나라와 일치하는가? 혹시 방향은 잃고, 속도만 내고 있는 건 아닌가?

셋째, 내 삶의 중심을 다시 하나님께로 향하게 하는 결단을 해보자.

"나는 지금, 사람의 인정이 아닌 하나님의 부르심을 향해 다시 방향을 돌리겠습니다." "내가 먼저 회복할 방향은 '예배'이며, 하루 10분 말씀과 기도 시간을 회복하겠습니다." "가정을 향한 책임이 흐려졌음을 고백하며, 다시 정면으로 마주하겠습니다."

삶은 언제나 방향의 싸움이다. 속도보다 중요한 것은 내가 어디를 향하고 있느냐는 것이다. 이제, 하나님의 나침반을 따라 삶의 중심을 다시 맞추자.

11주차

사명 완성 – 하나님 나라의 자리에서 살아가기

목표_ 사명을 삶으로 실현하는 구체적 실천을 정리한다.

　　　성령과 동행하는 사명자적 삶을 결단한다.

본문 묵상_ 로마서 12:1-2 "산 제물로 드리라"

　　　　　마태복음 25:21 "잘 하였도다 착하고 충성된 종아"

고전 장면 소개

　　『천로역정』: 요단강을 건너 천성에 입성

　　『오디세이』: 텔레마코스에게 유산을 전수

　　『신곡』: 하나님의 삼위일체 빛 안에 흡수됨

강의 흐름_ 사명은 결론이 아닌 여정의 충실함이다. 하나님 나라의 관점으로 매일을 살아가기. 코칭 리더십의 삶은 사명 전수와 제자화까지 이어진다.

코칭 질문

　　- 지금 나는 사명을 어떻게 실현하고 있습니까?

　　- 사명을 가로막는 두려움이 있다면 무엇입니까?

　　- 내 삶에서 사명을 계승할 다음 세대는 누구입니까?

　　- 사명자가 된다는 것은 나에게 어떤 의미입니까?

　　- 하나님 나라의 자리에서 내가 감당해야 할 몫은 무엇입니까?

　　- 나의 사명을 위해 오늘 결단할 수 있는 작은 순종은 무엇입니까?

코칭 워크

"나의 사명을 선언하고, 오늘 실천하기"

첫째, 나의 사명 선언문을 작성하자.

지금 이 시기, 하나님께서 나를 부르신 삶의 목적은 무엇인가? 내 존재 이유와 사역의 방향을 한 문장으로 정리해보자.
예) "나는 하나님 나라의 회복을 위해 말씀과 돌봄으로 사람을 세우는 사명을 받았다." "나는 다음 세대에게 복음과 소명을 전하는 부르심을 따라 살아가겠다." "나는 일터에서 정직과 격려로 그리스도의 향기를 드러내는 사명을 감당한다."

둘째, 오늘의 사명을 실천할 3가지 실행 계획을 정하자.

실현 가능한 작은 행동으로 구체화해보자.
예) 오늘 하루에 한 사람에게 복음적 격려 메시지 전하기. 오전 10분 기도로 하루의 방향 하나님께 맡기기. 맡은 사역이나 일에서 '정직'과 '감사'를 실천하기

셋째, 하루가 끝난 후 실행 여부를 점검하고 감사로 마무리하자.

"나는 오늘 사명에 한 걸음 더 가까이 다가갔는가?" "하나님, 이 작은 순종을 받아주시고, 내일도 인도하소서." 사명은 미래의 목표가 아니라, 오늘의 삶에서 실천되는 믿음의 응답이다. 작은 순종이 모여 평생의 사명을 완성한다.

나의 코칭영성 순례 완성 – 삶으로 드러나는 비전 스토리

목표_ 12주간의 순례 여정을 통합적으로 정리하고 삶에 적용한다.
삶의 고백과 사명 선언을 함께 나눈다.

본문 묵상_ 히브리서 12:1-3 "믿음의 경주를 완주하라"
시편 23편 전체 "주의 집에 영원히 거하리로다"

코칭 질문

- 12주간 여정에서 내게 가장 깊었던 변화는 무엇이었습니까?
- 지금 나는 어떤 고백을 드리고 싶습니까?
- 나의 비전 스토리를 한 문장으로 표현한다면?
- 순례자였던 내가 지금 서 있는 자리는 어디입니까?
- 이번 여정에서 하나님은 나에게 무엇을 새롭게 보여주셨습니까?
- 이제 나는 어떤 방식으로 이 순례의 여정을 계속 이어가고 싶습니까?

코칭 워크 및 나눔

"순례자의 여정, 함께 나누고 함께 파송되다"

첫째, 개인 발표 (1인 5~7분) 각자 준비한 내용을 바탕으로 자신의 순례 여정을 발표한다.

삶의 여정 지도(MAP): '멸망의 도시'부터 지금까지의 전환점, 이정표, 나의 선언문, 정체성 선언, 사명 선언을 발표한다.

오늘의 삶에 적용할, 실행계획 3가지 또는 삶의 변화 결단: 발표는 완벽하게 말하는 것이 아니라, 진실한 자기 고백과 성찰의 나눔이면 충분하다. 각 발표 후 간단한 격려 한 마디를 서로 나눈다.

둘째, 전체 복습: VICTOR 6단계 코칭영성 요약.

V – Vision: 하나님이 보여주신 삶의 방향

I – Identity: 나는 누구인가, 말씀 안에서의 정체성

C – Calling: 나의 부르심과 현재의 책임

T – Transformation: 시련과 성장을 통한 내면 변화

O – Ownership: 스스로 감당하는 믿음의 선택

R – Reproduction: 다음 사람을 세우는 삶의 전수

지금 우리는 VICTOR 여정의 한 사이클을 완주한 순례자들이다.

셋째, 마지막 기도와 파송.

모두 서로를 바라보고 손을 얹거나 손을 마주 잡고, 축복의 기도를 나눈다. "주님, 우리 각자의 순례 여정을 이끌어주심에 감사합니다. 오늘 우리는 서로의 이야기를 듣고, 말씀 안에서 자신을 발견했습니다. 이제 세상 가운데로 다시 나아갑니다. 우리가 만나는 사람들에게, 주님의 향기와 진리를 전하는 영적 동행자, 순례의 길동무가 되게 하소서. 예수님의 이름으로 축복하며 기도드립니다. 아멘."

마무리 멘트_ 이제 우리는 혼자가 아닙니다. 하나님이 인도하시고, 공동체가 함께 걷습니다.

여러분의 순례 여정에 은혜와 능력이 함께하길 축복합니다.

4부

한국적 상황에서 코칭의 발전과 우리의 과제

1장_ ICF를 넘어 K-Coaching 문화 개척하기

1. 한국 코칭의 발전 배경과 문화적 특수성

1) 왜? K-Coching일까?

한국에서 코칭은 지난 20여 년간 빠르게 발전해 왔다. 그러나 그 안에는 외래 이론 수용의 한계와 한국적 문화와의 긴장, 그리고 코칭의 정체성에 대한 질문이 공존하고 있다. 이제는 'ICF 모델'을 그대로 적용하는 데서 그치지 않고, 한국적 맥락을 충분히 반영한 K-Coaching의 문화와 정체성을 새롭게 세워야 할 시점이다.

한국 코칭의 발전은 2000년대 초반부터 시작되었다. 당시에는 ICF(국제코칭연맹) 모델과 코칭 심리학 개념이 소개되며, 주로 삼성과 현대 같은 대기업을 중심으로 리더십 코칭이 도입되었다. 이후 2010년대에는 대학, 공공기관, 교육청 등을 중심으로 교사 코칭, 청소년 코칭, 부모 코칭 등 교육 현장으로 확산되었다. 2020년 이후에는 AI 기반 코칭 플랫폼이 등장하고, 다양한 민간 자격증이 급속히 증가하면서 코칭이 대중화되었지만, 동시에 자격 체계와 정체성에 대한 혼란도 커졌다. 현재는 코칭이 상담, 자기 계발, 멘토링 등과 혼용되어 사용되면서, 그 정의와 적용 범위를 명확히 재정립할 필요성이 제기되고 있다.

한국 사회는 그 자체가 코칭의 수용과 실천에 영향을 주는 문화적 특수성을 갖고 있다. 우선, 전통적으로 위계 중심 문화가 강하다. 연령과 직위에 따라 관계가 정해지는 한국의 수직적 구조는, 코치와 클라이언트가 수평적 관계를 맺는다는 코칭의 철학과 충돌을 일으키기도 한다. 많은 사람들이 코치의 역할을 '상급자'나 '지도자'로 오해하는 이

유도 여기에 있다.

또한 집단주의 문화는 '나'보다 '우리'를 앞세우는 정서를 만들어 낸다. 공동체의 조화를 중요시하는 사회 분위기 속에서, 개인이 자신의 정체성과 고유한 소명을 탐색하는 과정은 종종 주저됨과 갈등을 수반한다. 코칭에서 강조하는 자기 탐색과 자기 결정의 흐름은 이런 문화적 배경 속에서 조정과 해석이 필요하다.

한국은 또한 성과 중심 사회다. 빠른 결과를 중시하고 눈에 보이는 성과를 요구하는 분위기 속에서, 실행 중심의 코칭은 비교적 수용되지만, 깊은 내면 탐색과 정체성 성찰은 종종 부담스럽고 비효율적으로 여겨지기도 한다. 그 결과, 코칭이 '즉각적인 문제 해결을 위한 도구'로만 축소되거나, 단기적 행동 변화를 유도하는 기법으로 오해되기 쉽다. 마지막으로, 많은 이들이 코치와의 관계에서 심리적 거리감을 느낀다. 한국인은 쉽게 마음을 열지 않는 경향이 있으며, 신뢰를 형성하는 데 시간이 필요하다. 따라서 관계의 안정과 신뢰를 중시하는 코칭 접근이 필요하며, 질문보다는 공감과 경청에 더 많은 시간과 정성을 기울여야 한다.

이러한 한국적 맥락은 단순히 '제약'이 아니라, 오히려 K-Coaching 고유의 철학과 접근 방식을 정립할 수 있는 자산이 될 수 있다. 한국인의 정서와 문화, 공동체적 삶의 구조를 이해하고 존중하는 방식으로 코칭을 재구성할 때, 코칭은 단지 서구적 모델의 이식이 아니라, 이 땅의 언어와 감성으로 풀어낸 성장의 도구가 될 수 있다.

2) 현재 한국 코칭의 문제점과 가능성

한국에서 코칭은 다양한 영역에서 빠르게 확산되고 있지만, 그 발전 과정에는 몇 가지 뚜렷한 한계와 동시에 새로운 가능성이 공존하고 있다. 무엇보다 먼저 짚어야 할 것은 코칭의 정체성에 대한 혼란이다. 실제 현장에서는 코칭과 상담, 컨설팅이 뚜렷이 구분되지 않은 채 사용되는 경우가 많다. 상담은 과거의 상처를 다루고, 컨설팅은 해답을 제시하는 반면, 코칭은 현재와 미래를 바라보며 클라이언트 스스로 답을 발견하도록 돕는 접근 방식이다. 그러나 이러한 구분이 충분히 공유되지 않음으로 인해, 코칭의 본래 철학과 실천이 제대로 자리 잡지 못하는 경우가 적지 않다.

특히 한국 교회 안에서의 코칭 도입은 아직 초기 단계에 머물러 있다. 일부 목회자들이 코칭의 필요성을 인식하고 시도하고 있지만, 전반적으로는 영성 중심의 코칭에 대한 이해가 부족하며, 코칭을 신앙적 도구로 받아들이는 데 조심스러워하는 분위기도 여전하다. 이는 코칭이 세속적 자기 계발의 연장선으로 오해되거나, 말씀과 기도 중심의 목회와 충돌한다고 느끼는 데서 비롯된 문제이기도 하다.

그럼에도 불구하고, 한국 사회와 교회 안에는 여전히 코칭에 대한 실질적인 필요와 가능성이 풍부하다. 무엇보다 교회, 교육, 기업 등 거의 모든 영역에서 코칭에 대한 관심과 수요가 존재한다. 특히 코로나19 팬데믹 이후 심리적 불안과 정체성 혼란, 관계의 단절을 경험한 이들이 많아지면서, 비대면 상황에서도 마음을 회복하고 삶을 재정비할 수 있는 새로운 대화의 방식이 절실해졌다.

이러한 흐름 속에서 코칭은 단지 기술을 넘어서, 공감과 경청, 질문의 문화를 확산시키는 건강한 도구로 작용할 수 있다. 한국 사회는 오랫동안 지시와 평가 중심의 대화에 익숙해 있었기 때문에, 상대를 존중하며 스스로 답을 찾도록 돕는 코칭 방식은 오히려 새롭고 신선한 대안이 된다. 이것은 교회 공동체 안에서도 마찬가지이다. 단순한 훈계나 가르침이 아닌, 삶의 이야기를 듣고 그 안에서 하나님의 음성을 발견하도록 돕는 코칭적 접근은, 앞으로의 목회와 제자훈련에도 중요한 기여를 할 수 있다.

결국, 지금 한국 코칭의 문제는 새로운 출발을 위한 성장통이라 볼 수 있다. 본질을 회복하고, 문화에 맞는 방식으로 재해석하며, 다양한 분야와의 연결 지점을 넓혀간다면, 코칭은 단순한 도입을 넘어 한국적이고 신앙적인 정체성을 가진 K-Coaching으로 발전해 갈 수 있을 것이다.

3) 크리스천 코칭의 한국적 과제

한국 교회가 코칭을 수용하고 발전시켜 나가기 위해서는 단순히 외래 이론을 도입하는 수준을 넘어, 한국 사회와 교회의 특수성에 맞는 신학적 정립과 실제적 적용이 함께 이루어져야 한다. 이를 위해 다섯 가지 핵심 과제를 살펴볼 수 있다.

첫째, 코칭의 신학적 정립이 시급하다. 오늘날 많은 이들이 코칭을 자기 계발 도구로 오해하거나, 심리기법으로만 접근하는 경우가 많다. 그러나 크리스천 코칭은 단순한 변화 기술이 아니라, 하나님의 은혜 안에서 자신의 소명을 발견하고 실현해 가는 거룩한 여정이 되어야 한다. 이를 위해 코칭의 본질을 구속사적 관점에서 재해석하고, 삼위일체 하나님과의 관계 속에서 이루어지는 영적 성장의 통로로 정립하는 작업이 필요하다.

둘째, 목회 현장에 적용할 수 있는 실천 모델의 개발이 중요하다. 코칭은 제자훈련, 설교 후 나눔, 소그룹 인도, 개인 신앙 상담 등 다양한 목회 영역에서 효과적으로 활용될 수 있다. 특히 수련회, 양육 훈련, 사역자 리트릿 등의 현장에서 코칭을 통합한 맞춤형 프로그램을 개발하고 보급함으로써, 코칭이 목회의 도구가 아닌 목회 그 자체의 방식으로 자리매김되도록 해야 한다.

셋째, 리더십 코칭의 확대가 필요하다. 장로, 권사, 교역자 등 교회 리더들이 자신의 리더십 정체성과 영향력을 성찰하고 강화할 수 있도록 돕는 코칭이 절실하다. 단지 역할을 수행하는 것을 넘어, 하나님 앞에서 '어떤 리더로 존재할 것인가'를 묻고 살아내는 인격적 리더십을 위한 코칭이 요구된다.

넷째, 공동체 회복을 위한 관계 중심 코칭이 더욱 강조되어야 한다. 코로나19를 거치며 교회의 공동체성이 약화되었고, 인간관계의 단절과 감정적 거리감이 깊어졌다. 이 시점에서 용서, 경청, 공감, 재연결을 돕는 관계 코칭과 공동체 회복 코칭은 한국 교회의 재건을 위한 중요한 도구가 될 수 있다.

다섯째, 한국형 성경적 코칭 모델의 개발과 보급이 필요하다. 단순한 외국 이론의 번역이 아닌, 한국 교회의 영성과 문화를 반영한 모델이 요구된다. 이미 개발된 VICTOR, TRINITY와 같은 기독교 기반 코칭 모델들을 확장하고, 다양한 연령과 사역 분야에 적용할 수 있도록 체계화해야 한다. 이는 K-Coaching의 토착화를 위한 실제적 대안이 될 것이다.

4) 요약: 한국 코칭의 현재와 미래

한국에서 코칭은 주로 기업과 교육 영역에서 먼저 도입되었고, 그 흐름은 여전히 민간 중심의 영역에 집중되어 있다. 그러나 앞으로는 교회와 공공기관으로의 확대가 중요한 과제가 될 것이다. 지금까지의 코칭은 자기 계발이나 성과 향상과 같은 세속적 목표에 치우쳐 있었으나, 신학석 기반 위에서 존재와 소명 중심의 코칭으로 전환되어야 한다.

문화적으로는 여전히 위계와 집단주의가 강하게 작용하고 있어 수평적 관계에 기반한 코칭 문화의 정착이 어렵지만, 바로 그렇기 때문에 코칭을 통한 관계 기반의 건강한 소통 문화가 절실하다. 이는 교회 안팎 모두에게 필요한 방향이다.

무엇보다, 현대 사회는 '자아 찾기'에 대한 관심이 높다. 이는 크리스천 코칭에 새로운 기회를 제공한다. 인간의 정체성은 자율과 성취가 아니라, 하나님의 부르심 안에서 발견되는 것임을 선포하고 안내하는 코칭은, 이 시대의 방향 감각을 잃은 이들에게 분명한 대안을 제시할 수 있다. 결국, 한국 코칭의 미래는 단지 외국 모델의 확장이 아니라, 복음의 정신을 담은 문화적, 신학적, 실천적 통합의 결과물로서, 고유한 K-Coaching 정체성을 세워나가는 데에 달려 있다.

2. K-Coaching 문화의 산실 : 사)한국코치협회

한국에서 코칭이 전문적인 분야로 자리 잡기 시작한 지 20여 년이 지났다. 그 중심에는 사단법인 한국코치협회(Korea Coach Association, KCA)가 있다. 한국코치협회는 국내에서 코칭 문화의 정착과 확산, 그리고 코치들의 전문성 향상을 위해 지속적으로 헌신해온 대표적인 기관이다. 이 협회는 2003년에 설립되었으며, 한국 사회 전반에 퍼지고 있는 자기 계발 열풍 속에서, 코칭을 단순한 유행이 아닌, 개인과 조직의 본질적 성장과 변화를 이끌어 "국민행복지수"를 높이는 전문영역으로 정립하기 위해 출범하였다.

1) 설립 목적

"대한민국의 코칭 문화 정착과 코치 전문성 제고를 통해 개인과 조직의 성장을 돕고, 건강한 사회를 이루는 데 기여한다." 이는 단순히 교육을 제공하는 기관을 넘어서, 코칭이 한국 사회의 다양한 현장인 학교, 기업, 공공조직, 교회, 지역사회 속에 뿌리내리도록 하는 사회적 역할을 자임한다는 의미이기도 하다.

한국코치협회는 '사람과 세상을 변화시키는 코칭 전문 기관'이라는 비전을 중심으로, 교육과 인증, 연구와 네트워크 구축 등 다양한 사업을 펼쳐왔다. 이를 통해 코치의 윤리 기준을 정립하고, 전문성을 갖춘 코치 양성 체계를 세워가며, 코칭의 질적 성장과 사회적 신뢰를 동시에 추구해왔다.

K-Coaching이 단순히 ICF 모델의 수입품에 머물지 않고, 한국의 교육문화와 조직문화, 그리고 인간관계의 특수성을 반영한 토착화된 코칭 문화로 뿌리내리기 위해, 한국코치협회의 역할은 매우 중요하다. 특히 공공기관과 연계한 리더십 코칭, 기업 대상의 조직 변화 코칭, 교육 현장에서의 교사 코칭 프로그램 등은 K-Coaching 문화의 실제적 기반을 형성하는 데 크게 기여를 하고 있다. 앞으로의 과제는 분명하다. 코칭의 질적 수준을 더욱 높이고, 코칭을 일시적 기술이 아니라 삶과 리더십의 지속 가능한 방식으로 뿌리내리게 하는 것이다. 이를 위해 KCA는 학술적 기반 강화, 현장 맞춤형 콘텐츠 개발, 다양한 사회 분야와의 연

계 확대를 통해 '사람과 세상을 바꾸는 코칭'이라는 비전을 계속 실현해 나갈 것이다.

2) 한국코치협회의 주요 역할

한국코치협회는 코칭의 전문화와 제도화를 이끌어가는 국내 대표 기관으로서, 다양한 영역에서 실질적인 역할을 감당하고 있다. 그 중심에는 전문성 인증, 교육 및 연수, 문화 확산, 기준 수립, 국제 교류, 그리고 정책 제안이라는 여섯 가지 핵심 기능이 있다.

첫째, 협회는 코치 자격 인증 체계를 운영함으로써 국내 코칭 전문성의 기준을 세워왔다. 대표적으로 KAC(Associate Coach), KPC(Professional Coach), KSC(Supervisor Coach) 등 단계별 자격 제도를 통해 코치들의 수준을 구분하고, 체계적인 성장 경로를 제공하고 있다. 이는 코칭의 질을 확보하는 데 중요한 기초가 된다.

둘째, 코칭 교육과 연수 분야에서는 인증 코치 양성 과정 운영뿐만 아니라, 코치들을 위한 지속적인 보수교육, 역량 강화 워크숍 등을 실시하며 전문성 향상을 위한 생태계를 구축하고 있다. 이를 통해 단기 훈련을 넘어, 지속 가능한 전문가 양성 시스템이 뿌리내리고 있다.

셋째, 협회는 코칭 문화 확산의 주체로서 공공기관, 기업, 학교, 사회단체 등과 협력하여 코칭을 다양한 사회 영역에 적용하고 있다. 조직 리더십 향상, 교육 현장의 변화, 공공조직의 소통 개선 등 실제 현장에서 체감할 수 있는 변화를 만들어내는 데 중점을 두고 있다.

넷째, 윤리와 역량 기준의 수립 역시 협회의 중요한 사역이다. 코치 윤리강령을 제정하고, 코치들이 이를 실천하도록 독려함으로써 코칭의 공공성과 신뢰를 높이고 있다. 아울러, KCA는 독자적인 핵심역량 체계를 개발하여 한국적 상황에 맞는 코칭 기준을 마련하는 데에도 앞장서고 있다.

다섯째, 국제 교류 분야에서는 ICF(국제코칭연맹)를 비롯한 글로벌 코칭 기관들과의 파트너십을 통해 세계 코칭 흐름과의 연계성을 높이고 있다. 이를 통해 한국 코칭의 위상도 국제 무대에서 점차 확장되고 있다.

마지막으로, 협회는 코칭 관련 정책 제안 및 공공 영역 확대에도 기여하고 있다. 정부 및 공공기관을 대상으로 코칭 기반 리더십 정책을 제안하고, 학교와 복지 분야 등 다양한 영역에 코칭이 제도적으로 도입되도록 촉진하고 있다.

이처럼 한국코칭협회는 단지 전문가 인증 기관에 그치지 않고, 코칭 문화의 기반을 구축하고, 이를 사회 각 분야로 퍼뜨리는 플랫폼 역할을 지속적으로 감당하고 있다. K-Coaching의 정체성과 미래를 논할 때, 협회의 이 같은 다차원적 사역은 매우 중요한 근간이 된다.

3) 자격 제도 (KCA 인증코치 제도)

자격명	설명
KAC (Korea Associate Coach)	입문형 코치 자격 (교육 20시간, 코칭경력 50시간 이상)
KPC (Korea Professional Coach)	실무형 중급 자격 (교육 60시간, 코칭경력 200 -> 300시간 이상)
KSC (Korea Supervisor Coach)	고급 전문 코치 자격 (교육 150시간, 코칭경력 800 -> 1,500시간 이상)

모두 공식 심사, 코칭 시연, 서류 평가를 거쳐 인증된다. (2026년 3차 부터 변경)

3. 한국기독교코칭학회(KCCA)

1) 설립 배경과 목적

한국기독교코칭학회(Korean Christian Coaching Academy, KCCA)는 기독교 세계관에 기초한 코칭의 신학적 기반을 정립하고, 이를 실제 목회와 성도의 삶에 적용하고자 하는 목적으로 2021년에 설립된 학제적 연구 공동체이다. 이 학회는 단순히 기존 코칭의 기독교적 활용을 넘어서, 삼위일체 하나님 중심의 코칭 체계를 정립하고자 한 문제의식에서 출발하였다. 설립에 앞서, 사단법인 한국코치협회 내에 기독교코칭센터가 존재했으나, 점차 그 한계가 드러났다. 인본주의 자기 계발 중심의 코칭에 대한 신학적 재해석과 분별, 그리고 한국 교회에 맞는 코칭 모델이 절실히 요청되었다.

이러한 필요성에 따라, 당시 한국코치협회 이사이자 기독교코칭센터장이던 박중호 목사(필자)와 이명진 교수 등 12명의 전문 코치가 주축이 되어 발기인으로 참여하였고, 협회장이던 고 강용수 회장의 승인 하에 2021년 3월, 협회 이사회에 공식 보고하여 설립되었다. 학회의 비전은 명확하다. 목회자, 교수, 코치, 사역자가 함께 참여하는 학제적 연구 공동체로서, 기독교 코칭의 신학적 기초를 세우고, 코칭을 통해 교회와 성도의 영적 성장에 기여하는 것이다. 이를 위해 신학, 심리학, 교육학, 영성, 리더십 등 다양한 분야를 통합하여 연구하고, 실제 현장에 적용 가능한 모델을 지속적으로 개발해오고 있다.

2) 주요 활동과 발전 방향

설립 이후, KCCA는 왕성한 활동을 이어오고 있다. 매월 1회씩 개최되는 국제 크리스천 코칭 콜로키움은 40회를 넘었으며, 정기 학술대회 및 포럼도 매년 꾸준히 이어지고 있다. 또한 기독교 코칭 전문 서적 발간에도 앞장서, 『크리스천 코칭 디스커버리』(2022, 아가페), 『크리스천 코칭 패스파인더』(2023, 아가페) 등의 연구서를 출간하였다. 이는 단지 이론적 작업이 아니라, 실천적 적용과 훈련을 위한 현장형 콘텐츠로 자리매김하고 있다.

국내외 신학교 및 기독 교육기관과의 연계도 활발히 이루어지고 있다. 미국 PTSA(미주 장로회신학대학교)에는 코칭 전공 석사과정이 개설되었고, WMU(월드미션대학교)에는 코칭 석사 및 박사(D.Min, Ph.D) 과정 내에 상담, 코칭, 영성 형성 트랙이 마련되어 있다. 이를 통해 학회 구성원들은 겸임 교수로 활동할 기회를 얻고 있으며, 회원들에게는 실제 학위과정을 이수할 수 있는 통로가 제공되고 있다.

또한, 국제크리스천 영성 코칭지도사 자격제도(IAC, IPC, ISC)를 통해 전문 코치 인증 체계를 마련하고, 2025년 5월 제3차 코치 자격 인증을 실시하였다. 지금까지 200여 명의 인증 코치를 배출하였으며, TRINITY 코칭 모델을 기반으로 한 기초, 심화, 역량 중심의 코칭 교육 프로그램을 정기적으로 운영하고 있다.

앞으로 KCCA는 몇 가지 전략적 방향을 설정하고 있다.

첫째, ATS(북미신학대학협의회: Association of Theological Schools), AGST(아시아신학대학원연합회: Asia Graduate School of Theology) 등 국제 기독교 학회와 네트워크 강화를 통해 학술적 깊이와 글로벌 정체성을 함께 구축하고자 한다.

둘째, 교단별 목회자 코칭 연수 인증제를 도입하여, 코칭이 일회성 교육이 아닌 목회자 훈련 체계 안에 자리 잡도록 유도하고자 한다.

셋째, 영성 코칭, 제자도 코칭 등 한국 교회의 목회 현장에 실제로 적용 가능한 토착화된 신학 모델을 개발하여, 교회 교육과 제자훈련의 새로운 패러다임을 제시하고자 한다. 마지막으로, 사단법인 국제코칭협회와의 전략적 협력을 통해 시너지 효과를 내고, 한국형 크리스천 코칭의 정체성을 정립하고 확산하는 데 중추적 역할을 지속할 계획이다.

2장_

그 너머를 바라보며

1. 사단법인 국제코칭협회(WCN)

1) 설립 배경 및 핵심 비전

한국 코칭의 발전이 민간 차원을 넘어 신앙과 인성, 영성형성이라는 통합적 접근으로 확장되면서, 보다 공익적이고 글로벌한 차원의 법인 설립이 요청되었다. 특히 국내 교회뿐 아니라 선교지와 한인 디아스포라 현장에 이르기까지, 코칭을 도구가 아닌 하나님 나라 확장의 방식으로 보급하려는 비전은 새로운 조직적 기반을 필요로 했다.

이러한 흐름 속에서 2023년, 사단법인 국제코칭협회(Worldwide Coaching Network, 이하 WCN)가 공식 출범하게 된다. 이는 2007년 교육부 산하 법인으로 설립된 사단법인 인간과학연구소(이사장 이동욱 박사, 이사 정재현 목사)의 정체성과 구조를 계승하여, 제2대 이사장으로 박중호 목사가 취임하면서 본격적인 전환이 이루어졌다. 협회는 정관 개정과 함께 '국제코칭협회'라는 명칭으로 새 출발을 선언하였고, 그 역사적인 출범식은 2023년 9월 삼청각에서 열렸다.

협회는 한국 내에서의 법적 정체성뿐 아니라, 국제적인 인증과 연계된 글로벌 확장을 함께 추진했다. 이를 위해 직업능력개발원에 교육부 민간자격을 등록하고, '국제 코칭지도사(International Coaching Instructor, ISC/IMC)'와 기존의 'NLP 트레이너' 자격(2008년 등록)을 정식 인증 체계로 운영하게 되었다. 이 자격 체계는 코칭이 단지 심리기술이 아닌, 신앙과 소명을 담아내는 공적 자격으로 사회 속에서 인정받을 수 있도록 하는 토대를 제공한다.

아울러, 진정한 국제화를 위해 미국 뉴욕 주정부에 비영리법인 (NPO)인 Worldwide Coaching Network Inc.를 2024년 설립하였다. 이 기관은 CEO 유정선 코치를 중심으로 글로벌 코치 인증과 네트워크 구축을 본격화하고 있으며, 미주(북미, 중남미), 유럽(동유럽, 서유럽), 동남아, 오세아니아, 중동, 아프리카 등 지역 선교 현상을 연결하는 코칭 인프라를 제공하고 있다. 이를 통해 코칭은 단지 국내 사역의 확장이 아니라, 세계 선교의 전략적 자산으로 기능하고 있다.

국제코칭협회의 핵심 비전은 명확하다. "삶을 변화시키는 코칭이 예배가 되는 전 세계적인 부흥을 본다." 이는 단지 개인의 문제 해결이나 역량 개발을 넘어서, 코칭을 통해 인간의 존재를 회복시키고, 관계를 새롭게 하며, 공동체를 치유하는 방식으로 하나님 나라의 문화가 확산되기를 바라는 선교적 열망에서 비롯된 선언이다.

2) 주요 활동

협회는 국제 크리스천 코치 양성 과정을 운영하고 있으며, VICTOR 6단계, TRINITY 모델 등 성경적 기반의 코칭 프로세스를 국내외 교회와 CBMC 기업, 학교, 선교지, 군선교 현장 등에 보급을 계획하고 있다. 이 모든 교육은 대상과 맥락에 따라 맞춤형 역량강화 모듈로 개발되며, 신학적 깊이와 실천적 적용을 동시에 고려한 콘텐츠로 구성되어 있다.

또한 ICF 8가지 핵심역량을 능가하는 VICTORIA 8가지 핵심역량을 개발하여 전세계 크리스천 코치들의 표준 모델로 제시하였다. 그리고 협회는 미국 뉴욕 기반 NPO(비영리법인) Worldwide Coaching Network Inc. New York을 통해 글로벌 국제인증자격을 연계발급하는 전 세계 유일한 인증기관으로 자리매김 하고자 한다. 더 나아가서 단지 교육과 자격 발급 기관을 넘어서, 산하단체인 국제코칭아카데미를 통해, 한국과 세계 교회를 연결하는 '글로벌 코칭 선교사 파송 프로젝트'를 위한 네트워크로서의 사명을 확장해 나갈 것이다. K-Coaching은 이제 국내를 넘어, 세계 교회와 선교지에서 하나님 나라를 세우는 코칭 영성의 운동으로 자라나고 있다.

3) 국제코칭지도사(International Coaching Instructor) 자격인증 기준

자격명	설명
IAC (International Associate Coach)	교육 20시간, 코칭경력 50시간 이상
IPC (International Professional Coach)	교육 60시간, 코칭경력 120시간 이상
ISC (International Supervisor Coach)	교육 120시간, 코칭경력 500시간 이상
IMC (International Master Coach)	교육 200시간, 코칭경력 2,000시간 이상

이 자격은 국내에서는 교육부 민간자격과 미국 New York NPO의 국제자격 2개를 동시에 취득한다는 장점이 있다.

4) 발전 방향

사단법인 국제코칭협회는 한국을 넘어 세계 선교 현장과 교회 공동체에 코칭을 통한 하나님 나라 운동을 확산시키는 플랫폼으로 자리 잡아가고 있다. 앞으로의 발전 방향은 국내 중심을 넘어 세계적 코칭 선교 네트워크 구축에 초점을 두고 있다. 무엇보다도 미주, 동남아, 아프리카 등 주요 선교지에 크리스천 코칭 리더십을 보급하는 일이 주요 과제로 제시된다. 이를 위해 현지 문화와 언어를 고려한 코칭 콘텐츠와 훈련 시스템이 개발 중이며, 선교지의 교회 지도자들이 자립적 코칭 리더로 세워지도록 교육적 기반을 마련해가고 있다. 이와 병행하여, 다언어 코칭 교재 개발도 진행되고 있다. 영어를 중심으로, 일본어, 아랍어, 스페인어 등 다양한 언어로 번역되고 현지화된 교재들이 개발 중이며, 이는 국제 크리스천 코치 양성 과정의 확장성과 현장 적합성을 높이는 데 크게 기여할 것이다.

협회는 은퇴 목회자·선교사와 이중직 목회자, 그리고 다양한 전문 경력을 지닌 크리스천 시니어 리더들이 지니고 있는 신앙적·목회적·영적 자산을 '시니어 코치' 역량으로 재구성하여, 펀드레이징을 통해 CBMC와 같은 기독 기업에 사목(社牧)으로 파송하고, 동시에 '국제코칭 아카데미'를 기반으로 한 '코칭 선교사 파송 프로젝트'를 가동함으로써, 코칭을 매개로 복음을 삶과 문화 속에 증거하며 해외 한인교회와 미전도 종족, 그리고 젊은 세대까지 아우르는 새로운 사역의 생태계를 구축하려 한다. 다음 세대를 돕고 공동체를 섬기도록 하는 시스템은, 인생 이모작 시대의 실제적인 대안이자 교회를 위한 새로운 리더십 자원이 될 수 있다. 또한, 협회는 '국제코칭 아카데미'를 통한 '코칭 선교사 파송 프로젝트'도 준비하고 있다. 이는 단지 코칭을 가르치는 것이 아니라, 코칭을 통해 복음을 삶으로 증거하고 문화 속으로 파고드는 선교 전략으로, 젊은 세대와 해외 한인교회, 미전도 종족까지 아우르는 새로운 사역의 패러다임으로 자리매김할 수 있다.

아울러, ICF(국제코칭연맹), 사단법인 한국코치협회 등 기존의 글로벌 코칭 기관들과의 건설적 협업 가능성도 모색 중이다. 단, 협회는 어디까지나 신학적 차별성과 영성적 정체성을 지키면서, 코칭의 전문성과 윤리성을 함께 담보할 수 있는 연합과 협력의 길을 지향한다.

5) 두 기관의 관계와 상호 보완성

한국기독교코칭학회(KCCA)와 사단법인 국제코칭협회(WCN)는 서로 다른 정체성과 사역 영역을 갖고 있으나, 동시에 깊이 있는 상호 보완 관계 속에 있다. 두 기관은 신학과 실천, 연구와 훈련, 학문과 선교라는 서로 다른 축을 담당하면서도, 'K-Coaching'이라는 하나의 코칭 선교 운동을 함께 이루어가는 협력적 파트너로 자리매김하고 있다.

학회는 학술 중심의 신학 연구 공동체로서, 코칭의 신학적 기반을 정립하고, 크리스천 코칭의 철학과 모델을 발전시키는 데 주력하고 있다. 학회는 트리니티 코칭 리더십에 기반하여 TCL 기초과정과 TSL 심화과정, 그리고 Trinity 8가지 핵심역량 교육+영성형성(주께로 날마다 가까이)을 통해 코치로서의 신학적 통찰력과 영적 성숙을 훈련한다. 신학자, 목회자, 선교사, 크리스천 리더가 중심이 되어 학술지 발간, 학술대회, 세미나, 포럼 등 담론 중심의 영성 코칭 운동을 이어가고 있으며, 이를 통해 신학적 코칭의 이론적 기반을 풍성히 하고 있다. 특히, KCCA는 "국제크리스천영성코칭지도사" 자격증을 부여하는 기관으로, IAC와 IPC 자격을 통해 신학과 영성을 겸비한 글로벌 코칭 인재를 양성한다.

반면 협회는 실천 중심의 교육 및 실행 조직으로, 코칭의 실제 적용과 현장 사역에 주력한다. 협회는 VICTOR 6단계 코칭 프로세스를 중심으로 한 교육 시스템을 운영하며, Victoria 8가지 핵심역량을 통해 코칭의 실용성과 전파 가능성을 확장하고 있다. 훈련과 자격인증, 현장 파송 및 코칭 프로그램 운영을 통해 교회, 학교, 기업, 군, 선교지 등 다양한 분야에서 코칭을 실행에 옮기고 있으며, 다양한 코치, 강사, 선교사, 학교 관계자들이 참여하는 열린 공동체로 자리매김하고 있다. 특히, 협회는 "국제 코칭 지도사" 자격증을 수여하는 기관으로, ISC와 IMC 자격을 통해 글로벌 수준의 코칭 실천가와 리더를 배출하고 있다. 이처럼 학회는 신학적 기반과 철학을 제공하고, 협회는 그 기반을 실제 교육과 선교, 사역의 현장에서 구현하는 역할을 감당한다. 하나는 뿌리를 내리고, 하나는 열매를 맺는 관계로, 이 두 기관이 유기적으로 협력할 때, K-Coaching은 이론과 실천, 신학과 선교, 국내와 세계, 예루살렘과 사마리아를 넘어 땅끝까지 전체를 아우르는 건강하고 지속 가능한 코칭 생태계를 구축해 갈 수 있다. 나아가, 이러한 구조는 한국 교회와 세계 선교 현장에 깊은 영성과 실제적 리더십을 겸비한 코치들을 세워가는 하나님의 도구로서 쓰임 받는 길이 될 것이다.

2. 코칭 분야의 성장 잠재력

1) 한국 내 '상담사'와 '코치' 숫자 비교

구분	숫자(추정치)	자격 종류	비고
상담사	약 25만 명 이상	한국상담심리학회, 청소년상담사, 임상심리사, 민간 자격 등 포함	대학원 학위과정 정착 다양한 자격제도 정착
코치	약 2만 명 내외	KCA(KAC/KPC/KSC), ICF(ACC/PCC/MCC), KCCA(IAC/IPC/ISC)	대학원 학위과정 개설, 자격제도 확대등을 통해 최근 10년간 급속 성장 중

"(사)한국코치협회(KCA)와 ICF 코리아 챕터는 지난 20여 년간 각각 17,000여 명(KCA), 300여 명(ICF Korea Chapter)의 인증코치를 배출해왔다. 이에 비해 한국기독교코칭학회(KCCA)는 설립 2년이라는 비교적 짧은 기간 안에 세 차례의 인증 과정을 통해 이미 200여 명의 영성코치를 양

성하였으며, 이러한 성장 추세에 따라 조만간 1,000명 돌파가 예상된다. (2024년 기준) "이는 한국교회와 선교 현장에 특화된 영성 코칭의 필요성과, VICTOR 및 TRINITY 기반 코칭 모델의 신학적 타당성과 현장 사역 활용도가 함께 입증된 결과라 할 수 있다." "상담은 제도화와 정책적 기반을 통해 공공 영역에서 자리 잡아 왔으며, 코칭은 아직 제도화는 미흡하지만 민간 중심으로 빠르게 확장되고 있으며, 특히 리더십·교육·영성 분야에서 그 필요성과 효과성이 주목받고 있다."

2) 성장의 지표 – 코칭과 상담의 차이

한국에서 코칭은 아직 낯선 개념이지만, 상담과 비교해보면 그 정체성과 성장 가능성이 더욱 분명해진다. 상담은 1980~90년대부터 대학과 공공기관을 중심으로 발전해 왔으며, 주로 일부 국가자격(청소년 상담사 등)이 있으나, 다수는 민간자격 중심으로 성장해 왔다. 심리 치료와 감정 회복에 중점을 두었고, 지금은 이미 포화 상태의 시장에 접어들었다.

반면 코칭은 2000년대 이후 민간인증과 국제인증자격으로 권위를 높여가고 있다. 사람들은 코칭을 단지 자기 계발의 한 길래로 이해해 왔지만, 실제로는 성과와 성장, 실행과 비전 중심의 접근으로 자리매김해 가고 있다. 시장은 여전히 성장 초기 단계에 있으며, 기업, 학교, 가정, 교회, 선교지 등 다양한 영역으로 빠르게 확장 중이다.

3) 코칭의 성장 잠재력

코칭은 단순한 기술이나 도구를 넘어, 시대적 요구에 부응하는 인간 변화 모델로서 여러 영역에서 폭넓은 잠재력을 갖고 있다.

첫째, 오늘날은 비전 중심의 시대다. 상담이 과거의 상처와 치유에 집중한다면, 코칭은 미래를 향한 실행과 소명 중심이다. 이는 특히 MZ세대와 리더층에게 잘 맞는 접근이며, 그들의 성장 욕구와 자기주도적 삶의 지향과도 연결된다.

둘째, 코칭은 관계 기반 사회 회복의 도구가 될 수 있다. 오랜 시간 위게 중심, 지시 중심의 구조에 익숙했던 한국 사회에서, 코칭은 질문과 경청, 공감의 문화를 통해 새로운 관계 방식을 제안한다. 이는 가정, 직장, 교회, 공동체 전반에서 실질적인 회복을 돕는다.

셋째, 디지털·AI 시대에 적응하기에 유리한 방식이다. 디지털 코칭 플랫폼, 온라인 코칭 연수, 챗봇 기반의 코칭 등 기술 기반 확장이 빠르게 이루어지고 있으며, 비대면 환경에서도 의미 있는 관계와 성찰을 이끌어낼 수 있는 유연한 구조를 갖추고 있다.

넷째, 기독교 분야에서의 확장 가능성이 매우 높다. 제자훈련, 목회자 재교육, 선교지 리더십 개발 등 다양한 사역 영역에서, 코칭은 기존 방식의 한계를 넘어 실행과 적용에 집중된 새로운 영성 훈련 도구로 자리매김할 수 있다. 성경적 정체성과 성령의 인도하심을 바탕으로 한 크리스천 코칭 모델은 신학과 실천을 통합하는 혁신적 사역이 될 수 있다.

4) 향후 5~10년 내 코칭 성장 전망

향후 10년 이내, 코칭은 지금보다 훨씬 더 넓은 영역으로 확산될 것으로 전망된다. 현재는 코칭이 자기 계발의 일부로 국한되어 있지만, 앞으로는 조직 개발, 교육 혁신, 교회 훈련, 영성 사역 등 보다 본질적이고 구조적인 변화의 도구로 확장될 것이다. 코칭 전문가 수는 현재 1만여 명 수준이지만, 10만 명 이상으로 확대될 가능성이 크다. 특히 교회와 선교 영역에서는 아직 코칭의 도입 초기 단계에 머물러 있지만, VICTOR와 TRINITY 모델을 중심으로 한 코칭 프로그램들이 빠르게 확산되고 있어서, 향후 폭발적 확장이 가능할 것으로 보인다.

5) 결론 요약

한국은 코칭 후발주자이지만, 그만큼 가능성과 여지가 큰 '블루오션'의 영역이다. 상담과 치료 중심의 접근이 주류였던 시대를 지나, 이제는 성장, 소명, 영성 중심의 코칭에 대한 사회적 수요가 폭발적으로 증가할 것으로 보인다. 이는 교회, 선교지, 학교, 조직 리더십 등 다양한 접점에서 크리스천 코칭이 본질적 전환을 이끄는 핵심 도구가 될 수 있다는 뜻이다. 한국의 코칭은 이제 단순한 기술을 넘어, 신학과 영성, 문화와 고전, 공동체를 통합하는 미래형 플랫폼으로 진보 발전하고 있다. 그리고 그 중심에는 복음과 말씀 위에 세워진 Victor Coaching이 자리 잡게 될 것이다.

3. 코칭의 이름 VICTOR 속에 복음이 있다.

1) 코칭의 이름, VICTOR 속에 복음이 있다.

VICTOR는 단순한 코칭 프로세스가 아니다. 그것은 예수 그리스도, 곧 진정한 승리자(Victor)이신 그분의 길을 따르는 여정이다. 십자가에서 죽으셨지만 거기서 끝나지 않으신 그리스도, 부활로 승리하신 그분 안에 우리가 부름받았기에, 코칭은 더 이상 인간의 가능성만을 탐색하는 도구가 아니다. 우리가 만나는 참된 승리는, 내 안에 계신 VICTOR, 곧 예수 그리스도를 인식하는 순간 시작된다. VICTOR는 우리를 부르시는 승리자의 손짓이며, 우리 각자가 그분 안에서 정체성을 회복하고, 부르심에 응답하며, 세상 속에 하나님 나라의 영향력을 흘려보내는 여정이다.

2) Spiritual Active Coaching : 복음의 여정을 동행하는 방식

Spiritual Active Coaching은 이 복음적 여정을 실제로 살아내도록 돕는 방식이다. 코치와 고객은 하나님의 임재 안에서 만나고, 존재의 정체성과 부르심을 탐색하며, 삶의 변화와 실행을 통해 하나님의 뜻을 실현해가는 영적 동행의 길에 함께 선다. 코칭은 기술의 문제가 아니다. 코치는 정보 전달자나 퍼포먼스 향상 전문가가 아니라, 하나님과 고객 사이에 선 삼자적 동역자(3-Way Partner)다. 코치는 고객 안에 심겨진 하나님의 형상과 소명을 신뢰하고, 그 여정을 함께 걷는 믿음의 동반자이다.

3) VICTOR는 복음이며, 사랑의 이야기이다

고객은 하나님의 형상대로 지음받았고, 그 안에 부르심과 가능성이 심겨져 있다. 그 숨겨진 영적 씨앗을 발견하고 함께 꽃피우는 일이야말로, 코치가 믿고 걸어가는 사명의 길이다. 그리고 고객이 목표를 넘어 소명을 따라 살아가기 시작할 때, 진정한 변화가 시작되고, 그 삶은 하나님 나라의 여정으로 향하게 된다. 코치는 이것을 믿는다. 코칭은 이것을 확신한다. 이것이 바로 VICTOR의 길이다.

VICTOR Coaching은 하나님의 비전으로 존재하고, 그리스도의 부르심에 응답하며, 성령과 동행하는 변화의 여정이다. VICTOR는 단지 구조가 아니라 복음이며, 기술이 아니라 십자가를 넘어선 하나님의 사랑 이야기다. "승리자의 비전을 살아가라(Live the Vision of the Victor)." "내 안에 계신 승리자와 함께, 정체성에서 영향력까지(From Identity to Impact with the Victor within)" "왜냐하면, 십자가는 끝이 아니었기에(Because the Cross Was Not the End)" 이것이 우리의 슬로건이다.

4) 마지막 고백: 여정의 끝에서 시작되는 소명

신학과 고전을 품은 VICTOR 코칭은 하나님과 함께 걷는 '승리자의 여정'이다. 영성으로 연결되고, 행동으로 살아내는 코칭. "하나님이 우리와 함께하시고, 그분의 뜻이 우리 안에서 자라난다(God with us, Growth within us.)"는 것이 바로 영성 코칭의 본질이다. 이 여정의 끝에서, 우리는 더 이상 혼자가 아니다. 내 안에 계신 승리자 예수 그리스도와 함께, 코치는 성령님의 빛을 따라 걷는다. 주께서 시작하신 이 길, 이제 우리의 여정 속에서도 그분의 빛이 함께 하기를 기도한다."

부록

VICTOR 코칭사역 정체성 선언문

서문: 모두를 위한 삶의 여정, 순례자의 코칭사역

VICTOR 코칭사역은 단순히 개인의 성장 프로그램이 아니다. 우리는 이 사역을 통해 삼위일체 하나님께서 주도하시는 영적 여정에 참여하며, 개인의 변화뿐 아니라 공동체와 사회 전체에 기여하는 공공 코칭의 생태계를 만들어 가고자 한다. VICTOR 코칭은 크리스천 코칭의 신학적 토대이고, 공익법인으로서의 사회적 책임을 다하기 위해 세상을 섬기는 공적 사역이며, 코칭의 전문성과 영성, 인성의 통합을 이루어냈다. 이 선언문은 VICTOR 코칭사역의 정체성을 분명히 밝히는 고백이다.

1. 사명 – 존재를 회복하는 순례자의 코칭

모든 사람은 하나님의 형상으로 지음받았으며, 그 존재 자체로 존귀한 사명을 지닌다. VICTOR 코칭은 인간의 가능성을 넘어서, 하나님의 비전 안에서 존재와 부르심을 회복하는 사역이다. 우리는 코칭을 통해 삶의 혼란 속에서 방향을 찾고, 공동체 속에서의 책임 있는 실행과 선한 영향력의 확산을 지향한다. 이 여정은 일회성 변화가 아닌, 경청과 성찰, 질문과 실행을 반복하며, 삶 전체를 새롭게 갱신(Renewal)해 나가는 과정이다.

2. 삼위일체 – 성령과 코치와 고객이 함께 하는 역동

VICTOR 코칭의 기초는 삼위일체 하나님의 역사에 참여한다는 철학이다. 성부 하나님의 창조와 섭리, 예수 그리스도의 십자가와 부활, 그리고 성령의 임재와 인도는 이 사역의 본질이며 신학적 토대다. 우리는 성령께서 오늘도 은혜의 구름 기둥과 진리의 불 기둥으로 우리를 이끄신다고 믿는다. 코칭의 경청과 질문, 통찰과 실행의 모든 과정 속에서 성령, 코치, 고객의 삼중적 협력이 일어나며, 이는 하나님 나라를 향한 거룩한 동행과 변화로 이끄는 통로가 된다.

3. 신학적 기반 – 복음주의에 뿌리내린 통합 신학

우리는 성경을 하나님의 말씀으로 고백하며, 복음주의 신학 위에 서서 코칭을 실천하는 사역자 공동체이다. VICTOR 코칭은 단순한 기술이 아니라, 교회와 공동체, 그리고 세상을 향한 하나님 나라의 통치를 믿음으로 살아내는 신학적 실천의 통로이다. 우리는 교회 중심의 사역을 지향하되, 세상의 경계 밖에서 고통받는 이들과 함께 걸으신 예수 그리스도의 발자취를 따르며, 정의와 자비, 겸손이라는 순례자의 영성을 실천한다. 정치적 진영이나 신학적 스펙트럼에 함몰되지 않고, 복음의 본질을 붙들며, 하나님 나라를 향해 묵묵히 걷는 코칭 공동체의 정체성을 견지한다. 신학은 지식이 아니라 삶이며, 코칭은 그 신학을 개인의

성찰과 공동체의 갱신으로 연결하는 실천신학의 역동적 도구이다.

4. 공공성 – 공익법인으로서의 사회적 책임

이 사역은 한 개인의 비전이나 특정한 목표의 성취를 위한 것이 아니다. VICTOR 코칭사역은 하나님께서 이 시대에 새롭게 부르신 공동체적 소명이며, 그 사명을 우리는 공익법인으로서 책임 있게 감당할 것을 선포한다. 우리는 대한민국 교육부와 미국 New York 주 정부에 등록된 비영리(NPO : Non-Profit Organization) 민간자격 법인으로서, 코칭과 신학, 교육과 훈련의 모든 과정을 통해서, 사람을 살리고, 영혼을 세우며, 세상을 섬기는 방향성을 견지한다. VICTOR 코칭은 개인의 성장이나 특정 조직의 이익을 넘어서, 교회와 사회, 기업과 교육기관, 더 나아가 다음 세대와 선교 현장에 이르기까지 하나님 나라의 뜻을 공공적으로 구현하는 사역이다.

우리는 다음과 같은 다양한 영역에 공공적 기여를 감당한다:

교회 내 제자훈련과 평신도 리더십 개발, 해외 선교 사역과 이주민 사역의 역량 강화, 교육기관과 청소년 리더십 훈련, 군, 기업, 공공조직의 조직문화 개혁, 목회자 재교육과 은퇴 사역자 돌봄, 사회적 약자를 향한 정서적, 영적 동행 등이며, 투명한 재정 운영, 정직한 조직 구조, 책임 있는 공공성의 실천은 VICTOR 코칭사역이 끝까지 견지해야 할 핵심 가치이다.

5. 사역의 기준 – 네 가지 분별의 기둥

VICTOR 코칭사역은 다음 네 가지 기준 위에 세워진다. 이 기준은 우리 사역의 방향과 관계, 실행을 분별하는 영적 나침반이며, 코치와 공동체가 함께 지켜야 할 영성과 실천의 기준선이다.

　하나님 중심성 : 모든 계획과 실행은 기도 속에서 하나님의 뜻을 분별하는 데서 시작한다.

　복음적 정체성 : 우리는 성경의 권위와 교회의 공동체성 위에 서며, 시대를 향한 신실함을 추구한다.

　공공성과 투명성 : 이 사역은 하나님의 나라를 위한 공적 기여이며, 사심 없는 구조를 지향한다.

　순례자적 태도 : "우리는 진리를 소유하는 자가 아니라, 진리 안에서 자라고 배우는 존재임을 고백하며, 질문과 경청, 성찰을 통해 함께 성장하는 여정을 선택한다."

　6. 결단 – 승리자이신 그리스도를 따르는 길

　VICTOR는 단지 하나의 프로그램 이름이 아니다. 그것은 우리 안에 계신 참된 승리자(Victor)이신 예수 그리스도의 부르심을 따르는 제자의 길이다. 그분은 십자가에서 죽으셨고, 부활로 승리하셨으며, 지금도 성령 안에서 우리 각자의 여정을 이끄신다.

　우리는 이 사역이 삼위일체 하나님의 뜻 안에서 세워신 공공직 순례자의 코칭사역임을 고백하며, 그 여정에 부르심을 받은 모든 이들과 함께 걸어갈 것을 선포한다. 이것이 VICTOR 코칭사역의 정체성이며, 우리가 함께 걷는 순례자의 길이다.

에필로그

지평이 만나는 자리에서
– 해석과 계시, 순례와 응답의 코칭신학을 위하여 –

이 책을 마무리하며, 저는 끝이 아니라 시작을 바라봅니다. 『코칭신학』은 하나의 목적지나 결론이 아니라, 말씀과 삶, 성경과 현실, 신학과 코칭, 고전과 영성이 조우하는 새로운 지평을 여는 첫걸음입니다.

저는 이 책을 통해 어떤 완결된 체계를 주장하려 하지 않았습니다. 다만, 하나님의 말씀이라는 궁극적 지평과 우리의 유한한 삶의 지평이 어떻게 해석 속에서 만날 수 있는지, 그리고 그 만남이 성령의 인도하심 안에서 어떻게 실천과 공동체로 열려갈 수 있는지를 탐색하고자 하였습니다. 지평은 충돌의 현장이며, 은혜의 장입니다.

해석학자 한스 게오르크 가다머(Hans-Georg Gadamer)는 『진리와 방법(Wahrheit und Methode)』에서 "이해란 두 지평의 융합이며, 이는 고정된 의미를 반복하는 것이 아니라, 새로운 의미가 생성되는 창조적 만남이다"라고 말합니다.

그가 말한 '지평융합(Horizontverschmelzung: Fusion of Horizen)'은 과거의 텍스트와 현재의 독자가 시간과 차이를 넘어 상호적으로 의미를 생성하는 해석의 사건입니다. 이때 해석자는 단지 분석하는 자가 아니라,

자기 지평을 내려놓고, 열어 놓고, 확장하며 참여하는 존재가 됩니다.

이 책을 펼친 여러분도 마찬가지입니다. 각자가 가진 신학적 기반, 코칭에 대한 이해, 인생의 경험이라는 지평은 이 책이라는 또 다른 지평과 충돌하거나 조화를 이루게 됩니다. 그 충돌과 조화의 과정을 통해, 새로운 통찰과 실천의 길이 열립니다. 하지만 해석이 단지 '상호작용'이라면, 그 안에는 하나님의 주도성과 계시의 권위가 빠질 위험이 있습니다.

칼 바르트(Karl Barth)는 『교회 교의학(Kirchliche Dogmatik)』 서문에서 해석의 출발점은 인간의 이성이 아니라 하나님이 먼저 말씀하시는 계시의 사건임을 분명히 합니다. 바르트에게 해석은 지적인 작용이 아니라, 영적 청종의 태도입니다.

우리는 말씀을 '사용'하는 자가 아니라, 말씀 앞에 서는 자이며, 말씀에 의해 해석되는 존재입니다. 그는 인간의 지평과 계시의 지평이 동등한 상대가 아니며, 말씀의 지평이 먼저, 위에서, 우리를 향해 말을 건다는 사실을 강조합니다. 이러한 바르트의 시각은 『코칭신학』이 단지 삶의 이해를 돕는 심리적 도구가 아니라, 말씀과 성령의 만남 안에서 존재가 변화되는 사건으로서의 코칭을 지향하게 만듭니다.

코칭신학은 지평융합의 신학적 실천입니다. 『코칭신학』은 철학적 해석학과 신학적 계시론, 그리고 실천적 코칭을 한 자리에서 만나게 하는 해석의 영성입니다. 이 책은 단지 읽히는 텍스트가 아니라, 각자의 삶에서 다시 쓰이고, 다시 기도되고, 다시 살아내야 할 신학적 공간입니다. 각자의 지평이 다르며, 모든 이가 이 책에 동의하지는 않을 수 있습니다. 그러나 그 다양함이야말로 이 책의 본질에 부합합니다. 저는 이 책이 단일한 해답이 되기를 원하지 않았습니다. 오히려 이 책이 각자의 코칭신학을 다시 써 내려갈 수 있는 촉매이자 자료, 그리고 다음 여정을 향한 공동 해석의 초석이 되기를 바랍니다.

이 책이 코칭신학 1이라면, 코칭신학 2와 그 이후의 여정은 여러분과 함께 써 내려가야 할 순례자의 공동 노트입니다. 그리고 그 길은 언제나 하나님의 말씀이라는 절대적 지평과 우리의 실존이라는 유한한 지평이 만나는 자리에서 시작됩니다.

다시 길을 떠납니다. 여러분은 어떤 지평을 가지고 이 책을 펼치셨습니까? 그 지평은 어느 구절에서 충돌하였고, 어느 장면에서 열렸습니까? 그 질문은 곧, 하나님께서 여러분의 여정을 어떻게 이끄시는지를 묻는 물음이기도 합니다. 저는 이 책이 칼 바르트의 "우리는 서로에게 동의하거나 박수를 보내기 위해 있는 것이 아니라, 서로에게서 배우고, 각자가 써서 표현한 것을 가지고 서로에게 최고의 것을 만들어 주기 위해 있는 것이다."라는 말처럼 여러분의 전적인 동의를 얻지 못하더라도, 각자의 자리에서 말씀을 다시 묻고, 고전을 다시 해석하고, 삶을 다시 살아낼 여정을 열었다면, 그것만으로도 이 책은 소임을 다한 것이라 믿습니다.

그러므로, 지금 이 책을 덮는 이 자리에서 고전을 통한 하나님의 지평이 여러분의 삶 안에서 새롭게 열리기를 바랍니다. 말씀은 여전히 살아 있고, 성령님은 지금도 조용히 일하십니다. 그리고 우리는, 그 부르심 앞에 십자가를 향하여 다시 순례의 길을 걷기 시작합니다.

Spiritual Active Coaching 기반
VICTOR 프로그램 개발일지
믿음 위에 선 코칭 : 박중호 목사의 코칭 리더십 여정

2008년, 숭실대학교 박사과정의 마지막 학기(Audit Course)에서 처음으로 일반 코칭을 접했다. 대화 기법, 대안 탐색, 변화 가능성에 감탄하며 본격적인 코칭의 길을 걷기 시작했다. 그러나 시간이 흐를수록 마음속에 본질적인 질문이 솟아올랐다. "왜 변화는 지속되지 않는가?" "이 코칭은 진리 위에 세워진 것인가?" 그때 나는 깨달았다. 이 코칭은 인본주의와 진화론적 세계관, 성과 중심의 자기 계발 철학에 뿌리를 두고 있었다. 목회자로서, 나는 성경을 기반으로 하고 예수 그리스도를 모델로 삼은 Trinity Coaching 프로그램을 개발했고, 국내외 신학교와 사역 현장에 이를 보급하며 수많은 크리스천 코치를 세워왔다.

2009년에는 Trinity Christian Coaching Leadership(TCL, 20시간)을, 2010년에는 Trinity Spiritual Coaching Leadership(TSL, 20시간)을 개발했다. 같은 해 6월, (사)한국코치협회 인증코치(KPC01195)를 취득하고, 인증심사위원으로 활동하며 코칭 프로그램과 인증 영역에서 전문가로 자리매김했다. 2017년, 협회 내에 기독교코칭센터가 설립되었고, 나는 대외협력국장, 인증교육국장, 법인이사, 2대 센터장 등을 역임했다. 그 과정에서 TCL은 2020년 1월 R-ACPK002, TSL은 2020년 8월 R-ACPK005로 각각 공식 인증을 받았다.

그러나 내면 깊은 곳에서 한 가지 고백이 떠올랐다. 제도화와 구조화가 이루어졌지만, 사회와 교회, 개인의 실제 변화는 여전히 한계에 부딪히고 있었다. 이를 극복하기 위해 2021년 3월, 한국기독교코칭학회를 창립하고 초대 학회장으로 섬겼다. 이후 문화체육관광부 민간자격과 미국 WCN 법인의 국제 인증 체계를 연계하기 위해, 두 프로그램(TCL, TSL)을 학회에 무상으로 기증했다. 그 결실로 2023년, TCL은 AW-CP001(기초 20시간), TSL은 AWCP002(심화 40시간)로 완전히 새로워진 All New 프로그램으로 재탄생하였고, 세계적 수준의 글로벌 스탠다드로서 입지를 굳게 하게 되었다.

그런 여정 가운데 ICF(국제코칭연맹 : International Coaching Federation)의 PCC (Professional Certified Coach) 자격시험을 준비하게 되었다. 125시간의 교육 이수와 4회의 옵서버 세션을 통과하고 필기시험만을 앞두고 있던 시점에, 몇몇 목회자와 선교사들로부터 질문을 받았다. "ICF 윤리규정 Section IV-Responsibility to Society(사회에 대한 책임) 항목 중 '성적 지향(Sexual Orientation)' 관련 조항이 있는데, 여기에 서명하실 겁니까?" 그 질문 앞에서, 나는 정체성과 공동체적 책임 사이에서 고민했다.

나는 늘 코칭을 통해 생명을 살리고, 공동체를 세우며, 하나님 나라를 확장하는 일을 꿈꾸어 왔다. 그 길 위에서 나는 '코치'이기 이전에

'목회자'였고, '목회자'이기 이전에 하나님의 부르심을 받은 '사명자'였다. 개인적으로 코칭 역량의 객관적 증명을 위해서 PCC 자격이 꼭 필요했지만, 한국기독교코칭학회장으로서, 사단법인 국제코칭협회 이사장으로서, 동료 목회자들과 선교사 코치들의 눈과 신앙 양심을 외면할 수 없었다. 결국 하나님의 심판대 앞을 생각하며, 자격보다 정체성과 책임을 선택했고, ICF의 PCC 자격 취득을 내려놓았다.

그러나 그 선택은 끝이 아닌 새로운 시작이었다. 하나님은 또 다른 길을 여셨다. 교육부 민간자격과 미국 뉴욕의 NPO인 WCN(대표 유정선)을 통해, 한국과 미국에서 동시에 인정받는 '국제코칭지도사(International Coaching Instructor)' 자격 체계를 수립했고, 이어 '국제슈퍼바이저코치(ISC: International Supervisor Coach)' 인증도 함께 구축했다.

이제는 IMC(International Master Coach) 자격까지 인증 가능한 체계를 갖추게 되면서, 한국교회를 위한 공동체 역량 강화 수련회와 영성훈련 프로그램을 심화·확장하는 새로운 사명을 감당하게 되었다. 나는 확신한다. "Spiritual Active Coaching based on the VICTOR Process(영성과 함께 살아내는 코칭을 기반으로 한 VICTOR 프로세스)"는, 인간의 성품과 영성을 변화시키는 데 꼭 필요한, 이 시대가 요구하는 "코칭이 예배가 되는 전 세계적인 부흥의 통로"가 될 것이다. 여기서 VICTOR는 '승리자 예수 그리스도'를 상징한다.

2025년 부활절을 맞아, 신앙과 영성을 중심으로 한 내적 여정과 회복의 길을 코칭 안에 담기 시작했다. 그 첫 결실로, 존 번연의 『천로역정』을 기반으로 한 VICTOR 6단계 신앙형성 프로그램(기초과정)을 개발했고, 이어 호메로스의 『오디세이』를 기반으로 한 인성형성 프로그램, 단테의 『신곡』을 기반으로 한 영성형성 프로그램(심화과정)까지 완성하였다.

그리고 이 세 프로그램을 통합한 〈엘 까미난떼-순례자의 여정(El Caminante-The Pilgrim Journey) 통합 12주차 프로그램〉을 개발하였다. 이는 한국교회 제직훈련, 교회학교 수련회, 선교지 및 해외 디아스포라, 군선교 현장, CBMC 기업 교육, 대학 및 평생교육 현장 등에서 단품 강의가 아닌 종합 영성 수련 과정으로 비영리적 공익 목적으로 활용되길 바라고 있다.

또한, 필생의 역작으로 크리스쳔 영성 코칭의 세계적 기준이 될 8가지 핵심역량 모델 'VICTORIA'를 개발하여 세계 최초로 런칭하였다. 이제 나는 단지 코칭을 가르치는 사람이 아니라, 믿음 위에 코칭을 다시 세우는 사람이 되고자 한다. 세상적 성공이 아닌, 영혼의 성숙과 내적 변화를 추구하는 "진리 위에 선 코칭, 영혼을 깨우는 리더십"을 지향한다.

코칭을 통해 교회를 세우고, 선교를 확장하며, 공동체를 변화시켜 하나님의 형상을 회복하는 여정에 함께하는 영적 동반자 되기를 꿈꾼다. 진리를 타협하지 않되, 세상과 소통할 수 있는 새로운 언어와 플랫폼, 공동체를 세워가야 한다. 우리는 믿음으로 코칭하고, 진리로 변화시키며, 세상을 하나님의 방식으로 다시 세우는 코치가 되어야 한다.

천로역정의 크리스천에게 '전도자', '신실', '소망'이 동행했듯, 단테의 『신곡』에서 '베르길리우스'와 '베아트리체'가 길을 안내했듯, 우리 역시 이 코칭 여정에서 천성을 향해 함께 손을 잡고 나아가는 사랑의 코이노니아 공동체가 되기를 소망한다.

샬롬!

2025년 6월

광교호수 위로 떠오르는,
첫 빛 속에 십자가를 바라보며

명중호

수원명성교회 담임/ 사단법인 국제코칭협회 이사장

참고문헌 (도서명 가나다 / 알파벳순)

■ 한글 참고도서

강경숙, 한국기독교코칭학회,『크리스천 코칭 패스파인더』, 아가페, 2023.
게리 콜린스(김진호 역),『크리스천 코칭』, IVP, 2005.
게리 콜린스,『성경적 코칭』, 생명의말씀사, 2003.
게빈 반후저(박규태 역),『교리의 드라마』, 새물결플러스, 2020.
김균진,『기독교 신학 입문』, 장로회신학대학교출판부, 2012.
김기석,『예수, 순례자이신 하나님』, 포이에마, 2015.
김상근,『오디세이의 항해와 인간 본성』, 21세기북스, 2014.
김영한,『21세기 기독교 신학의 방향』, 기독교연구소, 2020.
김영한,『개혁주의 신학이란 무엇인가』, 기독교문서선교회, 2010.
김영한,『복음과 인간』, 기독교연구소, 2016.
김영한,『성령과 영성』, 기독교연구소, 2018.
니컬러스 월터스토프(김선욱 역),『예배와 정의』, 새물결플러스, 2019.
달라스 윌라드(김지찬 역),『하나님을 깊이 아는 삶』, IVP, 2012.
단테 알리기에리(박상진 역),『단테의 신곡』, 민음사, 2013.
도미향, 심교준,『엑스퍼트 코칭』, 신정, 2020.
리처드 니버(김재진 역),『그리스도와 문화』, IVP, 2006.
마르틴 루터(김재진 역),『그리스도인의 자유』, 대한기독교서회, 1996.
마르틴 루터(김기찬 역),『노예의지에 대하여』, 컨콜디아사, 2001.
박종환,『영성지도란 무엇인가』, CLC, 2014.
박중호,『코칭 알레프』, UCN, 2013.
박중호, 이명진 외,『크리스천 코칭 디스커버리』, 아가페북스, 2022.
박찬호,『기독교 세계관의 기초』, 합동신학대학원출판부, 2016.
벌코프(고영민 역),『조직신학』, 기독교문사, 1980.
브라이언 월쉬 & 리처드 미들턴(박세혁 역),『기독교 세계관과 학문』, IVP, 2002.
사이먼 챈(정성묵 역),『영성신학』, IVP, 2012.

스탠리 하우어워스(김성환 역), 『평화의 하나님 나라』, IVP, 2015.
스티브 오거니 외(전지현 역), 『리더를 세우는 코칭』, 국제제자훈련원(DMI), 2004.
신국원, 『은혜의 신학과 인간의 책임』, IVP, 2011.
아우구스티누스(홍치모 역), 『고백록』, 크리스챤다이제스트, 1999.
아우구스티누스(김승태 역), 『하나님의 도성』, 분도출판사, 2006.
알리스터 맥그래스(김광남 역), 『신학이란 무엇인가』, IVP, 2014.
알버트 월터스(노진준 역), 『모든 것 위에 계신 하나님』, SFC, 2011.
오정근, 『커리어 코칭』, 북소울, 2022.
유태엽, 『기독교 상담의 이론과 실제』, 대한기독교서회, 2012.
유진 피터슨(양혜원 역), 『그 길을 걸으라』, IVP, 2002.
이동원, 『천로역정과 하나님 나라』, 두란노, 2020.
이무영, 『21세기 선교리더십 코칭』, 미스바, 2008.
이석재, 『코칭 방법론』, 한국코칭수퍼비전 아카데미, 2020.
이소희 외, 『코칭학 개론』, 신정, 2014.
이재혁, 『신곡과 영혼의 여정』, 홍성사, 2020.
정근두, 『제자훈련과 코칭의 만남』, 디모데, 2019.
정성욱, 『기독교 세계관이란 무엇인가』, CLC, 2015.
제임스 K. A. 스미스(박규태 역), 『왕을 원하라』, 새물결플러스, 2020.
제임스 사이어(이의용 역), 『기독교 세계관과 현대사상』, IVP, 2010.
제임스 휴스턴(정옥배 역), 『하나님과의 친밀함』, IVP, 2005.
존 번연(박문재 역), 『천로역정』, 브니엘, 2004.
존 칼빈(김재남 역), 『기독교 강요』, 크리스챤다이제스트, 2006.
존 칼빈(이종성 역), 『기독교 강요 개요』, 복있는사람, 2010.
존 프레임(김광남 역), 『그리스도인의 삶에 대한 교리』, 부흥과개혁사, 2011.
존 휘트모어(김영순 역), 『코칭 리더십』, 김영사, 2007.
카롤 드웩(김정희 역), 『마인드셋: 성공의 새로운 심리학』, 스몰빅인사이트, 2017.
칼 바르트(박순경 역), 『교회 교의학 Ⅰ/1』, 대한기독교서회, 2003
토마스 아 켐피스(최창덕 역), 『그리스도를 본받아』, 가톨릭출판사, 2009.
톰 라이트(김경숙 역), 『성경 속의 순례자들』, IVP, 2016.
피터 호킨스 외(최은주 역), 『시스템 코칭』, 호모치쿠스, 2021.

하워드 클라인벨(김정우 역), 『목회상담학』, 한국장로교출판사, 2004.
한스 게오르크 가다머(이길우 외 공역), 『진리와 방법 1』, 문학동네, 2012.
헨리 킴지하우스 외(김지수 역), 『코액티브 코칭』, 김영사, 2016.
호메로스(천병희 역), 『오디세이』, 숲, 2007.
홍인식, 『엘 까미난떼』, 신앙과지성사, 2021.
황현호, 최동하 외, 『ICF 8가지 코칭 핵심역량』, 신정, 2021.

■영문 참고도서

Bartholomew, Craig G. & Goheen, Michael W., *Living at the Crossroads: An Introduction to Christian Worldview*, Baker Academic, 2008. 기독교 세계관의 핵심을 현대 문화 속 교차점에서 조명하며, 성경적 통찰과 문화 비판을 통합적으로 제시한다.

Boyatzis, Richard & McKee, Annie, *Helping People Change*, Harvard Business Review Press, 2019. 정서적 공감(EI)을 바탕으로 인간의 내면 동기를 자극하여 변화와 성장을 유도하는 코칭 심리학 이론을 제시한다.

Brown, Brené, *Dare to Lead*, Random House, 2018. 진정성과 연약함, 신뢰와 용기를 기반으로 리더십과 조직 내 코칭 문화를 혁신적으로 설명한다.

Bunyan, John, *The Pilgrim's Progress*, Penguin Classics, 2008. 기독교인의 순례 여정을 상징적으로 그린 고전으로, 신앙 여정과 성화 과정을 깊이 있게 형상화한 작품이다.

Chan, Simon, *Spiritual Theology: A Systematic Study of the Christian Life*, IVP Academic, 1998. 복음주의 신학의 틀 안에서 영성형성, 성령론, 제자도, 공동체의 역할을 체계적으로 설명한 명저다.

Clutterbuck, David, *Coaching the Team at Work*, Nicholas Brealey, 2020. 팀 코칭의 실제를 중심으로 조직 내 목표 정렬, 관계 구축, 실행 전략을 설명하며 공동체 코칭에 유용하다.

Dante Alighieri (Trans. Mark Musa), *The Divine Comedy*, Penguin Classics, 2003. 인간의 영혼이 지옥, 연옥, 천국을 통과하는 순례 여정을 서사시로 형상화한 고전으로, 영성형성 코칭의 상징적 자원이다.

Dweck, Carol S., *Mindset: The New Psychology of Success*, Random House, 2006. 고정형 마인드셋과 성장형 마인드셋 개념을 통해, 개인의 변화 가능성과 학습 태도를 코

대화와 연결할 수 있도록 한다.

Frye, Northrop, *The Great Code: The Bible and Literature*, Harcourt Brace Jovanovich, 1981. 성경을 문학적 코드로 분석하며, 고전적 서사를 신학적으로 읽는 해석학적 기반을 제공한다.

Frame, John, *The Doctrine of the Christian Life*, P&R Publishing, 2008. 윤리 신학의 고전으로, 하나님의 주권과 계시에 기초한 기독교 윤리를 통합적으로 정리하였다.

Grudem, Wayne, *Systematic Theology: An Introduction to Biblical Doctrine*, Zondervan, 1994. 성경에 근거한 조직신학의 대표서로, 계시론, 구원론, 교회론 등 핵심 교리를 일관성 있게 서술한다.

Hauerwas, Stanley, *The Peaceable Kingdom: A Primer in Christian Ethics*, University of Notre Dame Press, 1983. 기독교 윤리를 공동체와 내러티브 안에서 이해하며, 윤리적 코칭 기반 형성에 신학적 기초를 제공한다.

Hawkins, Peter, *Leadership Team Coaching*, Kogan Page, 2021. 리더십 팀이 사명, 비전, 실행을 일치시키는 코칭 모델을 제시하며, 교회 및 조직 사역에 실천적으로 유용하다.

Hay, Julie, *Reflective Practice and Supervision for Coaches*, Open University Press, 2007. 코치의 자기성찰과 전문성 향상을 위한 반영적 실천(reflective practice)과 슈퍼비전의 개념과 실제를 다루며, 윤리적 성숙과 지속 가능한 성장을 위한 필수적 프레임을 제시한다. 코칭 리더십 및 코치 양성 과정에 실천적으로 활용 가능하다.

Homer (Trans. Robert Fagles), *The Odyssey*, Penguin Books, 1996. 트로이 전쟁 이후 귀향하는 오디세우스의 여정을 통해 인간의 정체성과 시련, 귀환을 주제로 한 서사적 고전이다.

Horton, Michael, *Ordinary: Sustainable Faith in a Radical*, Restless World, Zondervan, 2014. 급진성과 사건 중심의 신앙을 넘어서, 일상 속 지속가능한 신앙 형성을 강조하며, 코칭을 '삶의 루틴 속 제자도'와 연결시킨다.

Kimsey-House, Henry et al., *Co-Active Coaching* (4th ed.), Nicholas Brealey Publishing, 2018. 현대 코칭 철학의 대표서로, 공동 창조, 전인격 수용, 자기 책임을 중심으로 코칭의 핵심 원리를 정리하였다.

Merton, Thomas, *New Seeds of Contemplation*, New Directions, 2007. 침묵과 내면의 성찰을 통한 하나님과의 연합을 탐색하며, '경청하는 코치'의 영성과 존재론적 기반을 제공한다.

Niebuhr, H. Richard, *Christ and Culture*, HarperOne, 1951. 기독교와 문화의 관계를 다섯 가지 유형으로 분류하며, 문화신학적 분별력을 제공하는 고전이다.

Reynolds, Marcia, *Coach the Person, Not the Problem*, Berrett-Koehler, 2020. 문제해결보다 사람의 변화에 초점을 두며, 코칭 대화의 질문력과 전환적 사고 촉진 전략을 소개한다.

Scharmer, Otto, *Theory U*, Berrett-Koehler, 2016. 변화는 과거 분석보다 미래 가능성에 기반해야 함을 강조하며, 인식–성찰–실행의 코칭 흐름을 통합한다.

Schein, Edgar H., *Humble Inquiry*, Berrett-Koehler, 2013. 겸손한 질문을 통해 신뢰를 형성하고, 리더십과 코칭에서 수평적 관계를 추구하는 실천적 접근을 제시한다.

Schön, Donald A., *The Reflective Practitioner*, Basic Books, 1983. 실천가의 성찰적 사고와 학습을 다루며, 코칭을 포함한 모든 전문직에서의 '실천 중 성찰'을 정당화한다.

Smith, James K.A., *Desiring the Kingdom: Worship*, Worldview, and Cultural Formation, Baker Academic, 2009. 인간은 사고보다 욕망의 존재이며, 예배와 문화 형성을 통해 형성된다는 세계관 교육의 신학적 기반서이다.

Starr, Julie, *The Coaching Manual* (5th ed.), Pearson, 2021. 코칭 대화의 원리, 구조화된 대화모델, 실전 적용 사례를 제시하며, VICTOR 코칭모델과의 연계에 실천적 도움을 준다.

Stoltzfus, Tony, *Christian Life Coaching Handbook*, Coach22 Press, 2011. 신앙 중심의 라이프 코칭 실천서로, 질문, 대화 구조, 적용 전략을 제시하여 크리스천 코치 훈련에 유익하다.

Vanhoozer, Kevin J., *The Drama of Doctrine: A Canonical Linguistic Approach to Christian Theology*, Westminster John Knox, 2005. 교리를 '하나님의 드라마'로 해석하며, 계시와 실천의 연계를 언어학적·신학적으로 통합한 신학적 명저이다.

Whitmore, John, *Coaching for Performance*, Nicholas Brealey, 2009. GROW 모델의 창시자가 퍼포먼스 향상 중심의 코칭 기초를 설명한 대표서로, 실행 기반 코칭에 표준을 제공한다. 코치의 성찰과 전문성 향상을 위한 슈퍼비전 이론을 다루며, 크리스천 코치 훈련과 멘토링에 적용 가능하다.

코칭신학
코칭, 신학을 품고 고전으로 걷다

지은이 박중호
펴낸이 최병천
펴낸날 2025년 7월 7일(초판1쇄)
펴낸곳 신앙과지성사
   출판등록 제9-136 (88. 1. 13)
   주소 | 서울시 서대문구 연희로 177 옥산빌딩 2층
   전화 | 335-6579·323-9867·(F) 323-9866
   E-mail | miral87@hanmail.net
   홈페이지 | http://www.miral.co.kr

ISBN 978-89-6907-400-3   03230

값 25,000원

※ 펴낸이의 허락 없이 이 책의 전체나 부분을 어떤 수단으로도 이용할 수 없습니다.